国家出版基金项目
NATIONAL PUBLICATION FOUNDATION

《新时代的中国人口》丛书

中国人口普查
CHINA POPULATION CENSUS

U0501712

新時代的
中国人口

宁 夏 回 族 自 治 区 统 计 局
宁夏回族自治区第七次全国人口普查领导小组办公室 编

中国统计出版社
China Statistics Press

图书在版编目（CIP）数据

新时代的中国人口. 宁夏卷 / 宁夏回族自治区统计局，宁夏回族自治区第七次全国人口普查领导小组办公室编. -- 北京 ：中国统计出版社, 2023.12
　　ISBN 978-7-5230-0336-7

　　Ⅰ. ①新… Ⅱ. ①宁… ②宁… Ⅲ. ①人口普查－宁夏 Ⅳ. ①C924.25

中国国家版本馆 CIP 数据核字(2023)第 218165 号

新时代的中国人口——宁夏卷

作　　者/宁夏回族自治区统计局
　　　　　宁夏回族自治区第七次全国人口普查领导小组办公室
责任编辑/张　洁
封面设计/李雪燕
出版发行/中国统计出版社有限公司
通信地址/北京市丰台区西三环南路甲 6 号　邮政编码/100073
发行电话/邮购（010）63376909　书店（010）68783171
网　　址/http://www.zgtjcbs.com/
印　　刷/河北鑫兆源印刷有限公司
经　　销/新华书店
开　　本/787mm×1092mm　1/16
字　　数/265 千字
印　　张/17.75
版　　别/2023 年 12 月第 1 版
版　　次/2023 年 12 月第 1 次印刷
定　　价/85.00 元

如有印装差错，请与发行部联系退换。

丛书总序

习近平总书记在党的二十大报告中深刻指出："中国式现代化是人口规模巨大的现代化。我国十四亿多人口整体迈进现代化社会，规模超过现有发达国家人口的总和，艰巨性和复杂性前所未有，发展途径和推进方式也必然具有自己的特点。"作为世界上的人口大国，人口问题始终是我国的全局性、战略性问题。当前，我国人口发展出现了一些显著变化，必须全面认识、正确看待我国人口发展新形势，深刻厘清人口发展对现代化事业产生的复杂影响，以系统观念统筹谋划人口问题，以改革创新推动人口高质量发展。

第七次全国人口普查恰逢全面建成小康社会决胜收官，担负着在"两个一百年"历史交汇点上，为开启全面建设社会主义现代化国家新征程提供人口基础资料的重大使命。面对艰巨繁重的普查任务，谋划筹备、现场登记、数据汇总、成果开发的每个环节都倾注了大量人力物力，特别是登记期间正值新冠肺炎疫情肆虐，各项工作在攻坚克难中砥砺前行。在以习近平同志为核心的党中央坚强领导下，按照国务院第七次全国人口普查领导小组统一部署，我们建立高效完备的组织体系，制定科学可行的普查方案，组建业务过硬的普查队伍，开展全面细致的准备工作，进行广泛深入的普查动员，完成极为不易的现场登记，发布丰富翔实的普查成果，按期圆满完成了第七次全国人口普查的各项任务，为完善人口发展战略和政策体系、制定经济社会发展规划、推动经济高质量发展提供了真实准确的统计信息支撑。

由国务院第七次全国人口普查领导小组办公室组织编写的《新时代的中国人口》系列丛书，以第七次全国人口普查资料为主，辅以历次人口普查数据和相关资料文献，从人口的发展、性别年龄构成、老龄化、出生、死亡、婚姻家庭、受教育状况、少数民族人口、人口迁移、城镇化、居住状况、资源环境、人口展望等方面，系统阐述了新时代的中国人口状况，反映了我国推动高质量发展、决胜全面建成小康社会的实践历程，是集科学性、知识性、可读性为一体的综合性国情读物。丛书分为全国卷和各省分卷。全国卷回顾了新中国成立以来的人口情况，重点是近十年来的发展变化情况，力求全面描述我国人口概貌。各省分卷在此基础上，结合各地实际情况、突出本地特点，尽可能反映了各地人口状况。

组织出版一套系列丛书，是一项要求极高、任务极重的系统工程。我们的初衷是用更加直观、更加通俗易懂的文字和图表来展现新时代中国人口的现状和结构变化，不仅为政府和有关部门咨政建言，也要不断满足社会各界了解人口发展情况的需求。全书既便于闲暇品读，又利于研修查证，这是我们编辑此书的一个愿望，也是希望大家在阅读时有一种感受——这套丛书具有重要的参考价值，值得一读。

人口发展是关系中华民族伟大复兴的大事。以人口高质量发展支撑中国式现代化，关键在党，力量源自人民。在中国共产党的坚强领导下，十四亿多人口与祖国一起成长，一起奋进，一起为新时代喝彩！

《新时代的中国人口》总编委会

前　言

　　第七次全国人口普查是按照国务院统一部署和要求开展的重大国情国力调查。在宁夏回族自治区党委和政府的坚强领导以及各有关部门的大力支持下，通过全区各级普查机构和广大普查工作人员的共同努力，宁夏第七次全国人口普查获得了丰富详实的人口总量、结构、分布等信息资料，为完善全区人口发展战略和政策、制定经济社会发展规划、推动高质量发展提供了有力统计信息支持。

　　为了充分挖掘利用普查数据信息资源，全面、系统、深入分析研究宁夏人口变化的特点和趋势，最大限度地发挥人口普查资料的经济社会价值，宁夏回族自治区统计局和宁夏回族自治区第七次全国人口普查领导小组办公室联合开展了《新时代的中国人口——宁夏卷》的撰写工作。本书编写组成员来自宁夏回族自治区统计局、教育厅、中共宁夏区委党校、宁夏大学、北方民族大学、宁夏艾依斯数据统计调研有限公司。

　　《新时代的中国人口——宁夏卷》立足宁夏人口和经济社会发展实际，以宁夏第七次全国人口普查数据分析为基础，从十年间人口的发展、性别年龄构成、老龄化、出生、死亡、婚姻家庭、受教育状况、少数民族人口、人口迁移、城镇化、居住状况、资源环境、人口展望等方面系统地阐述新时代的宁夏人口状况，是集科学性、知识性、可读性为一体的普及性读物。

　　本书分为十三章，各章的作者如下：

第一章：人口发展回顾　　　　　　袁　红

第二章：人口性别、年龄构成　　　周　祺

第三章：人口老龄化　　　　　　　伏国军　陈　玲　潘海东
　　　　　　　　　　　　　　　　张永强　洪　伟

第四章：生育状况　　　　　　　　哈建国

第五章：死亡状况　　　　　　　　冯海江

第六章：婚姻与家庭状况　　　　　冯海江

第七章：人口受教育程度　　　　　朱丽娟

第八章：少数民族人口　　　　　　白晓明

第九章：人口迁移流动　　　　马金龙　张　颖

第十章：新型城镇化与城乡融合发展 马成乾

第十一章：人口居住状况　　　　　汪　蓉

第十二章：人口与资源环境　　　　朱庆武

第十三章：未来人口发展前景与展望 申菊梅

在此，我们对在本书撰写、审核和校对过程中付出辛勤劳动的各位专家学者和同仁表示衷心的感谢。由于水平有限，本书难免存在一些疏漏和不足，敬请读者谅解并批评指正。

2023 年 10 月

目　　录

46.82%，提高了 2.61 个百分点；中卫市占比为 36.54%，提高了 2.00 个百分点；银川市占比为 23.35%，提高了 0.65 个百分点，主要原因是区外迁移集居人口多，从而改变了居住人口的民族构成。

（三）地市人口增长状况

首府银川市的常住人口由 2010 年的 199.31 万人增加到 2020 年的 285.91 万人，增长 43.45%，年平均增长 3.67%，人口密度为 322.16 人/平方公里，比 2010 年每平方公里增加 97.57 人；石嘴山市由 2010 年的 72.55 万人增加到 2020 年的 75.14 万人，增长 3.57%，年平均增长率为 0.35%，人口密度为 144.27 人/平方公里，比 2010 年每平方公里增加 4.97 人；吴忠市由 2010 年的 127.38 万人增加到 2020 年的 138.27 万人，增长 8.55%，年平均增长率为 0.82%，人口密度为 64.9 人/平方公里，比 2010 年每平方公里增加 5.43 人；固原市由 2010 年的 122.82 万人减少到 2020 年的 114.21 万人，下降 7.0%，年平均下降 0.72%，人口密度为 84.92 人/平方公里，比 2010 年每平方公里减少 6.39 人；中卫市由 2010 年的 108.08 万人减少到 2020 年的 106.73 万人，下降 1.25%，年平均下降 0.13%，人口密度为 60.78 人/平方公里，比 2010 年每平方公里减少 1.17 人。

从人口增速轨迹看，十年来人口主要向生产条件相对较好的川区集中，向城市特别是银川市流动。

（四）劳动年龄人口增长状况

2010 年以来，宁夏经济活力明显提升，城市形象显著改善，人口集聚能力进一步增强，劳动年龄人口规模不断扩大。2020 年第七次全国人口普查结果显示，全区 16—59 岁劳动年龄人口规模达到 466.97 万人，较 2010 年增加 43.20 万人，增长 10.2%，占全区常住人口的比重由 2010 年的 67.25% 下降至 2020 年的 64.83%，下降了 2.42 个百分点。

分性别看，2020 年全区劳动年龄人口性别比为 104.24，较 2010 年的 104.23 上升了 0.01。其中男性为 238.34 万人，女性为 228.63 万人，较 2010 年分别增加 22.07 万人和 21.13 万人，分别增长 10.20% 和 10.18%。

分年龄看，在劳动年龄人口规模和比重变化的同时，劳动年龄人口内部结构也发生了变化，主要表现为劳动年龄人口结构逐渐老化。16—

24 岁劳动年龄人口呈现下降趋势，45—59 岁劳动力呈现快速增长态势。2020 年，全区 16—24 岁劳动年龄人口为 78.68 万人，与 2010 年相比减少 21.05 万人，下降 21.1%；25—44 岁劳动年龄人口为 227.16 万人，与 2010 年相比增加 6.27 万人，增长 2.84%；45—59 岁劳动年龄人口达到 161.14 万人，与 2010 年相比增加 57.98 万人，增长 56.21%。

（五）就业人口增长状况

经济发展是稳定和扩大就业的基础。2010—2020 年间，宁夏地区生产总值年均增速为 9.67%，经济的快速发展为支撑全区庞大的就业群体提供了基本支撑。2010—2020 年，宁夏年均就业规模为 344 万人。2011 年为全区就业规模最高峰，年末就业人员达 347 万人，此后，受人口老龄化影响，劳动年龄人口有所减少，就业规模稳中有降，就业人口占常住人口的比重由 2010 年的 54.27%下降为 2020 年的 47.76%，下降 6.51 个百分点。

分城乡看，宁夏城镇就业人口由 2010 年的 113.3 万人增加到 2020 年的 220 万人；而乡村就业人口则由 2010 年的 228.7 万人减少到 2020 年的 124 万人。城镇就业人口快速增长的主要原因是城镇化进程加快和农村富余劳动力的转移。

分产业看，2020 年宁夏第一产业就业人数为 83 万人，占就业人口的 24.13%，比 2010 年的 175 万人，减少 92 万人，增速为-52.57%；第二产业就业人数为 82 万人，占就业人口的 23.84%，比 2010 年的 64 万人，增加 18 万人，增长 28.13%；第三产业就业人数为 179 万人，占就业人口的 52.03%，比 2010 年的 103 万人，增加 76 万人，增长 73.79%。进一步说明了宁夏优化产业结构工作取得了明显成效。

二、人口发展变化的特点及原因

人口是经济社会发展的主体，也是促进或制约经济社会发展的关键因素。在经济稳步发展和人民生活水平不断提高的共同作用下，宁夏人口发展呈现出新的特征，主要表现在以下十二个方面。

（一）从人口总量上看，人口增长速度加快，占全国总人口比重上升

常住人口是指经常在某行政区域内居住达半年及以上人口，既包括有户籍且实际居住的，也包括无户籍但实际居住的人口，反映的是实际居住人口的情况。常住人口的变化受自然变动（出生和死亡）和机械变动（流入和流出）共同影响。普查结果显示，过去十年，得益于经济持续较快发展，劳动就业吸纳能力增强和人才吸引力提升，宁夏常住人口从2010年的630.14万人增加到2020年的720.27万人，增加90.13万人，增长14.30%。与过去十年全区常住人口增长12.12%的水平相比，提高2.18个百分点。宁夏常住人口占全国总人口比重由2010年的0.47%提高到2020年的0.51%，提高0.04个百分点。人口总量增加93.13万人，增量居全国第19位；增长14.30%，高于全国平均水平8.92个百分点，居全国第6位；年均增长率为1.35%，高于全国平均水平0.82个百分点，居全国第5位，较上个十年提升0.19个百分点，人口增长加快。这主要是因为宁夏育龄妇女特别是生育高峰期妇女所占比重较大，致使人口出生水平较高，人口自然增长相对较快。同时，也因为近十年来宁夏经济发展较好，尤其是在产业布局、城市发展、公共服务等方面发展迅速，使得跨区外出人口增速趋缓，常住人口增加。从占全国总人口的比重来看，宁夏已由2010年的0.47%提高到2020年的0.51%。从人口密度来看，2020年宁夏为108人/平方公里，与2010年相比，人口密度增加13人/平方公里。在全国31个省、自治区、直辖市中居25位，在西部五省（区）中居第2位。

（二）从人口年龄构成看，少年儿童人口所占比重下降，老年人口所占比重提高

人口年龄结构是指在一定时间点、一定地区各年龄组人口在全体人口中的比重，又称为人口年龄构成。第七次全国人口普查资料显示，宁夏0—14岁少年儿童人口为146.80万人，占全区常住人口的比重为20.38%；15—64岁人口为504.18万人，占比为70.00%；65岁及以上老年人口为69.28万人，占比为9.62%。宁夏人口平均预期寿命为76.58岁，其中男性为74.89岁，女性为78.40岁；宁夏百岁以上老人有147

人。近年来，受房价以及医疗、教育成本不断上涨等影响，宁夏适龄人口婚育年龄不断推迟，生育观念发生改变，使0—14岁少年儿童人口占全区常住人口的比重持续下降，与2010年相比，下降1.01个百分点。15—64岁人口占全区常住人口比重下降2.11个百分点。国际上通常把15—64岁人口作为劳动适龄人口，其所占总人口的比重高，表明该地区劳动力资源丰富，同时也意味着需要提供更多的就业岗位。一方面，劳动适龄人口的不断增加，既为宁夏经济社会发展提供了大量优质劳动力，又为促进宁夏经济社会的长足发展提供了充足的人力基础。另一方面，劳动适龄人口比重下降，预示未来全区劳动力总量将面临较大的不足。65岁及以上老年人口占全区常住人口的比重提高3.23个百分点，高于国际关于人口年龄结构类型划分标准的老年型（65岁及以上人口）标准（7%），这充分表明宁夏的老龄化程度逐渐加深。但与全国平均水平相比，宁夏人口老龄化速度相对较慢，老年人口比重比全国低3.88个百分点，在全国31个省（自治区、直辖市）中，宁夏老年人口比重居第27位，如仅以此指标来衡量，宁夏人口老龄化程度属于较轻的省份。由于宁夏15—64岁人口比重也相对较高，未来宁夏人口老龄化速度比全国大部分省份相对较快，这对于经济欠发达的宁夏来说，难以从容应对人口老龄化对社会和家庭抚养能力带来的挑战。

由于人口年龄结构的不同，也就形成了不同的社会抚养系数。抚养系数（或称总抚养比）是指少年儿童人口加上老年人口之和与劳动年龄人口的比例，比例越高表明劳动人口负担系数越大，反之则负担系数越小。2020年宁夏人口总抚养比为42.86%，比2010年提高4.39个百分点，也就是说，全区每10个劳动年龄人口负担的非劳动年龄人口由十年前的3.85人提高到4.29人。伴随着人口老龄化程度不断加深，全区对养老保险、医疗保障、养老服务和健康等的需求大幅度增加，基本养老保险服务的收支压力增大，卫生总费用和人均医疗费用攀升，空巢、高龄和失去能力的老年人需要对其生活起居长期照顾，这必然对抚养人口和社会经济的发展造成一定的影响。

（三）从性别构成看，人口性别比逐渐均衡，城乡性别比差异较大

人口性别结构是衡量一个国家或地区人口发展水平的重要指标，合

理的性别结构、协调的两性发展是社会公正的重要体现。从 2010 年到 2020 年，宁夏经过十年的不断发展，其人口性别结构受社会、经济、文化习俗以及价值观念等因素影响，发生了明显改变。

国际上公认的人口性别比正常范围在 102—107 之间。2010 年宁夏常住人口性别比为 105.09，处于国际社会公认的 102—107 标准合理范畴。2020 年宁夏常住人口性别比 103.83，与 2010 年相比，下降 1.26，为历次人口普查最低，比全国同期平均水平（105.07）低 1.24，在全国内陆 31 个省、自治区、直辖市中排第 21 位。表明宁夏男女比例逐渐趋于合理，且人口性别结构整体上处于均衡状态。

分地区看，常住人口性别比最低的是吴忠市 103.38，其他四个地级市均在 102—107 的区间范围。与 2010 年相比，五个地级市男女性别比呈现"三降二升"，银川市、石嘴山市、吴忠市降低，固原市和中卫市升高，其中银川市下降幅度最大。经过十年的发展，宁夏五个市的性别比均处于合理范围内并向好发展。

分县区看，近十年来，在全区 22 个县（市、区）中，常住人口性别比在 103 以下的县（市、区）有 6 个，在 103 至 107 之间的县（市、区）有 13 个，在 107 以上的县（市、区）有 3 个。

分城乡看，2010 年宁夏城市、镇以及乡村性别结构均存在不同程度的失衡问题，最严重的是镇，性别比为 107.53；其次是城市，性别比为 100.77；只有乡村性别比处于合理范围内，性别比为 104.18。到 2020 年，乡村性别比大幅提高，由 2010 年的 104.18 增加至 2020 年的 110.19，性别结构失衡较为严重；其次是镇，性别比从 107.53 下降至 103，进入合理范围内；再次是城市，城市性别比在 100.77 的基础上持续下降至 99.19，呈性别结构失衡状态。究其原因，一方面随着城市的开发建设，第三产业得到了较快发展，对劳动力的需求增加，尤其是适合女性人口就业的岗位增多；另一方面受教育、医疗、就业、婚姻等因素的影响，大量的乡村人口向城镇迁移，导致乡村人口的性别比偏高。

总体上，宁夏人口性别比整体比较稳定，人口性别结构更趋优化。

（四）从生育水平看，人口生育水平下降，出生率降低

2020 年宁夏育龄妇女（15—49 岁）为 182.92 万人，占全区常住人口的 25.40%，比 2010 年的 184.03 万人减少 1.11 万人，比重下降 3.8 个百分点，其中生育旺盛期妇女（20—29 岁）为 48.94 万人，减少 3.37 万人；育龄妇女生育率峰值年龄也由 2010 年的 25 岁后移至 2020 年的 27 岁。人口生育水平下降的主要原因，一是随着第一代独生子女的成年，生育率的快速下降使得全区育龄妇女总和生育率由 2010 年的 1.76 降至 2020 年的 1.67，处于低生育水平。二是宁夏 16—59 岁的劳动年龄人口占常住人口的比重由 2010 年 67.25% 下降到 2013 年的 66.20%，这意味着宁夏的"人口红利"开始趋于消失，迫切需要调整生育政策。宁夏生育政策紧跟国家部署，不断推进实践、改革完善，人口生育数量不断产生新变化。2011 年，宁夏回族自治区党委和政府联合印发了《关于全面做好"十二五"时期人口和计划生育工作的意见》，开始实施强基提质工程和优生促进工程，提高"少生快富"工程奖励标准。2014 年 5 月 28 日，自治区十一届人大常委会第十次会议通过《关于调整完善生育政策的决议》，"一方是独生子女的夫妇可以生育两个孩子的政策"在宁夏落地。2014 年 9 月 29 日，自治区十一届人大常委会第十二次会议通过《关于修改〈自治区人口与计划生育条例〉的决定》，正式取消生育间隔。2016 年国家全面二孩政策正式实施后，宁夏人口再生产呈现逆转，持续多年向下的人口出生率出现反弹，向上的拐点凸显，2016 年至 2019 年每年人口出生率均保持在 13.3‰ 以上，2019 年达到了 13.72‰，直至 2020 年开始回落，降至 11.59‰，人口自然增长率由 2010 年 9.04‰ 降至 2020 年 5.71‰，是新中国成立以来人口生育水平最低的时期。

（五）从受教育程度看，人口总体受教育水平显著提高，高学历人口比重增幅较大

2010 年以来，宁夏持续深化教育改革、加大教育投入、建立健全人才培养机制、扩大就业人口培训，全区人口受教育状况发生了积极变化。2020 年宁夏 6 岁及以上人口中，接受过小学及以上教育程度的人口为 622.67 万人，比 2010 年增加 85.07 万人，增长 15.81%，占 6 岁及以上人口的比重由 2010 年的 92.77% 提高到 2020 年的 94.03%，提高了 1.26 个百分点。其中：大学（含大专、研究生，下同）124.89 万人，占 18.86%，其中，研究生及以上学历人口 3.83 万人；高中（含中专，下同）96.74

万人，占 14.60%；初中 214.04 万人，占 32.32%；小学 186.99 万人，占 28.24%；未上过学 35.26 万人，占 5.32%。与 2010 年相比，小学、初中所占比重呈下降趋势，高中、大学所占比重增幅较大。

分地级市看，在全区受教育程度为小学及以上的人口中，40.6%集中在银川市，其他依次为吴忠市 18.8%，固原市 15.3%，中卫市 14.4%，石嘴山市 10.9%，与 2010 年相比，区域分布结构没有发生改变。在全区受教育程度为大学及以上的人口中，有 59.9%集中在银川市，其他依次为吴忠市 11.9%，固原市 10.2%，石嘴山市 9.17%，中卫市 8.80%，与 2010 年相比，银川市、吴忠市和中卫市均有不同程度提高，石嘴山市和固原市略有下降。

宁夏每 10 万人中拥有各种教育程度人口由 2010 年的 85083 人增加到 2020 年的 86600 人，增长 1.78%，其中，拥有大学文化程度人口 17340 人，比全国同期多 1873 人，高中由 12451 人增加到 13432 人，初中由 33654 人减少到 29717 人，小学由 29826 人减少到 26111 人。

宁夏 15 岁及以上人口平均受教育年限达到 9.81 年，比 2010 年的 8.82 年提高 0.99 年。其中，16—59 岁劳动年龄人口平均受教育年限达到 10.52 年，与 2010 年相比，提高了 1.08 年。劳动年龄人口平均受教育年限的提高，表明现阶段宁夏劳动者的文化素质相比十年前有了很大进步。分城乡看，全区城乡 15 岁及以上人口平均受教育年限分别为 10.92 年和 7.71 年，比 2010 年分别增加了 0.57 年和 0.43 年。

2010 年以来，宁夏文盲人口数量不断减少，文盲率持续下降。2020 年，宁夏 15 岁及以上文盲人口 29.1 万人，比 2010 年减少了 10.07 万人；文盲人口占总人口的比重由 2010 年的 6.22%下降到 4.04%，下降 35.05%，与全国同期 2.67%相比，高 1.37 个百分点，按高低排序，在全国各省、自治区、直辖市中排第 7 位。分城乡看，城市文盲率由 2010 年的 3.04%下降至 2020 年的 2.36%，乡村文盲率由 2010 年的 9.0%下降至 2020 年的 7.15%。

受教育程度提高、文盲率下降，反映了十年来宁夏普及九年义务教育、大力发展高等教育以及扫除青壮年文盲等措施取得了显著成效。

人口文化素质提高得益于教育事业蓬勃发展。十年来，宁夏全面实施义务教育基本均衡发展攻坚行动，推动城乡义务教育"四统一"，城乡、区域和校际办学差距不断缩小，2018 年在西部地区率先以省（区）为单位实现义务教育基本均衡发展目标。2020 年小学适龄儿童入学率达到 100%；小学六年巩固率 100.3%，比 2010 年提高 16.8 个百分点；初中阶段毛入学率 112.9%，比 2010 年提高 8.7 个百分点；初中三年巩固率 99.6%，比 2010 年提高 8.3 个百分点，自 2017 年，连续 4 年保持在 95% 以上。深入实施高中阶段教育普及攻坚计划，将基本普及高中阶段教育作为提升县域教育竞争力的重要措施，高中阶段学校布局结构不断优化，优质教育资源不断扩大，教育教学质量不断提高。2020 年高中阶段毛入学率 93%，比 2010 年提高 8.3 个百分点，自 2019 年，连续 2 年保持在 91% 以上。普通高等学校由 2010 年的 15 所增至 20 所，普通高校在校学生数 15.61 万人，比 2010 年增加 7.27 万人，增长 1.87 倍。同时，深化"互联网+教育"示范区建设，教育信息化水平居全国前列，人口素质的提升也为推进全区经济高质量发展提供了智力支持。

（六）从人口城乡分布看，城镇聚集能力增强，城镇化率稳步提升

城镇化是现代化的必由之路，是乡村振兴和区域协调发展的有力支撑，也是新时代推动经济高质量发展的强大引擎。2020 年，居住在宁夏城镇的人口为 468.30 万人，居住在乡村的人口为 252.63 万人。与 2010 年相比，城镇人口由 2010 年的 303.57 万人增加到 468.30 万人，年均增加 16.47 万人。城镇人口比重由 2010 年的 47.96% 提高到 64.96%，十年提高了 17.00 个百分点，年均提高 1.7 个百分点。与全国相比，十年间，全国城镇人口比重从 49.95% 提高到 63.89%，提高 13.94 个百分点，宁夏提高幅度高于全国平均水平 3.06 个百分点，并且在 2017 年宁夏城镇化率首次超过全国平均水平 0.71 个百分点，达到 60.95%，城镇化进入快速发展阶段，城镇化率呈现稳步提升的良好发展态势。2020 年，在全国 31 个省（区、市）的城镇化率排名中，宁夏以 64.96% 的人口城镇化率居第 12 位，比 2010 年前移了 5 位，在西部仅次于重庆和内蒙古。

分地级市看，银川市作为全区城市的经济中心、政治中心、文化中心，优势不断加强，教育、医疗、文化、交通等公共设施扩建和完善，人口聚集能力明显增强。2020 年，银川市城镇化率达到 80.22%，高于全区平均水平 7.70 个百分点，省会城市战略地位明显提升。石嘴山市不断挖掘和传承工业文化、移民文化，大力充实城市内涵，加快推动特色石嘴山建设，城镇化率高于全区 9.28 个百分点。吴忠市、固原市、中卫市与 2010 年相比，城镇化率提高幅度较多，分别提高 18.06 个、20.84 个和 20.20 个百分点，均高于全区平均提高幅度。

分县（市、区）看，2020 年宁夏有 8 个县（区）城镇化率超过全区平均水平，14 个县（区）城镇化率超过 50%。与 2010 年相比，有 10 个县（市、区）的城镇化率增幅超过 20 个百分点，17 个县（市、区）超过 10 个百分点。其中，提高幅度较大的有永宁县、贺兰县、原州区和盐池县，2020 年城镇化率比 2010 年分别提高 29.49 个、27.64 个、25.22 个和 24.88 个百分点。

城镇化快速发展的主要原因，一是产业结构升级。"十三五"期间，三次产业比由 2015 年的 9.2∶43.3∶47.5 调整为 2020 年的 8.6∶41.0∶50.4，第一产业比重降低 0.6 个百分点，第二产业比重降低 2.3 个百分点，第三产业比重提高 2.9 个百分点，其中，2019 年全区服务业比重达 50.2%。从三次产业增长看，"十三五"期间，第一产业增加值年均增长 3.9%，第二产业年均增长 6.1%，第三产业年均增长 7.1%，增速高于同期全区 GDP 0.7 个百分点。2015—2019 年，全区第三产业增速分别高于第二产业 2.0 个、2.4 个、1.7 个、0.6 个和 0.1 个百分点。 从三次产业对经济增长贡献看，"十三五"期间，第一产业、第二产业和第三产业对经济增长的平均贡献率为 5.4%、41.8% 和 52.8%，第三产业的贡献率高于第二产业 11.0 个百分点，比"十二五"时期提高 7.6 个百分点，成为经济增长的主动力。随着全区经济结构调整和产业结构优化升级，服务业吸纳劳动力的作用显著增强，成为吸纳就业的主渠道，推动城镇化加快发展。2020 年，全区就业人员 344 万人，其中，服务业吸纳就业人员 179 万人，占全部就业人员的一半以上，达到 52.0%。二是城镇建设加快。2020 年宁夏城市绿地面积 34690 公顷，比 2010 年增加 17303 公顷；公园 204 个，增加 147 个，公园绿地面积 8306 公顷，是 2010 年的 2.3 倍；建成区绿化覆盖率 41.3%，比 2010 年提高 2.5 个百分点。宁夏城市居民人均住房建筑面积 37.9 平方米，比 2010 年增加 9.52 平方米，镇居民人均住房建筑面积 34.56 平方米，比 2010 年增加 9.74 平方米，乡村居民人均住房建筑面积 35.03 平方米，比 2010 年增加 12.91 平方米，人民住宅舒适度显著提升。三是城乡发展不断融合。截至 2020 年末，全区城镇企业职工基本养老保险参保达到 208.77 万人，比 2016 年底增加 41.78 万人，年平均增长 5.74%。工伤保险参保人数为 132.56 万人，比 2016 年增加 49.02 万人，年平均增长 12.24%。参加失业保险人数为 102.73 万人，比 2016 年增加 17 万人，年平均增长 4.96%。惠及百姓利益的社会保障水平再上新台阶，为新型城镇化建设保驾护航。四是城镇居民生活水平大幅提高。城镇化水平的不断提升，推动城镇居民收入、消费显著增长，城镇居民生活水平和生活质量明显提高。全区城镇居民人均可支配收入由 2015 年的 25186 元增加到 2020 年的 35720 元，增长 41.8%，年均增长 7.2%；全区城镇居民人均生活消费支出由 2015 年的 18984 元增加到 2020 年的 22379 元，增长 17.9%。其中，城镇居民人均发展型和享受型消费支出（用于交通通信、教育文化娱乐、医疗保健、其他商品及服务等发展型和享受型消费支出）总额为 8831 元，比 2015 年增加 1310 元，增长 17.4%。城镇居民人均服务性消费支出 9442 元，是 2015 年的 3.3 倍，年均增长 27.1%，占消费支出的比重为 42.2%，比 2015 年提升 27.2 个百分点。服务性消费支出的持续增长，标志着居民生活质量的显著提升。

（七）从人口流动情况看，宁夏人口流动活力强劲，主要流向区内

人口迁移流动是社会发展的必然结果，也是推进社会经济发展的重要因素。随着工业化和城镇化进程的不断加快，全区综合实力大幅增强，民生福祉显著改善，社会事业全面进步，对周边地区的吸引力不断提升，人口迁入规模不断扩大，分布更为广泛、构成更加多样。第七次全国人口普查结果显示，2020 年 11 月 1 日零时，宁夏迁移流动人口为 372.91 万人，占全区常住人口的 51.77%，与 2010 年的 176.03 万人相比，增加 196.88 万人，增长 1.12 倍，年均增长 7.80%，相比常住人口年均增长率 1.35%，高出 6.45 个百分点。

在迁移流动人口中，区外迁入宁夏的人口为 67.51 万人，占迁移流动人口的 18.1%，宁夏迁往外省的人口为 36.64 万人，占 9.83%。与 2010

年相比，区外迁入人口增加 30.66 万人，迁出区外人口增加 14.06 万人，占迁移流动人口的比例分别下降 2.83 个和 12.81 个百分点。宁夏净迁移率在 31 省（自治区、直辖市）排名第 11 位。总体上宁夏迁入人口多于迁出人口，且迁入人口增长趋势较为明显。

从流向看，区内流动人口一是从南部山区向北部川区转移。与 2010 年相比，北部引黄灌区人口比重上升了 5.76 个百分点；中部干旱带人口比重下降了 0.58 个百分点；南部山区人口比重下降了 5.18 个百分点。二是农村人口向城镇转移。城镇人口比重上升了 17.06 个百分点，特别是银川市辖区人口增长 47.41%，远高于全区人口增长的水平。流动人口流向表明，北部引黄灌区城市化程度高，经济社会发展条件相对具有优势，对流动人口吸引力不断增强，促进了农村剩余劳动力的转移，推动了二、三产业的发展。加上自治区有组织地从不易生存、生态条件恶劣的南部山区村落向川区吊庄移民，促使全区人口重心"由山向川""由南向北""由村向城"转移。

区外迁入宁夏的人口为 67.51 万人，其中，城镇人口占比达到 79.59%，乡村人口占比为 20.41%。区外迁入宁夏人口来自全国 30 个省、自治区、直辖市，其中，流入万人以上的有 13 个，比 2010 年的 9 个多了 4 个，区外迁入人口的居住地较为集中，银川作为宁夏首府，城市建设环境和谐宜居、经济发展动力较为充足，共有 34.52 万人居住于银川市辖区内，占区外迁入人口的 70% 以上。从区外迁入人口的原住地来看，来自东部地区 9.61 万人，占迁入人口的 14.24%；来自中部地区 13.38 万人，占 19.81%；来自西部地区 42.71 万人，占 63.26%；来自东北地区 1.82 万人，占 2.69%。与 2010 年相比，来自东部地区的迁移人口降低了 0.67 个百分点；来自中部地区的迁移人口降低了 4.96 个百分点；来自西部地区的迁移人口增加了 5.73 个百分点；来自东北地区的迁移人口降低了 0.1 个百分点。从各省、自治区、直辖市的具体情况来看，迁入人口最多的是甘肃省 20.96 万人，占迁入人口总数的 35.49%；其次是陕西省 9.63 万人，占 14.26%；第三是河南省 7.49 万人，占 11.09%；第四是河北省 3 万人，占 4.45%；第五是四川省 2.6 万人，占 3.85%。五省共迁入 46.67 万人，占区外迁入宁夏人口的 69.13%。区外流入人口流向，印证流动人口规律，一是人口近距离迁徙，成本低、习俗近、易沟通。二是符合中国人口多的国情，人口大省，压力大、资源紧、流出人口比重高。

宁夏迁出区外人口相对较少，只有 36.64 万人，其中，城镇人口占 83.57%，乡村人口占 16.43%。随着省际交通的迅速发展，宁夏迁出区外人口遍布全国各省、自治区、直辖市，其中流出万人的有 11 个，比 2010 年的 5 个多 6 个。宁夏迁往区外的人口中，迁徙东部地区 12.61 万人，占迁出人口总数的 34.4%；中部地区 3.37 万人，占 9.2%；西部地区 19.8 万人，占 54.03%；东北地区 0.87 万人，占 2.37%。从各省、自治区、直辖市的具体情况来看，迁出人口最多的依次为新疆（6.76 万人）、陕西（4.14 万人）、内蒙古（4.07 万人）、北京（2.54 万人）、甘肃（2.24 万人）、上海（1.69 万人）、广东（1.47 万人）、浙江（1.44 万人）、江苏（1.43 万人）、山东（1.33 万人）、四川（1.07 万人）等。流出规律除近距离流动外，还有民族认同、宗教信仰的因素，东部发达地区吸引力增强等。

（八）从人口健康水平看，人民生活水平提升，平均预期寿命延长

人口平均预期寿命是综合反映健康水平的基本指标。指在一定的年龄别死亡率水平下，活到某一年龄时还可能继续生存的平均年数。

新中国成立后，随着宁夏经济社会事业的较快发展，人们生活水平及医疗保健水平不断提高，人口死亡水平迅速下降，平均预期寿命逐年延长。根据第七次全国人口普查汇总数据计算，2020 年宁夏人口平均预期寿命为 76.58 岁，其中男性 74.89 岁，女性 78.40 岁。与 2010 年相比，人口平均预期寿命提高 3.2 岁，其中男性提高 3.58 岁，女性提高 2.69 岁。与全国 2020 年人口平均预期寿命 77.93 岁，男性 75.37 岁，女性 80.88 岁相比，宁夏比全国低 1.35 岁，其中男性低 0.48 岁，女性低 2.48 岁。宁夏人口平均预期寿命快速提高，得益于经济社会快速发展、人民生活水平不断提高、医疗卫生保障体系的逐步完善以及城乡公共卫生服务水平的不断提升。一是人民生活改善。随着宁夏经济实力的不断增强，人民生活水平不断提高。2020 年城镇居民人均可支配收入 35720 元，农民人均纯收入 13889 元，比 2010 年的 15093 元和 5125 元，分别增长 1.37

倍和 1.71 倍，年均分别增长 8.99% 和 10.48%。2020 年城乡居民人均储
蓄存款 50090 元，比 2010 年的 18517 元增长 1.71 倍。收入的增加，使
百姓的吃、穿、住、行、娱乐、健身等方面都得到明显改善，为人民群
众身体健康、延年益寿奠定了坚实基础。二是医疗事业发展。加强公共
卫生服务能力和基层医疗机构建设，新增医疗卫生资源重点倾向农村和
社区。大力培养全科医生，充实基层医疗队，健全城乡一体化的公共医
疗卫生服务网络，建立统筹城乡居民基本医疗保险制度，为广大群众提
供安全、优质、方便、价廉的医疗卫生服务，建立完善城乡大病医疗救
助、重度残疾人生活补贴以及医疗保障制度。广泛开展爱国卫生运动和
健康宁夏行动。加强构建公共安全体系，落实企业安全生产主体责任，
严格食品药品监管，保障人民群众身心健康。努力提高出生人口素质，
降低人口死亡水平。三是社保体系完善。截至 2020 年末，全区城镇企
业职工基本养老保险参保达到 208.77 万人，比 2016 年底增加 41.78 万
人，年平均增长 5.74%。城乡居民养老保险参保人数由制度启动之初 24.7
万人增加到 238.65 万人，60 周岁以上领取基础养老金人数由 4.7 万人增
加到 47.95 万人，基本实现了应保尽保。工伤保险参保人数为 132.56 万
人，比 2016 年增加 49.02 万人，年平均增长 12.24%。参加失业保险人
数为 102.73 万人，比 2016 年增加 17 万人，年平均增长 4.96%。惠及百
姓利益的社会保障水平再上新台阶。建立高龄老人及重度残疾人生活津
贴制度，真正实现尊老资弱、老有所养。

（九）从少数民族人口发展变化情况看，各民族人口团结和谐，少
数民族人口占比持续上升

宁夏回族自治区除汉族占 64.05% 外，回族人口是最多的少数民族，
占全区常住人口的 35.04%。十年来宁夏各民族和睦相处、和衷共济，
少数民族人口由 2010 年的 221.50 万人增加到 2020 年的 258.97 万人，
十年间净增 37.47 万人，增长 16.92%，年均增长 1.58%，增速快于同期
全区常住人口和汉族人口，体现了宁夏各民族共同发展共同富裕的丰硕
成果。

回族是中国人口最多的少数民族之一，根据第七次全国人口普查数
据显示，中国大陆 31 个省、自治区、直辖市中，回族人口为 1137.79

万人，其中，宁夏回族人口 252.36 万人，占全国回族总人口的 22.18%，占全区少数民族总人口的 97.45%。2010 年，宁夏回族人口 217.38 万人，2020 年增加为 252.36 万人，十年间净增 34.98 万人，增长 16.09%，年均增长 1.50%，比汉族年均增长水平高 0.24 个百分点，比全区常住人口年均水平高 0.15 个百分点。由此可见，回族同其他少数民族人口的增长是助推全区人口增长水平较高的主要因素。

世居宁夏的少数民族人口日益增加。2020 年宁夏居住着 55 个少数民族，与 2010 年相比，少数民族人口数增加的有 49 个，减少的有 6 个，人口数超千人的少数民族有 11 个，依次为：回族、满族、苗族、蒙古族、土家族、布依族、壮族、藏族、彝族、维吾尔族和东乡族，与 2010 年相比，千人以上民族增加了藏族、维吾尔族、壮族、布依族和彝族 5 个民族。人口数超过百人不足千人的有 14 个民族，其他民族人口总量均在 100 人以下，有的民族甚至只有几个人。回族人口数量居全区少数民族第 1 位，其后依次为满族 2.8 万人，增长 12.51%；苗族 1.11 万人，增长 8.96 倍；蒙古族 0.95 万人，增长 42.61%；土家族 0.32 万人，增长 1.23 倍。从增长幅度看，大部分少数民族人口与 2010 年相比都有不同程度的增加，而阿昌族、德昂族、京族、佤族、高山族、怒族等民族人口较十年前人数有所减少。少数民族人口增多，一是汉族与少数民族通婚夫妇增多，所生子女通常申报为少数民族。二是民族政策环境好。宁夏全面贯彻执行国家制定的"民族平等、民族团结、各民族共同繁荣"的方针政策，深入开展民族团结进步创建活动，加快少数民族地区经济社会发展，不断巩固和发展平等、团结、互助、和谐的社会主义民族关系，努力建设民族团结模范自治区。三是宁夏人民胸怀宽广。伴随着改革开放的不断深入，人口流动范围扩大，频率提高，促进各民族相互学习，取长补短，携手发展，共同繁荣。宁夏历来属人口迁入地区，民风淳朴，海纳百川，热情好客，诚实守信，欢迎国内外各民族人士参加宁夏开发建设。四是少数民族待遇优。宁夏认真执行民族区域自治制度。对少数民族在招生、招干、招工、生育、入学等方面实行一定的优惠政策，对流动人口特别是少数民族流动人口有一定的吸引力。

（十）从人口婚姻状况变化看，婚姻状况稳定，平均初婚年龄提高

人口的婚姻状况既是社会经济、政策法律、民族宗教、文化习俗影响的综合反映，又是影响家庭和社会发展以及人口再生产的重要因素。2010 年以来，宁夏人口婚姻状况变化趋势总体呈现未婚人口比重下降、有配偶人口比重提高、离婚人口比重上升、丧偶人口比重相对稳定的趋势。具体来看，2010—2020 年，未婚人口比重下降 2.36 个百分点；有配偶人口比重提高 0.42 个百分点；离婚人口比重提高 1.56 个百分点；丧偶人口比重提高 0.38 个百分点。

2010 年宁夏男女人口有偶率分别为 73.92% 和 74.75%，到 2020 年分别为 74.85% 和 74.65%，男性有偶率明显提高，女性有偶率略有降低。2020 年有偶率的峰值年龄男性 60 岁、有偶率为 94.28%，女性 36 岁、有偶率为 93.28%。与 2010 年相比，男性峰值年龄后移 6 岁，女性峰值年龄后移 1 岁。这主要受年龄结构向成年型变动的影响，同时也说明人口婚姻状况比较稳定。

受经济发展和社会进步，特别是年轻人观念转变影响，人口婚育行为也呈现一些变化。2020 年，宁夏 15 岁及以上常住人口的平均初婚年龄为 23.13 岁，比 2010 年延迟了 0.39 岁，其中男性为 24.24 岁，延迟 0.5 岁，女性为 22.06 岁，延迟 0.32 岁。男性平均初婚年龄延迟较女性明显。育龄重点年龄组群体未婚比例上升。2020 年，宁夏 20—24 岁女性人口中有 67.41% 未婚，比 2010 年提高 14.4 个百分点；25—29 岁女性人口中有 22.93% 未婚，比 2010 年提高 9.91 个百分点。

（十一）从三次产业看，产业结构升级，从事第一产业人口减少

2020 年宁夏就业人口中，第一产业即农业 83 万人，占就业人口总数的 24.2%；第二产业即工业、建筑业 82 万人，占 23.8%；第三产业即除一、二产业外的就业人口 179 万人，占 52%。与 2010 年相比，第一产业人口减少 92 万人，比重下降 26.9 个百分点；第二产业人口增加 18 万人，比重上升 5.1 个百分点；第三产业人口增加 76 万人，比重上升 21.8 个百分点。农业人口减少的主要原因，一是调整经济结构的体现。产业结构优化是经济结构战略调整的核心。近年来，宁夏加大调整产业结构力度，巩固第一产业，提升第二产业，发展第三产业。在稳定农业生产的同时，对工业、建筑业、服务业的人、财、物投入力度加大，特别是农村剩余劳动力，不断向二、三产业集聚，有力推动二、三产业快速发展。二是实施农业现代化的体现。坚持科学规划、规模经营、机械收割、生态养殖、网络经营、提质增效，不断提高农业的土地产出率、资源利用率、劳动生产率和市场竞争力，不但确保了粮食安全和农产品有效供给，而且解放和发展了农业生产力，促进了农业劳动力向非农产业转移。三是推进城镇化的体现。随着城镇化建设的需求，大批农村剩余劳动力参与城镇建设，既增加了农民收入，又扩大了第二、第三产业就业队伍规模。

（十二）从人口居住条件看，居民住房条件改善，户均住房建筑面积增加

普查结果显示，宁夏 236.18 万个家庭户，户均住房建筑面积 97.38 平方米。人均 36.10 平方米，其中城市人均 37.90 平方米，镇 34.56 平方米，乡村 35.03 平方米。与 2010 年相比，户均住房建筑面积增加 16.34 平方米，增长 20.16%，人均增加 11.6 平方米，增长 47.35%，其中城市增加 9.53 平方米，增长 33.59%，镇增加 9.74 平方米，增长 39.24%，乡村增加 12.91 平方米，增长 58.36%。

城乡居民住房质量明显提高。宁夏城乡居民家庭户中，住在 2010—2014 年建成住房的占 33.01%；2015 年以后的新建住房占居民住房总数的 7.05%。住房承重为钢及钢筋混凝土结构的占 41.73%，比 2010 年提高 21.98 个百分点。居民住房设施配套水平提升，在各种住房设施中，九成以上的家庭住房内有厨房，家庭户厨房的拥有率为 97.42%，其中，本户独立使用厨房的占 95.93%；家庭户自来水入户率为 96.65%，比 2010 年提高 33.37 个百分点；家庭户房内有洗澡设施的为 96.08%，比 2010 年提高 56.37 个百分点；家庭户用燃气或电作为炊事燃料的为 84.8%，比 2010 年提高 37.3 个百分点。居民住房条件改善，反映十年来，宁夏经济发展，居民收入增加，房地产业壮大，城乡面貌改观，人民安居乐业的深刻变化。但和全国平均水平相比，宁夏人均住房面积、房屋质量、配套设施等方面还有一定差距，需要今后在推进高质量发展进程中迎头追赶。

三、人口变动对经济社会资源环境发展的影响

人口变动对人口内部系统和人口外部系统都会产生深刻的影响。具体而言，人口变动将会影响经济发展、社会发展、资源环境发展。

（一）人口总量变动对经济发展的影响

人口增长与经济增长是否协调，通常以人口增长率与经济增长率之比，即人口增长弹性系数来衡量。人口增长弹性系数越低，表明人口发展与经济发展趋向协调；反之，则两者之间趋向不协调。通常以人口增长弹性系数大于或等于 1 为社会停滞级；0.2—0.99 为社会渐进级；0.2 及以下为社会协调发展级。2010—2020 年，宁夏人口年均增长 1.35%，同期地区生产总值（简称 GDP，下同）年均增速为 9.67%，人口再生产弹性系数 0.14。表明 2010—2020 年宁夏人口增长与总体经济发展的协调度较高。2010—2020 年，宁夏常住人口增加 90.13 万人，增长 14.3%；每年增加人口 9 万人，年平均增长率为 1.35%。在人口增速平稳的同时，经济发展的正能量得到显现。2010 年宁夏地区生产总值为 1571.68 亿元，人均生产总值为 24984 元，到 2020 年分别达到 3956.34 亿元和 55021 元。2010—2020 年的十年间，宁夏地区生产总值、人均地区生产总值分别增加了 1.52 倍和 1.20 倍；年平均增长速度分别为 9.67% 和 8.21%。地区生产总值、人均地区生产总值的年平均增长速度，都远远高于宁夏常住人口的年平均增长速度。通过对宁夏地区生产总值、人均地区生产总值年平均增长速度的比较，人均地区生产总值年平均增长速度要低于地区生产总值的平均增长速度，说明每年的地区生产总值中有一部分为新增人口所消耗。

（二）人口年龄构成变化对经济发展的影响

人口年龄构成变化对经济发展，既能产生积极的影响，又能带来不利的因素。

有利影响：

1.有利于促进经济发展。人口年龄结构的变动使人口抚养状况也出现了新的变化。老年抚养系数上升，少儿抚养系数下降，总抚养系数呈上升趋势。2020 年宁夏总抚养系数为 42.86%，比 2010 年上升 4.39 个

百分点；少儿抚养系数为 29.12%，比 2010 年下降 0.50 个百分点；老年抚养系数为 13.74%，比 2010 年上升 4.89 个百分点。与全国相比，总抚养系数比全国的 45.9% 低 3.04 个百分点，老年抚养系数比全国的 19.7% 低 5.96 个百分点，人口负担减少有利于增加积累和扩大投资或消费，有利于增加生产和社会财富，加快经济发展和提高人民生活水平。

2.有利于增加消费支出。劳动年龄人口既是生产者，又是消费者。一个人成年后，要择偶结婚、组建家庭、生儿育女等，其消费远高于未成年和老年者。成年人口比重上升，有利于拉动食品、衣料、住宅、家电、汽车等商品的消费。

不利影响：

1.人口老龄化速度加快，养老保障压力加重。2010 年宁夏 60 岁及以上人口为 60.93 万人，2020 年增加至 97.41 万人。从增量来看，2010—2020 年平均每年增加 3.65 万人。随着老年人口数量不断增加，需要社会赡养的老年人口越来越多，用于退休人员的保险、福利等费用将大幅上升，社会经济负担进一步加重，社会保障和公共服务体系的压力增大，这种"未富先老"的社会状况将影响经济社会发展进程。

2.低龄人口性别比偏高，潜存影响社会安定因素。2010 年宁夏低龄人口性别比偏高，0—4 岁人口性别比为 112.95，5—9 岁人口性别比为 110.89，10—14 岁人口性别比为 107.28，到 2020 年宁夏低年龄人口中，0—4 岁人口性别比为 106.92，5—9 岁人口性别比为 109.56，10—14 岁人口性别比为 108.47，各年龄组人口性别比均超出正常范围且持续偏高。随着时间的推移，当这部分人口进入婚龄年龄后，由于婚龄人口性别比失衡，男多女少的"婚姻挤压"现象将逐渐显现，并可能由此产生家庭关系不稳定等社会问题，体现在就业上，可能出现"就业性别挤压"现象，从而影响社会安定和经济发展。

3.劳动年龄人口不断增加，就业压力加大。宁夏劳动年龄人口由2010 年的 423.77 万人增加到 2020 年的 466.97 万人，十年增加了 43.2万人，年均增长 0.98%。随着劳动年龄人口的逐年增加，全区不仅每年要吸纳新增劳动力就业，而且要化解农村大量剩余劳动力向城市转移，向非农产业转移的矛盾，再加上区域外劳动力人口的流入，庞大的劳动力人口将给宁夏劳动就业带来较大压力。

（三）人口迁移流动变化对经济发展的影响

经济的发展是推动人口迁移流动的重要因素，同时，人口迁移流动影响着迁入地、迁出地的经济发展水平，包括积极影响与消极影响两个方面。

有利影响：

1.有利于推动地区开发和建设。新时代以来，政府主导下的移民工程，以大规模、有组织的人口迁移流动，将人口迁移流动的空间从农村向"农村+城镇+企业+产业基地"不断拓展，贫困人口逐步融合到城镇化、工业化和产业化的发展进程中，既增加了贫困人口减贫致富的新渠道，又对移民迁入区的荒地进行了规划开发，同时加强了移民迁出地的生态修复与建设，实现了人口、资源与环境的协调发展，为建设黄河流域生态保护和高质量发展先行区、继续推进全面建设社会主义现代化美丽新宁夏打下了坚实基础。

2.有利于促进宁夏与全国各地的交流与合作。2020年，宁夏跨区迁移流动人口为104.15万人，十年间增加44.72万人，其中区外流入人口增加30.66万人，流出区外人口增加14.06万人。跨区迁移流动人口规模的扩大，不仅为宁夏产业发展、基础设施建设等提供了经济支援与帮助，更是进一步扩大了宁夏在文化交流、经贸往来的信息基础。

3.有利于促进新型城镇化发展。宁夏人口迁移流动的主要方向仍然是从农村到城市，农村剩余劳动力转移至城市，使城市人口规模持续扩大，城镇化水平也随之提高。2020年，宁夏常住人口城镇化率达到64.96%，比2010年提高了17个百分点。城镇化发展水平提高的同时，人口迁移流动加速进一步提升了宁夏城镇化发展质量。随着迁移流动人口不断向中心城市集聚，城市集聚吸引作用的持续增强，推进了银川与周边城市一体化联动发展空间格局的形成。此外，高铁、公路、城际铁路等交通基础设施日益完善、农村迁移流动人口的公共服务、社会保障水平不断提高，城乡人居生态环境得到了明显改善，人口迁移流动对城市基础设施、医疗卫生、文化教育、社会保障等方面提出更高要求，有力提升了宁夏新型城镇化建设的水平与质量。

4.有利于解决贫困农村脱贫问题。农村剩余劳动力转移至城镇，解决了农村人多地少的矛盾，且部分长期迁移流动的农村人口不断调整土地承包经营方式，为提高农业劳动生成率、带动农业规模化经营发展提供了有利条件。迁移流动人口外出务工经商，增加了农村人口收入，继而以各种不同的方式返回农村，提高了农村地区收入水平。2020 年，宁夏农民人均可支配收入为 13899.4 元，比 2015 年提高了 52.32%，其中，工资性收入为 5150 元，比 2015 年提高了 42.49%，非第一产业经营性收入为 1909.3 元，比 2015 年提高了 74.60%。农村人口收入的增加，或是以商品方式返回农村，加强了地区间的商品市场流动，或是用于购买农业生产资料，提高了农业生产投入水平。2020 年底，宁夏决胜脱贫攻坚目标任务全面完成，9 个贫困县全部摘帽，1100 个贫困村全部出列，62.4 万农村贫困人口全部脱贫。整体来看，迁移流动成为农村人口扩大增收的重要渠道之一，极大地提高了农村低收入家庭经济水平，为农村特别是贫困农村减贫增收做出了重要贡献。

不利影响：

1.加剧了城市基础设施和公共服务的压力。在人口迁移流动中，大量迁移流动人口向城市集聚，造成了市区内人口密度迅速增长，随之加剧了城市基础设施和公共服务等方面的承载负担。当前我国公共服务供给受到户籍制度限制，因此迁移流动人口存在子女上学"一校难求"、住房租赁保障不足、养老服务难等问题，政策保障和资源配置发展仍然不全面不充分，对地区经济社会持续健康发展造成了阻碍。同时，地区公共服务要素畅通流动和有效配置难以得到保障，迁入地对迁移流动人口的吸引力和集聚力将会逐步弱化，人口迁移流动所带来"人口红利"随之降低，从而形成恶性循环。2010 年银川市辖区内人口密度为 393 人/平方公里，2020 年达到 828 人/平方公里，十年间增长 1.11 倍。大规模人口迁移流动在为宁夏经济高质量发展注入活力与动力的同时，城市人口的迅速膨胀对城市住房供给、交通建设、医疗水平、教育资源、供水供电等方面的承载力提出了更高的要求。

2.增加了城市就业和社会保障工作的压力。2010 年，宁夏劳动力资源总量为 473.6 万人，占常住人口 74.84%，就业人员为 342 万人，占劳动力资源总量 72.21%。2020 年，宁夏劳动力资源总量达到 533.3 万人，占常住人口 76.75%，就业人员为 344 万人，占劳动力资源总量 62.17%。十年间，宁夏劳动力资源人口稳定上升，但就业人员占劳动力资源比重下降了 10.04 个百分点，宁夏劳动力市场的供求矛盾呈现出逐步扩大的趋势。农村剩余劳动力大量进入城市，势必会带来更大的城市就业压力，并且宁夏当前城市转型升级速度不断加快，产业高端化发展趋势下对农村转移劳动力的文化素质和专业技能水平要求随之提高，人口与产业匹配之间出现的矛盾对城市社会保障管理水平提出了更高的要求。

（四）人口数量变动对社会发展的影响

人口存在于一定的社会生产方式下，组成一定的社会关系。人口增长过快时，人口压力使社会在提供现有人口生活条件和提高人民生活水平方面，将会遇到难以克服的困难。突出表现为就业困难，住房紧张，教育资源不足，甚至粮食、燃料等生活必需品短缺。人口负增长则往往伴随着老龄化问题，老龄化加速发展下，社会保障可持续性问题将日益凸显。在经济增长较慢、扶养比快速且持续升高的地区，养老保险、医疗保险、长期照护保险以及健康服务等社会保障的财政可持续性将受到严峻挑战，而维持社会保障所需的税收和财力不断扩大，又会挫伤实体经济增长和投资的积极性，增加金融体系的系统性风险。人口数量变化对社会协调发展包括积极影响与消极影响两个方面。

积极影响：

1.人口总量稳定增长，早期教育市场前景可期。宁夏第七次全国人口普查资料显示，2020 年全区常住人口为 720.27 万人，与 2010 年（"六普"）相比，增加 90.13 万人，增长了 14.3%，年均增速 1.35%。同期，2020 年全区 0—4 岁儿童占常住人口的 7.0%，其中，参与早期教育的 3—4 岁儿童占常住人口的 2.1%，这意味着区内早期教育市场的规模庞大，具有良好的发展前景。此外，随着全区适婚青年文化水平的提升，未来势必会重视自身子女的教育，0—4 岁早期教育作为基础教育的一部分也理所应当地受到区内家长的关注。家长对早期教育的投入将极大程度提升 0—4 岁婴幼儿的综合素质，为全区人口质量的提升奠基，也将为全区素质教育的普及助力。

2.养老公共服务需求提升，老年产业大有可为。从 2014 年开始，宁夏人口老龄化进入快速增长期。据测算，到 2025 年宁夏 60 岁及以上老年人口达到 125 万人，且老龄化系数超过 10%，进入中度老龄化社会，"银发经济"时代正加速到来。随着人口老龄化加快发展，人口总负担系数将表现出急速上升的趋势，对社会的发展产生重大影响。老年人口作为有别于其他年龄段的人群，基于其生理、心理、健康状况和社会特征产生的特殊需要，大大提升了养老公共服务需求，老年产业将获得新的发展契机。比如健康医疗、文旅康养、心理咨询、老年护理、社区养老等，将促进新经济增长点的形成，从而增加就业的机会。因此，面对未来的银发浪潮，要在保证经济社会发展的前提条件下，对"银发市场"进行深度开发与政策引导，促进老年产业蓬勃发展。

不利影响：

1.人口性别比不均衡，对宁夏社会稳定构成一定的隐患。性别结构对社会发展有直接的影响，性别结构均衡可以促进经济发展，带动社会进步，失衡将影响社会的稳定，带来社会保障问题。2010 年到 2020 年的十年间，宁夏整体人口性别比从 105.09 降到 103.83，除了 2017—2019 年性别比低于标准范围，其他年份性别比均保持在标准范围内。除此之外，宁夏人口性别结构也存在一些问题。一是会产生婚姻挤压。由于男女数量不匹配，造成非自愿不婚人数增加，从而带来社会犯罪现象增加，导致家庭、社会不稳定的危险系数持续上升。男性的打斗和纵火犯罪比女性高，而那些为争夺妇女而进行的犯罪活动，更多的也与男性相关，如买卖婚姻、拐卖妇女、性犯罪。2020 年，宁夏低年龄人口中，0—4 岁人口性别比为 106.93，5—9 岁人口性别比为 108.48，10—14 岁人口性别比为 108.91，各年龄组人口性别比持续偏高。随着时间的推移，当这部分人口进入婚龄年龄后，由于婚龄人口性别比失衡，男多女少的"婚姻挤压"现象将逐渐显现，并可能由此产生家庭关系不稳定等社会问题，体现在就业上，可能出现"就业性别挤压"现象，从而影响社会安定和经济发展。2020 年，宁夏 15 岁及以上婚龄人口中，性别比为 102.32；乡村人口的性别比最高为 110.19，分别高于镇（103）和城市（99.19）；银川市 6 个市、县、区中性别比不均衡的市、区占一半；石嘴山市三分之二的地区性别比不均衡；吴忠市五分之二的地区性别比不均衡。人口性别比不均衡会导致就业问题增加。在接下来的十至二十年中，由于男性劳动力大量增加，使得男性的求职工作更加困难。二是劳动年龄人口不断增加，就业压力加大。随着人口年龄结构的变化，全区劳动年龄人口在逐年增加。宁夏不仅每年要吸纳新增劳动力就业，而且要化解农村大量剩余劳动力向城市转移，向非农产业转移的矛盾，再加上区域外劳动力人口的流入，庞大的劳动力人口将给宁夏劳动就业带来较大压力。三是养老保障问题。宁夏人口老龄化是在经济社会尚不发达的情况下提前到来，随着老年人口数量不断增加，需要社会赡养的老年人口越来越多，用于退休人员的保险、福利等费用将大幅上升，社会经济负担进一步加重，社会保障和公共服务体系的压力增大，这种"未富先老"的社会状况将影响经济社会发展进程。今后数十年内，老龄人口比例呈上升趋势。在农村以家庭供养为主的养老制度下，将导致很多终生未婚的老人无子女抚养，这就使得宁夏的社保问题更加复杂。

2.人口文化素质决定着社会发展速度。人是推动社会发展进步的主推手，而人对社会发展进步贡献的大小在很大程度上取决于人的素质，尤其是文化素质。从最近两次人口普查结果看，2020年，宁夏受过小学及以上教育人口比2010年增长15.52%，年均增长1.45%。其中具有大学文化程度的增长1.13倍，年均增长7.84%，为各种文化程度人数增长之最；高中增长22.04%，年均增长2.01%；初中增长0.46%，年均增长0.05%；小学增长0.64%，年均仅增长0.06%。从每10万人中拥有大学及以上文化程度的人口看，宁夏每10万人中拥有各种教育程度人口比2010年增长1.78%。从平均受教育年限看，宁夏15岁及以上人口平均受教育年限由2010年的初中三年级水平提高到了高中一年级水平。上述数据说明，经过十年的发展，随着人口中接受高层次教育的人口增多，接受低层次教育的人口减少，宁夏人口文化素质随人口发展而得到整体提升。但与全国平均水平和先进省份相比还有一定的差距。人口文化素质偏低，一方面限制了人口劳动力在高新技术产业的就业，造成许多高技术岗位和行业所需人员短缺，另一方面又有大量无技术专长的人员找不到就业岗位，供给与需求产生结构性失衡。尤其是还难以满足宁夏社会经济转型发展的需求，因而提高宁夏人口文化素质不仅是宁夏人口发展的重要内容，也是宁夏经济社会发展必须面对的挑战。

（五）人口数量变化对资源环境的影响

人口规模是影响可持续发展的重要因素，人口规模的大小，直接关系到资源消耗的快慢、环境保护的好坏，并与社会经济的发展有密切联系。人口发展对资源环境有积极的影响，也有负面的影响。

有利影响：

1.利用资源环境增强发展实力。人口是社会的主体，其发展是在与其相关事物的对立、转化、统一中，相互适应，共同发展。资源环境是一切生产的基础，是发展的食粮和前提。人口发展只有充分利用资源环境才能增强发展实力。2020 年，宁夏完成营造林 122.5 万亩，补植补造 30.1 万亩，荒漠化治理 90 万亩，年末实有封山（沙）育林面积 8.3 万亩，森林覆盖率提高到 15.8%，粮食产量 380.5 万吨，多年来持续稳定在 370 万吨以上。同期人口增长了 9.38%。粮食生产是百业之首，是生存之本。人类通过对土地、水、光热等资源的开发利用，使粮食产量不仅满足了自身发展的需求，而且也为各业发展奠定了基础。

2.利用资源环境改善人民生活。2020 年，宁夏城乡居民人均生活消费支出分别达到 22379 元和 11724 元，有力地促进了消费水平逐步升级。进入新时代，人们紧跟时代发展，一批高档耐用消费品进入普通百姓家庭，改变了人们的生产、生活方式。2020 年宁夏城镇居民每百户拥有手机 256.15 部、电脑 69.62 台、家用汽车 45.35 辆，比 2012 年分别增长 26.1%、8.1% 和 1.7 倍；农村住户每百户拥有手机 292.90 部、家用汽车 33.45 辆，比 2012 年分别增长 20.7% 和 6.7 倍。互联网宽带接入用户从 2012 年的 60.91 万户增加到 2020 年的 283.6 万户，年均增长 21.2%，行政村通光纤实现全覆盖。2020 年宁夏第七次全国人口普查资料表明，城市人均住房建筑面积 37.22 平方米，镇人均住房建筑面积 33.98 平方米，乡村人均住房建筑面积 33.54 平方米，比 2010 年分别增长 31.15%、37.29% 和 53.78%，城乡居民住房质量明显提高。

不利影响：

1.人口总量增加给资源环境带来更大压力。宁夏人口增长虽已进入

"现代人口再生产模式"，但由于人口基数小，加上人口增长的惯性作用和全面二孩、三孩生育政策逐步实施见效，全区人口总量在今后较长时期内仍将持续增长。由于人口不断增长和经济加快发展，必然会消耗更多的资源和加大对生态环境的影响，这将给原本就较脆弱的自然资源和生态环境带来更大压力，使得经济与人口、资源、环境的可持续发展问题更加突出。一是伴随着人口数量的增加，对资源环境的需求必然增大。因此，人口数量的增加给资源环境带来的压力是其对环境产生的最基本影响。二是伴随着人口数量的增加，人口的分布也越来越集中于城市，人民生活水平的提高，人均消费水平上升，使得生活排污剧增。三是伴随着人口数量的增加，人类的生产规模不断扩大，生产规模的扩大必然带来更多的废弃物，处理不当也会造成环境的污染。

2.人口素质变化直接影响资源环境有效利用率。人口素质的高低决定着人类从事实践活动的质量，同时也决定着实践活动所产生的效果与性质。人口素质高，采用新技术的广度和深度就越大，劳动生产率的提高也就越快，对资源环境综合利用越合理，对环境保护意识越强。人口素质低，将导致环境保护意识差、科技水平难以提高，无法摆脱高投入、低产出、高污染的传统生产模式，对资源环境带来破坏。一是人口科学文化素质水平的高低直接影响资源开发与利用。人口的科学文化素质在人口质量对人类资源环境的能动作用中占据中心位置，它决定着实践活动的复杂程度、广度和深度。在现代工业生产中，生产管理者的科学文化素质高，可以将大规模生产的一个复杂流程高效运转，将所有可能发生的事故降低到最低限度，甚至消灭。低水平的生产管理者，使资源不能合理使用，出现浪费原材料、生产出大量的废品，就会浪费资源、污染到环境等。二是人口科学文化素质水平的高低直接影响生态环境。人口科学文化素质低，就难以向技术密集型和资源集约型的产业转移，多从事采矿、制砖、电镀、印染等行业，这些行业生产技术落后，设备更新慢，缺乏必要的环保措施，不仅消耗巨量资源，而且排放废水、废气、废渣，对周边地区环境造成污染，影响就业对环境的压力。

第二章 人口性别、年龄构成

　　性别和年龄是人口的两个基本自然属性，本身不受社会进程的影响。人口年龄、性别构成，对社会经济发展和人口再生产的规模、速度等都能产生重大影响。因此，深入分析人口的性别、年龄构成状况，是研究人口发展的基础问题。对于准确把握人口再生产规律，科学制定人口发展政策，具有十分重要的意义。

一、人口性别构成状况

　　人口的性别构成反映一定时间和范围内人口总数中男女人数的比例关系，它是人口自然结构的基本要素。一般有两种方法表示：一是分别计算男性和女性人口在总人口中所占比重。表明平均每 100 人中男（女）占多少。二是以女性人口数作分母，计算男性人口与女性人口的性别比。人口的性别构成比例是否协调，直接影响家庭婚姻和生育。

（一）总人口性别构成

　　根据"七普"数据显示：2020 年，宁夏总人口 720.27 万人，其中：男性 366.89 万人，占 50.94%，女性 353.37 万人，占 49.06%，总人口性别比 103.83，比全国平均水平低 1.24。比 2010 年的 105.09 低 1.26。按照性别比高低排序，在全国内陆 31 个省、自治区、直辖市中排第 21 位（表 2-1）。

表 2-1　人口性别构成与性别比

年 份	宁夏人口性别构成（%）		性别比（女性=100）	
	男	女	宁夏	全国
2020	50.94	49.06	103.83	105.07
2010	51.24	48.76	105.09	105.20
2000	51.28	48.72	105.26	106.74
1990	51.33	48.67	105.45	106.60
1982	51.52	48.48	106.25	106.30
1964	52.59	47.41	110.94	105.46
1953	53.61	46.39	115.54	107.56

资料来源：根据历次全国、宁夏人口普查资料整理。

（二）分年龄人口性别构成

2020 年宁夏分年龄性别比整体上呈现出先小幅上升然后逐渐下降的过程。2020 年"七普"数据显示，在 0—24 岁的青少年组，分年龄人口性别比的平均值为 106.75，其中 10—14 岁年龄组人口性别比最高，达到了 108.91。25—44 岁组的分年龄人口性别比平均值为 104.58；45—64 岁组的分年龄人口性别比平均值下降到 103.55；65 岁及以上年龄组的分年龄人口性别比平均值为 89.72，其中，64 岁及以后的分年龄性别比均小于 100，出现了女性多于男性的现象。

从 2010 年"六普"和 2020 年"七普"数据对比来看，宁夏人口分年龄性别比的变化均随着年龄增长而下降，但个别年龄组对比略微有差异。在 0—9 岁少儿组里，2020 年的分年龄性别比明显低于 2010 年，反映出自 2010 年以来，随着社会经济的逐步发展，人口整体受教育程度不断提高，人们对于生育观念不断转变，出生人口性别比正在缓慢降低；在 15—29 岁的青年组里，2020 年性别比则明显高于 2010 年的水平；在 30—54 岁的中年组里，2020 年性别比则低于 2010 年的水平；在 70—89 岁的高龄组中，2020 年与 2010 年相比性别比快速下降，表明该年龄阶段男性的死亡率高于女性（表 2-2）。

表 2-2 分年龄人口性别比状况（女性=100）

年　龄	2020 年	2010 年	2020 年比 2010 年增减（+、-）
总　计	**103.83**	**104.99**	**-1.16**
0—4 岁	106.93	112.95	-6.02
5—9 岁	108.48	110.89	-2.41
10—14 岁	108.91	107.28	1.63
15—19 岁	107.40	102.95	4.45
20—24 岁	102.02	100.66	1.36
25—29 岁	103.38	101.83	1.55
30—34 岁	103.83	104.39	-0.56
35—39 岁	106.02	106.73	-0.71
40—44 岁	105.08	105.10	-0.02
45—49 岁	105.44	108.22	-2.78
50—54 岁	102.24	106.91	-4.67
55—59 岁	103.92	102.19	1.73
60—64 岁	102.59	99.03	3.56
65—69 岁	97.33	95.77	1.56
70—74 岁	92.30	100.05	-7.75
75—79 岁	87.14	103.35	-16.21
80—84 岁	87.57	109.55	-21.98
85—89 岁	89.38	100.54	-11.16
90—94 岁	93.57	90.87	2.70
95 岁及以上	80.76	76.93	3.83

资料来源：《宁夏回族自治区人口普查年鉴 2020》《宁夏回族自治区 2010 年人口普查资料》。

（三）分民族人口性别构成

2020 年"七普"数据显示，宁夏总人口主要由汉、回等 55 个民族构成，其中超过五千人的有汉、回、满、苗、蒙古等 5 个民族。汉族人口性别比为 105.21，比 2010 年下降了 0.9；回族为 101.45，下降了 1.52；满族为 98.36，上升了 0.96；苗族为 115.51，下降了 76.59；蒙古族为 91.36，上升了 0.34（表 2-3）。

表2-3　分民族人口数与性别比

民族别	人口数（万人）		性别比（女性=100）		2020年比2010年增减	
	2020年	2010年	2020年	2010年	人口数（万人）	性别比
汉　族	461.30	408.64	105.21	106.11	52.66	-0.90
回　族	252.36	217.38	101.45	102.97	34.98	-1.52
满　族	2.80	2.49	98.36	97.40	0.31	0.96
苗　族	1.11	0.11	115.51	192.10	1.00	-76.59
蒙古族	0.95	0.67	91.36	91.02	0.28	0.34

资料来源：《宁夏回族自治区人口普查年鉴2020》《宁夏回族自治区2010年人口普查资料》。

（四）分城乡人口性别构成

城镇作为地区经济文化的中心，一般为人口净流入地，而乡村一般为人口净迁出地。城乡人口的不同迁移结构是造成城乡人口性别结构差异的直接原因。随着宁夏迁移流动人口性别结构的改变，城乡人口性别结构也发生了很大的变化。2020年宁夏城市、镇、乡村地区的总人口性别比分别是99.19、103.00、110.19。乡村地区的总人口性别比最高，镇次之，城市地区的总人口性别比最低（图2-1）。

图2-1　2020年宁夏城乡总人口性别比（女性=100）

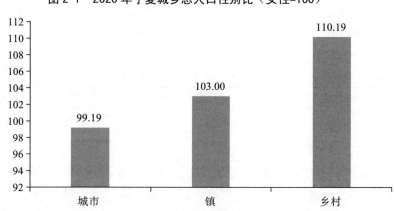

资料来源：《宁夏回族自治区人口普查年鉴2020》。

从动态变化来看，2010 年到 2020 年宁夏城市和镇的总人口性别比都在下降，而乡村地区的总人口性别比不降反升。其中，十年间宁夏城市的总人口性别比从 103.35 下降到 99.19，镇的总人口性别比从 108.55 下降到 103.00，而乡村的总人口性别比从 2010 年的 105.00 上升到 2020 年的 110.19。城镇人口性别比下降的主要原因，一是随着城市的开发建设，第三产业得到了较快发展，对劳动力的需求增加，尤其是适合女性人口就业的岗位增多；二是受到教育、医疗、就业、生活便利性等因素的影响，在城镇买房、结婚、就业是目前大部分年轻人的选择，导致了大量的乡村人口向城镇迁移。而乡村人口性别比上升的主要原因是乡村劳动人口主要以男性为主，随着人口迁移，乡村妇女人口数的不断下降，导致了乡村人口的性别比偏高（图 2-2）。

图 2-2 宁夏城市、镇、乡村的总人口性别比（女性=100）

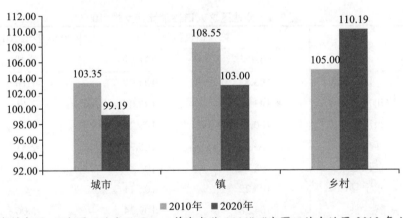

资料来源：《宁夏回族自治区人口普查年鉴 2020》《宁夏回族自治区 2010 年人口普查资料》。

（五）分地区人口性别构成

由于不同区域的社会、经济、文化基础以及人口本身的出生、死亡、迁移及年龄构成状况不同，造成宁夏不同区域的性别比也有较大差异。

分地市看，2020 年银川市人口性别比为 103.46，比 2010 年下降了 3.61；石嘴山市人口性别比为 104.80，比 2010 年下降了 1.95；吴忠市人口性别比为 103.38，比 2010 年下降了 1.09；固原市人口性别比为 103.40，比 2010 年增加了 1.65；中卫市人口性别比为 105.17，比 2010 年增加了 0.77。银川市人口性别比下降幅度较大，主要原因是，银川市作为宁夏的首府城市经济发展水平较高，人口聚居效应明显，能够提供给男女均衡的工作与教育机会，特别是服务行业的发展吸引了较多的女性从业人员，一定程度上影响了人口性别比。

分县（市、区）看，宁夏 22 个县（市、区）人口性别比之间高低相差悬殊。其中，总人口性别比高于全区平均水平的依次是灵武市、盐池县、惠农区、彭阳县、西吉县、沙坡头区、泾源县、永宁县、中宁县、海原县、青铜峡市、红寺堡区、贺兰县等 13 个县（市、区），最高的灵武市总人口性别比达 120.88；其余 9 个县（市、区）总人口性别比低于全区平均水平，其中金凤区、利通区总人口性别比在 100 以下，最低的金凤区只有 98.70，比最高的灵武市低 22.18（表 2-4）。

表 2-4　分地区总人口性别比（女性=100）

地　区	总人口性别比		2020 年比 2010 年增减
	2020 年	2010 年	
全　区	**103.83**	**104.99**	**-1.16**
银川市	**103.46**	**107.07**	**-3.61**
兴庆区	100.72	101.24	-0.52
西夏区	103.08	105.39	-2.31
金凤区	98.70	106.84	-8.14
永宁县	105.22	107.11	-1.89
贺兰县	104.28	109.34	-5.06
灵武市	120.88	124.38	-3.5
石嘴山市	**104.80**	**106.75**	**-1.95**
大武口区	101.61	108.78	-7.17
惠农区	112.44	107.60	4.84
平罗县	103.51	103.89	-0.38
吴忠市	**103.38**	**104.47**	**-1.09**
利通区	99.84	103.93	-4.09
红寺堡区	104.46	105.81	-1.35
盐池县	112.60	107.63	4.97

续表

地　　区	总人口性别比		2020 年比 2010 年增减
	2020 年	2010 年	
同心县	102.63	102.29	0.34
青铜峡市	104.54	105.37	-0.83
固原市	**103.40**	**101.75**	**1.65**
原州区	100.17	102.12	-1.95
西吉县	106.15	100.33	5.82
隆德县	103.58	102.45	1.13
泾源县	105.40	101.16	4.24
彭阳县	106.59	103.24	3.35
中卫市	**105.17**	**104.40**	**0.77**
沙坡头区	105.64	105.11	0.53
中宁县	105.11	103.48	1.63
海原县	104.69	104.45	0.24

资料来源:《宁夏回族自治区人口普查年鉴 2020》《宁夏回族自治区 2010 年人口普查资料》。

二、人口年龄构成状况

人口年龄构成是人口最基本的结构之一,既是过去人口再生产的必然结果,又是未来人口再生产和经济发展的基础和前提。

(一)人口年龄构成状况及特点

2020 年"七普"数据显示,宁夏 0—14 岁少年儿童人口为 146.80 万人,占全区总人口的比重为 20.38%;15—64 岁人口为 504.18 万人,占全区总人口的比重为 70.00%;65 岁及以上老年人口为 69.28 万人,占全区总人口的比重 9.62%。老少比为 47.19;全区人口平均预期寿命为 76.58 岁,其中男性为 74.89 岁,女性为 78.40 岁;全区百岁以上老人有 147 人。

与 2010 年"六普"数据相比,十年间,宁夏人口年龄构成发生了一些新的变化。总体上,少年儿童人口总数及比重在增加,0—9 岁组人口总数增加了 12.81 万人;10—19 岁组人口规模及比重有了一定量减少,特别是 15—19 岁组人口减少了 11.90 万人。中老年人口规模及比重在逐步增加,其中 45 岁及以上人口规模和比重增长较快,2020 年比 2010 年增加 94.46 万人,占比增长了 9.86 个百分点;65 岁及以上老年人口 2020 年比 2010 年增加 29.00 万人,占比增长了 3.23 个百分点(表 2-5)。

表 2-5　人口年龄构成

年　龄	2020 年		2010 年		2020 年比 2010 年增减	
	人数 (万人)	比重 (%)	人数 (万人)	比重 (%)	人数 (万人)	比重 (百分点)
总计	**720.27**	**100.00**	**630.14**	**100.00**	**90.13**	**0.00**
0 岁	8.30	1.15	7.53	1.19	0.78	-0.04
1—4 岁	40.64	5.64	34.18	5.42	6.46	0.22
5—9 岁	49.59	6.88	44.02	6.99	5.57	-0.10
10—14 岁	48.27	6.70	49.08	7.79	-0.81	-1.09
15—19 岁	43.31	6.01	55.21	8.76	-11.90	-2.75
20—24 岁	44.45	6.17	55.15	8.75	-10.70	-2.58
25—29 岁	54.79	7.61	50.11	7.95	4.68	-0.35
30—34 岁	63.50	8.82	53.92	8.56	9.58	0.26
35—39 岁	54.17	7.52	59.22	9.40	-5.05	-1.88
40—44 岁	54.70	7.59	57.63	9.15	-2.93	-1.55
45—49 岁	59.54	8.27	44.54	7.07	15.00	1.20
50—54 岁	57.66	8.01	29.27	4.65	28.39	3.36
55—59 岁	43.93	6.10	29.35	4.66	14.59	1.44
60—64 岁	28.13	3.91	20.65	3.28	7.48	0.63
65—69 岁	27.60	3.83	16.00	2.54	11.60	1.29
70—74 岁	18.04	2.50	12.28	1.95	5.76	0.56
75—79 岁	12.42	1.72	7.28	1.16	5.14	0.57
80—84 岁	7.42	1.03	3.19	0.51	4.23	0.52
85—89 岁	2.94	0.41	1.16	0.18	1.78	0.22
90—94 岁	0.73	0.10	0.30	0.05	0.43	0.05
95—99 岁	0.13	0.02	0.08	0.01	0.05	0.01
100 岁及以上	0.01	0.00	0.01	0.00	0.01	0.00

　　人口年龄金字塔的形状也发生了变化。由于 0—14 岁人口的增加,金字塔的底座变大;中间凸出部分由 2010 年的 20—24 岁上移两个年龄组,变为 30—34 岁,60 岁及以上老年人口的占比也相应增大(见图 2-3、图 2-4)。

图 2-3　2020 年宁夏人口金字塔

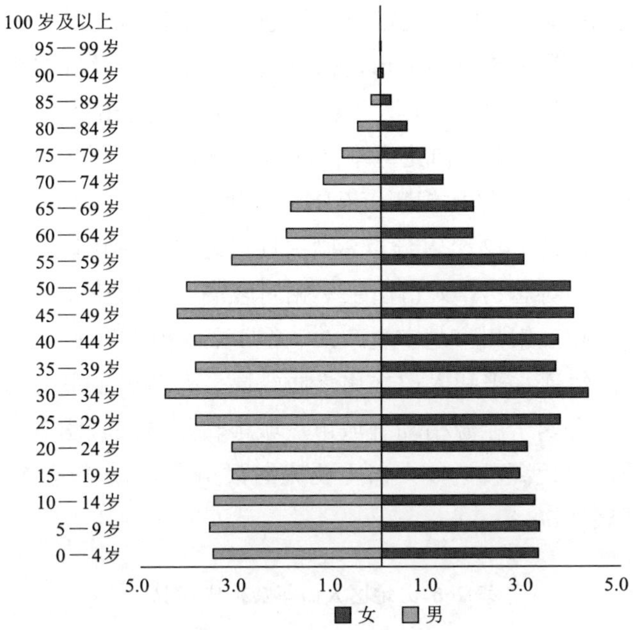

图 2-4　2010 年宁夏人口金字塔

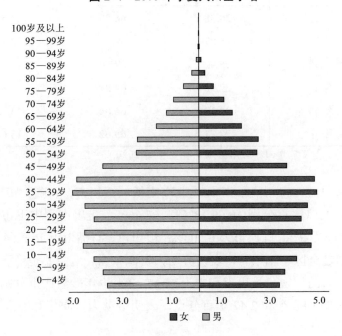

（二）人口年龄构成的地区差异

1.人口年龄构成差异。按行政建制划分，宁夏自北向南依次为石嘴山市、银川市、吴忠市、中卫市、固原市。由于社会经济的差异导致人口年龄构成的不同。从 2020 年"七普"数据可以看出以下主要特征：

第一，0—14 岁组人口比重南高北低。固原地区 0—14 岁年龄组人口比重为 24.13%，分别比银川、石嘴山、吴忠、中卫 4 市高出 6.06 个、8.71 个、1.17 个和 1.42 个百分点。固原地区地处南部山区，社会经济落后、自然环境相对恶劣，人口出生率相对较高，从而使 0—14 岁组人口比重高于其他市。银川市是宁夏政治、经济、文化的中心，非农业人口比重大，人民生活水平和人口文化素质较高，人口出生率长期保持较低水平。石嘴山市属于能源枯竭型城市，城市转型发展较困难，同时，石嘴山市与银川市距离较近，人口主要流向银川市，0—14 岁年龄组人口比重最低（表 2-6）。

表 2-6 分地区人口年龄构成状况

单位：%

地　　区	0—14 岁	15—64 岁	65 岁及以上
全　　区	**20.38**	**66.09**	**13.52**
银 川 市	18.07	69.13	12.79
石嘴山市	15.42	67.66	16.92
吴 忠 市	22.96	64.21	12.83
固 原 市	24.13	62.04	13.82
中 卫 市	22.71	63.62	13.67

资料来源：《宁夏回族自治区人口普查年鉴 2020》。

第二，15—64 岁组人口比重北高南低。银川市、石嘴山市 15—64 岁年龄组人口比重分别为 69.13% 和 67.66%，吴忠市和中卫市分别为 64.21% 和 63.62%，固原市为 62.04%。银川市、石嘴山市 15—64 岁年龄组比重超过全区平均水平，表明劳动力资源丰富，这主要是经济发展吸引迁移人口的体现。吴忠市和中卫市 15—64 岁年龄组比重分别低于全区平均水平 1.88 个和 2.47 个百分点，表明劳动力资源相对丰富。

2.育龄妇女构成差异。2020 年，宁夏各地育龄妇女的比重依次为银川市占全区育龄妇女的比重为 42.19%，吴忠市占比为 18.83%，固原市占比为 15.20%，中卫市占比为 13.96%，石嘴山市占比为 9.83%。生育旺盛期育龄妇女人口比重与育龄妇女比重分布一致。其中，银川市育龄妇女比重占 42.19%，生育旺盛期育龄妇女比重占 46.44%，说明银川市作为首府城市，人口聚集效应进一步显现。银川市、吴忠市和固原市育龄妇女比重占 76.22%，生育旺盛期育龄妇女比重占 78.67%（表 2-7）。表明银川市、吴忠市和固原市育龄妇女生育水平的高低，对宁夏人口增长快慢的影响作用非常明显，也说明这些地区是优化生育结构，促进人口合理增长的重点区域。

表 2-7 分地区育龄妇女人口构成状况

单位：%

地　　区	育龄妇女（15—49 岁）人口比重	其中：生育旺盛期妇女（20—29 岁）人口比重
全　　区	**100.0**	**100.0**
银 川 市	42.19	46.44
石嘴山市	9.83	8.08
吴 忠 市	18.83	18.09
固 原 市	15.20	14.13
中 卫 市	13.96	13.26

资料来源：《宁夏回族自治区人口普查年鉴 2020》。

（三）人口年龄构成的城乡差异

由于城乡在政治、经济、地理、文化教育、医疗保健等方面存在着一定的差异，从而导致城乡人口年龄构成的较大差异。2020 年"七普"数据显示，宁夏城市、镇、乡村人口年龄构成的主要特征，一是 0—14 岁人口比重城市低于乡村。城市为 18.35%，比乡村的 21.42%低 3.07 个百分点。二是 15—59 岁人口比重城镇高于乡村。城市为 69.10%，镇为 66.90%，比乡村的 61.99%分别高 7.11 个和 4.91 个百分点。三是 60 岁及以上人口比重乡村最高。城市为 12.55%，镇为 10.66%，乡村为 16.60%

（表 2-8）。与 2010 年相比，变化最为显著的是，城市、镇 0—14 岁人口分别增长了 2.30 个和 0.43 个百分点，乡村 0—14 岁人口下降了 3.15 个百分点；15—59 岁人口比重有不同程度下降，下降最快的是城市人口，下降了 4.83 个百分点；60 岁及以上人口比重有所增加，乡村人口增加最多，上升了 6.72 个百分点。主要原因：一是经济社会发展，特别是城镇化率的不断提升，吸引了大批乡村劳动年龄人口向城镇转移；二是受到住房、教育资源、就业等因素的影响，年轻人多选择定居城镇；三是二孩、三孩政策的推广执行，促进了 0—14 岁人口的增长。

表 2-8　城市、镇、乡村人口年龄构成

单位：%

年　份	年　龄　别	城市	镇	乡村
2020	0—14 岁	18.35	22.44	21.42
	15—59 岁	69.10	66.90	61.99
	60 岁及以上	12.55	10.66	16.60
2010	0—14 岁	16.05	22.01	24.57
	15—59 岁	73.93	69.78	65.56
	60 岁及以上	10.02	8.21	9.88

资料来源：《宁夏回族自治区人口普查年鉴 2020》《宁夏回族自治区 2010 年人口普查资料》。

三、劳动年龄人口的性别、年龄构成

（一）劳动年龄人口的状况及特点

人口和劳动力是经济增长的重要保障，其变化会对经济和社会发展产生深刻影响。当前，宁夏经济进入新常态，劳动年龄人口数量、构成的变化对高质量发展和扩大就业将产生直接而深远的影响，同时伴随着人口生育率降低、老龄化加剧，全区劳动力供给形势出现了新变化。根据"七普"数据显示，2020 年，宁夏常住人口 720.27 万人，劳动年龄人口 466.97 万人，劳动年龄人口占总人口的比重达 64.83%（表 2-9），与 2010 年"六普"相比，劳动年龄人口净增 43.20 万人，增长 10.19%，占总人口比重比 2010 年降低了 2.42 个百分点。劳动年龄人口分布与经济发展密不可分，随着宁夏整体建设发展，更多的劳动力资源向经济发达地区聚集。

表 2-9　宁夏劳动年龄人口及地域分布

地　区	常住人口（万人）	劳动年龄人口（万人）	劳动年龄人口占总人口的比重（%）
全　区	**720.27**	**466.97**	**64.83**
银川市	**285.91**	**194.71**	**68.10**
兴庆区	80.83	54.83	67.83
西夏区	44.96	32.44	72.16
金凤区	64.40	43.53	67.60
永宁县	32.16	21.21	65.93
贺兰县	34.15	22.64	66.28
灵武市	29.42	20.06	68.21
石嘴山市	**75.14**	**50.00**	**66.54**
大武口区	29.83	20.14	67.50
惠农区	17.89	12.30	68.76
平罗县	27.42	17.56	64.04
吴忠市	**138.27**	**86.81**	**62.78**
利通区	46.08	29.89	64.87
红寺堡区	19.76	12.06	61.01
盐池县	15.92	10.38	65.22
同心县	32.08	18.62	58.04
青铜峡市	24.43	15.86	64.92
固原市	**114.21**	**69.04**	**60.45**
原州区	47.13	29.25	62.06
西吉县	31.58	18.38	58.19
隆德县	10.95	6.57	59.98
泾源县	8.50	4.97	58.43
彭阳县	16.05	9.88	61.54
中卫市	**106.73**	**66.41**	**62.22**
沙坡头区	39.98	26.08	65.22
中宁县	33.40	20.85	62.42
海原县	33.35	19.49	58.43

资料来源：《宁夏回族自治区人口普查年鉴 2020》。

（二）分民族劳动年龄人口的性别、年龄构成

根据"七普"数据显示，2020 年，宁夏劳动年龄人口中汉族有 308.68 万人，其中男性劳动年龄人口有 159.25 万人，占劳动年龄人口总数的 34.10%，女性劳动年龄人口有 149.43 万人，占劳动年龄人口总数的 32.00%；回族有 153.49 万人，其中男性劳动年龄人口为 76.69 万人，占劳动年龄人口总数的 16.42%，女性劳动年龄人口为 76.80 万人，占劳动年龄人口总数的 16.45%；其他少数民族有 4.80 万人，其中男性劳动年龄人口有 2.40 万人，占劳动年龄人口总数的 0.51%，女性劳动年龄人口有 2.41 万人，占劳动年龄人口总数的 0.52%（图 2-5）。

图 2-5 分民族劳动年龄人口的数量构成

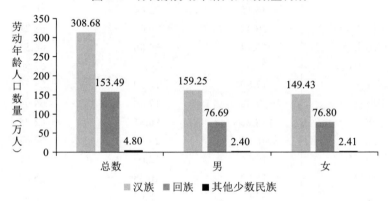

从 2010 年"六普"和 2020 年"七普"数据对比来看，2010—2020 年间，劳动年龄人口中汉族 16—34 岁青壮年劳动年龄人口减少了 5.98 万人，所占比重降低了 4.06 个百分点。35—49 岁中年劳动年龄人口减少了 2.06 万人，所占比重降低了 2.96 个百分点。50—59 岁劳动年龄人口增加了 31.03 万人，比重提高了 5.71 个百分点。劳动年龄人口中回族 16—34 岁青壮年劳动年龄人口减少了 1.70 万人，所占比重降低了 2.00 个百分点。35—49 岁中年劳动年龄人口增加了 8.62 万人，所占比重提高了 0.87 个百分点。50—59 岁劳动年龄人口增加了 11.51 万人，所占比重提高了 2.13 个百分点。劳动年龄人口中其他少数民族 16—34 岁青壮年劳动年龄人口增加了 0.89 万人，所占比重提高了 0.15 个百分点。35—49 岁中年劳动年龄人口增加了 0.45 万人，所占比重提高了 0.08 个

百分点。50—59 岁劳动年龄人口增加了 0.43 万人，比重提高了 0.08 个百分点。

（三）分城乡劳动年龄人口的性别、年龄构成

在新型城镇化发展过程中，城镇地区对劳动力资源的聚集效应进一步明显，城镇地区劳动年龄人口规模继续扩张，而乡村劳动年龄人口规模逐步萎缩。根据"七普"数据显示，2020 年，宁夏城市的劳动年龄人口有 202.91 万人，其中男性劳动年龄人口有 100.60 万人，占劳动年龄人口总数的 21.54%，女性劳动年龄人口有 102.31 万人，占劳动年龄人口总数的 21.91%。镇的劳动年龄人口 110.65 万人，其中男性劳动年龄人口为 56.03 万人，占劳动年龄人口总数的 12.00%，女性劳动年龄人口为 54.62 万人，占劳动年龄人口总数的 11.70%。乡村的劳动年龄人口有 153.41 万人，其中男性劳动年龄人口有 81.71 万人，占劳动年龄人口总数的 17.50%，女性劳动年龄人口有 71.71 万人，占劳动年龄人口总数的 15.36%（图 2-6）。

图 2-6　分城乡劳动年龄人口的数量构成

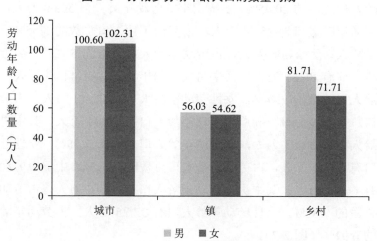

从 2010 年"六普"和 2020 年"七普"数据对比来看，2010—2020 年间，城市的劳动年龄人口中 16—34 岁青壮年劳动年龄人口增加了 19.71 万人，所占比重提高了 2.68 个百分点。35—49 岁中年劳动年龄人口增加了 13.19 万人，所占比重提高了 1.52 个百分点。50—59 岁劳

动年龄人口增加了 20.54 万人，比重提高了 3.97 个百分点。镇的劳动
年龄人口中 16—34 岁青壮年劳动年龄人口增加了 15.48 万人，所占比
重提高了 2.60 个百分点。35—49 岁中年劳动年龄人口增加了 16.90 万
人，所占比重提高了 3.08 个百分点。50—59 岁劳动年龄人口增加了
12.74 万人，所占比重提高了 2.55 个百分点。乡村的劳动年龄人口中
16—34 岁青壮年劳动年龄人口减少了 41.99 万人，所占比重降低了
11.19 个百分点。35—49 岁中年劳动年龄人口减少了 23.07 万人，所占
比重降低了 6.62 个百分点。50—59 岁劳动年龄人口增加了 9.70 万人，
比重提高了 1.40 个百分点。

（四）分地区劳动年龄人口的性别构成

伴随着区域发展的深入推进，全区各地级市特色发展、差异发展效
果进一步显现，劳动年龄人口跟着产业布局走的趋势基本形成，劳动年
龄人口区域分布更趋集中。根据"七普"数据显示，2020 年，宁夏银川
市的劳动年龄人口有 194.71 万人，其中男性劳动年龄人口有 99.22 万人，
占劳动年龄人口总数的 21.25%，女性劳动年龄人口有 95.49 万人，占劳
动年龄人口总数的 20.45%。石嘴山市的劳动年龄人口 50.00 万人，其中
男性劳动年龄人口为 25.94 万人，占劳动年龄人口总数的 5.55%，女性
劳动年龄人口为 24.06 万人，占劳动年龄人口总数的 5.15%。吴忠市劳动
年龄人口有 86.81 万人，其中男性劳动年龄人口有 44.09 万人，占劳
动年龄人口总数的 9.44%，女性劳动年龄人口有 42.72 万人，占劳动年
龄人口总数的 9.15%。固原市劳动年龄人口有 69.04 万人，其中男性劳
动年龄人口有 34.93 万人，占劳动年龄人口总数的 7.48%，女性劳动年
龄人口有 34.11 万人，占劳动年龄人口总数的 7.31%。中卫市劳动年龄
人口有 66.41 万人，其中男性劳动年龄人口有 34.16 万人，占劳动年龄
人口总数的 7.32%，女性劳动年龄人口有 32.25 万人，占劳动年龄人口
总数的 6.91%（图 2-7）。

图 2-7　分地区劳动年龄人口的性别构成

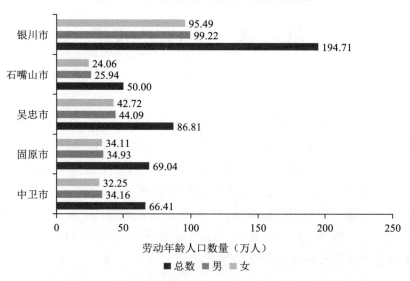

劳动年龄人口数量（万人）

■总数　■男　女

第三章　人口老龄化

　　人口老龄化是指因人口生育率降低和人均寿命延长导致的总人口中年轻人口数量减少、年长人口数量增加，老年人口比例相应增长的动态。主要有两层含义，一是指老年人口相对增多，在总人口中所占比例不断上升的过程；二是指社会人口结构呈现老年状态，进入老龄化社会。国际上通常采用的数量标准是，当一个国家或地区 60 岁及以上老年人口占人口总数的 10%，或 65 岁及以上老年人口占人口总数的 7%，即意味着这个国家或地区进入老龄化社会。

一、人口老龄化的现状

（一）老年人口数量

　　2020 年，全区 60 岁及以上人口为 97.41 万人，占总人口的 13.52%；65 岁及以上人口为 69.28 万人，占总人口的 9.62%。无论从 60 岁及以上老年人口占比还是 65 岁及以上老年人口占比情况来看，均表明宁夏已明显迈入人口老龄化社会。与 2010 年相比，老年人口有如下变化：一是总量增加。60 岁及以上老年人口比 2010 年的 60.93 万人增加了 36.48 万人，平均每年增加 3.65 万人。二是比重上升。2020 年 60 岁及以上老年人口比重为 13.52%，比 2010 年的 9.67%提高了 3.85 个百分点；65 岁及以上老年人口的比重为 9.62%，比 2010 年的 6.39%提高了 3.23 个百分点。三是增速加快。2010—2020 年，60 岁及以上老年人口增长速度为 59.88%，年平均增长 4.80%，比同期全区总人口的 1.35%年均增速快 3.45 个百分点。

（二）老年人口构成

1.年龄构成

按照老年人口年龄结构分类，一般把 60—69 岁、70—79 岁和 80 岁及以上老年人口分别称为低龄、中龄和高龄老年人口。2020 年，宁夏 60—69 岁人口为 55.73 万人，占 60 岁及以上人口的 57.21%；70—79 岁人口为 30.46 万人，占 31.27%；80 岁及以上人口为 11.22 万人，占 11.52%（见表 3-1）。与 2010 年相比，主要变化为：一是低龄老年人口数量增加，比重下降。60—69 岁老年人口比 2010 年增加 19.09 万人，年均增加 1.91 万人，比重比 2010 年的 60.13% 下降 2.92 个百分点；二是中龄老年人口数量增加，比重下降。70—79 岁老年人口由 19.56 万人增加到 30.46 万人，年均增加 3.05 万人，而比重由 32.10% 下降为 31.27%，下降了 0.83 个百分点；三是高龄老年人口数量增加，比重上升。80 岁及以上老年人口比 2010 年增加 6.49 万人，年均增加 0.65 万人，比重提高 3.76 个百分点。

表 3-1　老年人口年龄构成

年龄别（岁）	人口数（万人）		占 60 岁及以上人口比重（%）	
	2020 年	2010 年	2020 年	2010 年
合　计	**97.41**	**60.93**	**100.00**	**100.00**
60—64	28.13	20.65	28.88	33.89
65—69	27.60	15.99	28.33	26.24
70—74	18.04	12.28	18.52	20.15
75—79	12.42	7.28	12.75	11.95
80+	11.22	4.73	11.52	7.76

资料来源：《宁夏回族自治区人口普查年鉴 2020》《宁夏回族自治区 2010 年人口普查资料》。

2.性别构成

2020 年，宁夏 60 岁及以上老年男性人口 47.56 万人，占 60 岁及以上人口的 48.82%，女性 49.85 万人，占 51.18%，人口性别比为 95.41，比 2010 年下降 3.94；65 岁及以上老年人口性别比为 92.64，下降 6.87；80 岁及以上高龄老年人口性别比为 88.32，下降 17.02。随着年龄的增长，老年人口性别比在减小，表明女性的平均预期寿命高于男性，随着年龄的增加，老年男性人口的死亡率高于老年女性人口（见表3-2）。

表3-2　各年龄组老年人口性别构成

年龄别 （岁）	老年人口（人）		老年性别比 （女=100）
	男	女	
60—64	142454	138864	102.59
65—69	136133	139868	97.33
70—74	86579	93798	92.30
75—79	57830	66365	87.14
80—84	34623	39536	87.57
85—89	13855	15502	89.38
90—94	3505	3746	93.57
95+	663	821	80.76

资料来源：《宁夏回族自治区人口普查年鉴2020》。

分城乡看，在城市老年人口中，60岁及以上老年人口性别比为89.59，65岁及以上老年人口性别比为86.53，80岁及以上老年人口性别比为87.14。在镇老年人口中，60岁及以上老年人口性别比为93.46，65岁及以上老年人口性别比为90.99，80岁及以上老年人口性别比为88.97。在农村老年人口中，60岁及以上老年人口性别比为101.84，65岁及以上老年人口性别比为99.04，80岁及以上老年人口性别比为89.36。反映出在低龄阶段老年人口中，农村低龄老年人口性别比高于城市和镇，而高龄阶段老年人口中，城市、镇和农村老年人口性别比相差不大。

3.婚姻情况

2020年，宁夏60岁及以上人口中未婚占60岁及以上人口的0.48%；有配偶占77.18%；离婚占1.40%；丧偶占20.94%。与2010年相比，有配偶和离婚人口所占比重分别提高2.13个和0.71个百分点，丧偶人口所占比重下降2.90个百分点，未婚人口所占比重基本持平。有配偶人口比例增大，丧偶人口比重下降，表明随着经济社会的迅速发展老年人婚姻生活基本保持稳定（见表3-3）。

表3-3　老年人口婚姻状况

单位：%

性　别	未婚率	有配偶率	丧偶率	离婚率
合　计	**0.48**	**77.18**	**20.94**	**1.40**
男	0.88	87.16	10.55	1.40
女	0.10	67.62	30.89	1.36

资料来源：《宁夏回族自治区人口普查年鉴2020》。

4.居住状况

2020年，宁夏60岁及以上人口中与配偶和子女同住占60岁及以上人口的15.24%；与配偶同住占55.65%；与子女同住占14.67%；独居（有保姆）占0.16%；独居（无保姆）占10.85%；在养老机构占0.54%；其他占2.89%（见表3-4）。分城乡看，老年人口居住状况在城乡分布上反映出较大的差异。一是乡村老人与配偶和子女同住较多，分别比城市和镇高2.04个和1.60个百分点。二是城市独居老人比农村高，占到12.14%，比农村高2.29个百分点。

表3-4　老年人口居住状况

居住状况	60岁及以上人口（人）				占60岁及以上人口比重（%）		
	合计	城市	镇	乡村	城市	镇	乡村
与配偶和子女同住	14667	5218	2651	6798	14.27	14.71	16.31
与配偶同住	53582	20773	9910	22939	56.67	55.02	55.03
与子女同住	14125	4846	2878	6401	13.26	15.99	15.36
独居（有保姆）	151	111	21	19	0.30	0.11	0.05
独居（无保姆）	10446	4441	1894	4111	12.14	10.49	9.85
养老机构	523	238	166	119	0.66	0.94	0.29
其他	2782	993	494	1925	2.71	2.72	3.12

资料来源：《宁夏回族自治区人口普查年鉴2020》。

（三）老年人口素质

1.文化素质

2020年，宁夏60岁及以上老年人口中，受过各种教育的人口为75.61

万人，占 60 岁及以上人口的 77.62%。其中受过大学及以上教育的 5.15
万人，占 5.29%；高中 8.60 万人，占 8.83%；初中 20.29 万人，占 20.83%；
小学 41.35 万人，占 42.45%；学前教育 0.22 万人，占 0.22%；文盲 21.81
万人，占 22.38%。分性别和老龄阶段看，老年人口中女性和 80 岁以上
高龄老年人口的文盲率较高。

2.身体素质

近年来，随着经济社会的不断发展，宁夏医疗卫生事业的不断进步，
老年人口的身体素质有了明显的提高，2020 年宁夏人口平均预期寿命为
76.58 岁，比 2010 年的 73.88 岁提高 2.7 岁。80 岁及以上老年人口占 60
岁及以上人口的比重为 11.52%，比 2010 年的 7.76%提高 3.76 个百分点。
全区百岁及以上老年人口为 147 人。

二、人口老龄化的地区差异

（一）分地区情况分析

受各地区经济社会发展水平、民族结构、区域社会经济政策和人口
政策、医疗卫生水平和人均寿命等因素影响，宁夏人口老龄化呈现地区
不平衡、进程有差异的特征。分地市看，石嘴山市人口老龄化进程相对
较高，2020 年 60 岁及以上老年人口数量为 12.72 万人，占总人口的
16.92%；固原市 60 岁及以上老年人口数量为 15.79 万人，占 13.82%；
中卫市 60 岁及以上老年人口数量为 14.59 万人，占 13.67%；吴忠市 60
岁及以上老年人口数量为 17.74 万人，占 12.83%；银川市人口老龄化进
程相对较低，60 岁及以上老年人口数量为 36.58 万人，占 12.79%（见
表 3-5）。

表 3-5　分地区老年人口状况

地　　区	60 岁及以上人口（万人）		占总人口比重（%）		2020 年比 2010 年	
	2020 年	2010 年	2020 年	2010 年	增加（万人）	增减百分点
全　　区	**97.41**	**60.93**	**13.52**	**9.67**	**36.48**	**3.85**
银 川 市	36.58	18.84	12.79	9.45	17.74	3.34

续表

地　区	60 岁及以上人口（万人）		占总人口比重（%）		2020 年比 2010 年	
	2020 年	2010 年	2020 年	2010 年	增加（万人）	增减百分点
石嘴山市	12.72	8.58	16.92	11.83	4.14	5.09
吴 忠 市	17.74	11.15	12.83	8.76	6.59	4.07
固 原 市	15.79	12.59	13.82	10.25	3.20	3.57
中 卫 市	14.59	9.77	13.67	9.04	4.82	4.63

资料来源:《宁夏回族自治区人口普查年鉴 2020》《宁夏回族自治区 2010 年人口普查资料》。

分县（市、区）看，60 岁及以上老年人口比重高于 15%的有大武口区、惠农区、平罗县、盐池县、青铜峡市、隆德县、泾源县和彭阳县。在 10%—15%之间的有兴庆区、西夏区、金凤区、永宁县、贺兰县、灵武市、利通区、同心县、原州区、西吉县、沙坡头区、中宁县和海原县等。低于 10%的仅有红寺堡区（见表 3-6）。

表 3-6　宁夏第七次全国人口普查老年人口及比重表

地　区	60 岁及以上人口				65 岁及以上人口			
	2020 年		2010 年		2020 年		2010 年	
	人数（人）	比重（%）	人数（人）	比重（%）	人数（人）	比重（%）	人数（人）	比重（%）
全 区	974142	13.52	609295	9.67	692824	9.62	402787	6.39
银川市	365778	12.79	188370	9.45	251960	8.81	124663	6.25
兴庆区	109969	13.61	69265	10.21	77094	9.54	46197	6.81
西夏区	50996	11.34	30312	9.20	35692	7.94	21207	6.44
金凤区	80985	12.58	24478	8.66	52294	8.12	16416	5.81
永宁县	42429	13.19	21088	9.66	30242	9.40	13055	5.98
贺兰县	46457	13.60	21709	9.74	31402	9.20	13763	6.17
灵武市	34942	11.88	21518	8.22	25236	8.58	14025	5.36
石嘴山市	127153	16.92	85796	11.83	91081	12.12	59754	8.24
大武口区	49026	16.44	32745	11.42	35472	11.89	23165	8.08
惠农区	30247	16.91	24064	12.95	21802	12.19	17605	9.48

续表

地　区	60 岁及以上人口				65 岁及以上人口			
	2020 年		2010 年		2020 年		2010 年	
	人数(人)	比重(%)	人数(人)	比重(%)	人数(人)	比重(%)	人数(人)	比重(%)
平罗县	47880	17.46	28987	11.46	33807	12.33	18984	7.50
吴忠市	**177421**	**12.83**	**111546**	**8.76**	**127259**	**9.20**	**72694**	**5.71**
利通区	60455	13.12	36410	9.60	44038	9.56	24035	6.34
红寺堡	18245	9.23	9861	5.98	13131	6.65	6388	3.87
盐池县	24587	15.44	14637	9.99	16851	10.58	9416	6.42
同心县	32100	10.01	23253	7.31	22969	7.16	15335	4.82
青铜峡市	42034	17.21	27385	10.35	30270	12.39	17520	6.62
固原市	**157901**	**13.82**	**125861**	**10.25**	**117956**	**10.33**	**82506**	**6.72**
原州区	56375	11.96	38010	9.23	41323	8.77	24974	6.06
西吉县	41856	13.25	35079	9.90	31751	10.05	23120	6.53
隆德县	20706	18.92	19594	12.19	15630	14.28	12726	7.92
泾源县	13163	15.48	11389	11.27	9879	11.62	7595	7.52
彭阳县	25801	16.07	21789	10.88	19373	12.07	14091	7.04
中卫市	**145889**	**13.67**	**97722**	**9.04**	**104568**	**9.80**	**63170**	**5.84**
沙坡头区	59890	14.98	36643	9.68	42060	10.52	23618	6.24
中宁县	47230	14.14	29384	9.39	33684	10.08	18956	6.06
海原县	38769	11.62	31695	8.14	28824	8.64	20596	5.29

　　资料来源:《宁夏回族自治区人口普查年鉴 2020》《宁夏回族自治区 2010 年人口普查资料》。

　　从各县(市、区)人口老龄化进程看,地区间差异相对明显。2020年隆德县 60 岁及以上老年人口比重为 18.92%,65 岁及以上老年人口比重达到 14.28%,是全区人口老龄化程度最高的县;红寺堡区人口老龄化程度最低,60 岁及以上老年人口比重仅为 9.23%,65 岁及以上老年人口比重仅为 6.65%,尚未进入人口老龄化社会。老龄化程度最高与最低地区之间(60 岁及以上人口比重)相差 9.69 个百分点。

　　(二)分城乡情况分析

　　分城乡看,60 岁及以上老年人口城市为 37.50 万人,比 2010 年的

20.64 万人增长了 81.69%；镇为 18.02 万人，比 2010 年的 7.90 万人增长了 1.28 倍；乡村为 41.89 万人，比 2010 年的 32.39 万人增长了 29.33%（见表 3-7）。

表 3-7　城乡老年人口状况

城　乡	60 岁及以上人口（万人）		占总人口比重（%）		2020 年比 2010 年	
	2020 年	2010 年	2020 年	2010 年	增加（万人）	增减百分点
全　区	97.41	60.93	13.52	9.67	36.48	3.85
城市	37.50	20.64	12.55	10.02	16.86	2.53
镇	18.02	7.90	10.66	8.21	10.12	2.45
乡村	41.89	32.39	16.60	9.88	9.50	6.72

资料来源：《宁夏回族自治区人口普查年鉴 2020》《宁夏回族自治区 2010 年人口普查资料》。

分性别看，城市和镇老年人口性别比低于乡村。在城市老年人口中，2020 年宁夏 60 岁及以上男性人口 17.72 万人，占 60 岁及以上人口的 47.25%，女性 19.78 万人，占 52.75%，人口性别比为 89.59，比 2010 年下降 6.67；镇男性人口 8.71 万人，占 48.33%，女性 9.32 万人，占 51.67%，人口性别比为 93.45，下降 8.08；乡村男性人口 21.13 万人，占 50.44%，女性 20.75 万人，占 49.56%，人口性别比为 101.83，提高 1.02（见表 3-8）。

表 3-8　城乡老年人口性别构成

城　乡	60 岁及以上男性人口（万人）		60 岁及以上女性人口（万人）		老年性别比（女=100）	
	2020 年	2010 年	2020 年	2010 年	2020 年	2010 年
城市	17.72	10.12	19.78	10.51	89.59	96.26
镇	8.71	3.98	9.32	3.92	93.45	101.53
乡村	21.13	16.26	20.75	16.13	101.83	100.81

资料来源：《宁夏回族自治区人口普查年鉴 2020》《宁夏回族自治区 2010 年人口普查资料》。

从婚姻状况来看，乡村老年人口婚姻关系比城市、镇相对稳定。2020

年城市、镇 60 岁及以上人口中，离婚人口所占比重高于乡村人口，乡村有配偶人口所占比重高于城市、镇人口（见表3-9）。

表3-9　城乡老年人口婚姻状况

婚姻状况	60 岁及以上人口（人）			占 60 岁及以上人口比重（%）		
	城市	镇	乡村	城市	镇	乡村
未　婚	127	91	246	0.35	0.51	0.59
有配偶	28045	13870	32391	76.67	77.00	77.71
离　婚	894	209	243	2.44	1.16	0.58
丧　偶	7514	3844	8802	20.54	21.33	21.12

资料来源：《宁夏回族自治区人口普查年鉴2020》。

三、老年人健康状况和生活来源

（一）身体健康状况

近年来，随着社会经济医疗卫生事业的不断发展，老年人口的身体素质有了明显的提高。2020 年，宁夏 60 岁及以上老年人口中，健康和基本健康的占 81.76%，不健康的占 18.24%（其中，生活不能自理的占 2.63%）。与 2010 年相比，健康和基本健康老年人口所占比重提高 0.51 个百分点，不健康老年人口所占比重下降 0.51 个百分点（见表3-10）。

表3-10　老年人口身体健康状况表

身体健康状况	60 岁及以上人口（人）		占 60 岁及以上人口比重（%）		2020 年比 2010 年	
	2020 年	2010 年	2020 年	2010 年	增加（人）	增减百分点
健康	42315	24491	43.95	40.01	17824	3.94
基本健康	36400	25235	37.81	41.24	11165	-3.43
不健康，但生活能自理	15026	9462	15.61	15.45	5564	0.16
不健康，不能自理	2535	2019	2.63	3.30	516	-0.67

资料来源：《宁夏回族自治区人口普查年鉴2020》《宁夏回族自治区 2010 年人口普查资料》。

分城乡看，城市 60 岁及以上老年人口中健康和基本健康的占 86.72%，分别比镇和乡村高 5.13 个和 9.23 个百分点。乡村 60 岁及以上老年人口中身体不健康的占 22.51%，分别比城市、镇高出 9.23 个和 4.10 个百分点。随着年龄的不断增长，生理机能日趋衰退，健康状况下降，"失能"的老年人口群体将会随之增多。高龄老人自理能力下降，将使社会和家庭照料赡养老人的负担加重（见表 3-11）。

表3-11　城乡老年人口身体健康状况表

身体健康状况	60 岁及以上人口（人）			占 60 岁及以上人口比重（%）		
	城市	镇	乡村	城市	镇	乡村
健康	18770	7676	15869	51.31	42.61	38.08
基本健康	12952	7021	16427	35.41	38.98	39.41
不健康，但生活能自理	3904	2867	8255	10.67	15.91	19.80
不健康，不能自理	954	450	1131	2.61	2.50	2.71

资料来源：《宁夏回族自治区人口普查年鉴 2020》。

（二）主要生活来源情况

老年人口的主要生活来源为依靠社会供养。2020 年，在 60 岁及以上老年人口生活来源中，排在第一位的是领取养老金，占 51.32%；家庭其他成员供养位居第二位，占 20.32%；靠劳动收入的占 13.43%，位居第三；领取最低生活保障金的占 8.75%；财产性收入和其他收入所占比重较小，分别占 0.95%和 5.21%。与 2010 年相比，领取养老金和最低生活保障的老年人口所占比重分别提高 22.90 个和 2.48 个百分点，劳动收入和家庭其他成员供养分别下降 10.43 个和 19.00 个百分点（见表 3-12）。

表3-12　老年人口生活来源情况表

生活来源	60 岁及以上人口（人）		占 60 岁及以上人口比重(%)	
	2020 年	2010 年	2020 年	2010 年
合　计	96276	61207	100.00	100.00
劳动收入	12927	14602	13.43	23.86
离退休金/养老金	49412	17395	51.32	28.42
失业保险金	12	—	0.01	—
最低生活保障金	8428	3836	8.75	6.27
财产性收入	918	302	0.95	0.49
家庭其他成员供养	19567	24068	20.32	39.32
其　他	5012	1004	5.21	1.64

资料来源：《宁夏回族自治区人口普查年鉴 2020》《宁夏回族自治区 2010 年人口普查资料》。

1.城市和镇老年人口以社会供养为主

城市和镇老年人口主要生活来源为社会供养的分别占 81.77%和 60.77%。其中，城市老年人口生活来源中，领取退休养老金的占 79.63%，最低生活保障金的占 2.14%，由家庭其他成员供养的占 10.80%，靠劳动收入的占 4.13%，财产性收入和其他收入的分别占 0.23%和 3.07%；镇老年人口生活来源中，领取退休养老金的占 53.99%，最低生活保障金的占 6.81%，由家庭其他成员供养的占 23.16%，靠劳动收入的占 9.28%，财产性收入和其他收入的分别占 0.56%和 6.16%。

2.农村老年人口以家庭和社会供养相结合为主

乡村老年人口主要生活来源由社会提供的占 40.74%（其中，领取退休养老金的占 25.34%、最低生活保障金的占 15.40%），由家庭其他成员供养的占 27.45%，靠劳动收入的占 23.38%，财产性收入和其他收入的分别占 1.76%和 6.67%。

四、人口老龄化的发展趋势和社会经济影响

（一）人口老龄化的发展趋势

1.人口老龄化速度快、水平高

宁夏第七次全国人口普查数据显示，一方面，宁夏常住人口由 2010 年的 630.14 万人增加到 2020 年的 720.27 万人，总人口的年均增长速度为 1.35%，而同期 60 岁及以上、65 岁及以上老年人口的年均增速分别达到 4.80%和 5.57%，老年人口年均增速高于总人口年均增速，表明宁夏的老龄化速度在逐渐加快；另一方面，全区 60 岁及以上人口占总人口的比重为 13.52%；65 岁及以上人口占总人口的比重为 9.62%。无论从 60 岁及以上老年人口占比还是 65 岁及以上老年人口占比情况来看，均表明宁夏已明显迈入人口老龄化社会。

2.呈现"未富先老"的特征

随着经济社会的发展和医疗水平的提高，人口平均预期寿命不断提高，但与之对应的居民人均收入增速却相对较慢。2010 年，宁夏城镇居民人均可支配收入为 15344 元，比上年增长 9.40%，而农村居民家庭人

均可支配收入仅有 4675 元，比上年增长 15.50%；到 2012 年宁夏步入人口老龄化社会时，城镇居民人均可支配收入增加到 21476 元，农村居民家庭人均可支配收入增加到 7599 元；再到 2020 年时，宁夏城镇居民人均可支配收入增加到 35720 元，比上年增长 4.10%，农村居民家庭人均可支配收入增加到 13889 元，比上年增长 8.00%，十年间宁夏城镇居民人均可支配收入和农村居民家庭人均可支配收入增速均呈下降趋势。表明宁夏作为西部欠发达地区，在经济条件还不富裕的情况下迎来人口老龄化，属于典型的"未富先老"。

3.老年人口高龄化更加突出

宁夏第七次全国人口普查数据显示，2020 年宁夏 60 岁及以上老年人口中，60—79 岁年龄段的老年人口占 88.48%；80 岁及以上高龄老人分别占到 60 岁及以上、65 岁及以上人口的 11.52%和 16.20%。虽然相对低龄的老年人仍占到老年人口的多数，但 80 岁及以上高龄老人已经达到 11.22 万人，比 2010 年的 4.73 万人增加 6.50 万人，在比重方面，80 岁及以上高龄老人占 60 岁及以上、65 岁及以上人口的比重分别提高 3.76 个和 4.46 个百分点，在增速方面，80 岁及以上高龄老人年均增速达到 9.02%，不仅超过总人口年均增速，也大大快于 60 岁及以上老年人口年均增速。高龄老年人口增速快，表明老年人口年龄构成呈现高龄化。

（二）人口老龄化对宁夏社会经济发展的影响

1.影响社会劳动生产率

一方面，有效劳动供给是确保经济发展的基本保障，人口红利是保持经济社会长期快速发展的重要因素，而老龄化劳动群体身体机能会明显降低、劳动技能退步、劳动能力下降，导致劳动供给减少，致使劳动生产率降低。另一方面，老年群体的创新能力以及业务水平相对较低，在科学技术飞速进步的现代时期，老年劳动者对新知识、新技术的接受能力相对于年轻劳动者差，比较难以适应新兴行业的工作，从而影响整个社会劳动生产率。

2.影响现代化农业发展

宁夏第七次全国人口普查数据显示，宁夏农村人口老龄化的进程明

展和居民收入的不断提高，老龄人口对生活质量的诉求也随之提升，对老年产品和服务需求更加迫切，这正给老龄产业的发展带来难得的发展机遇。发展老年产业，推进老年产品、服务、劳务、消费市场的逐步形成，将成为宁夏经济发展新的增长点和调整经济结构、发展服务经济的重要方向。一是大力发展养老服务业。培育和发展老年服务中介组织，规范养老服务市场，发展以老养老、老年储蓄银行、老年公寓等新模式。二是协调发展老年医疗保健业。依托宁夏特色中回医药和医疗器械产业，开拓适合老年人特点的医疗体系、养生保健产品和服务，形成老龄产业集群。三是积极发展老年信息咨询业。为老年人提供信息咨询、服务热线、老年管理等全方位、全天候服务。四是加快发展老年休闲旅游业。结合老年人需求和现有旅游资源，开发老年人旅游产品和服务。五是培育发展新兴老年产业。以老年人丰富的工作经验和技术优势为依托，发展老年文化创意产业、老年休闲产业、老年现代产业等，形成老年新兴服务产业体系。

第四章　生育状况

生育是人类繁衍的基础和本能，而生育水平是认识和判断一个国家或地区人口发展态势的基础，对于人口发展战略研究至关重要。生育水平的高低，既受政策因素的影响，也受经济、社会、文化等因素的影响，且后者的影响力在增强。近些年来，随着经济社会的加速发展，宁夏妇女生育观念和生育行为产生了一些新变化，认真研究分析宁夏妇女生育水平的现状、发展趋势、影响因素、应对措施等，对于进一步完善宁夏人口结构，积极应对人口老龄化，促进宁夏人口与资源环境、经济社会协调发展，提高人民生活水平具有重要意义。

一、妇女生育水平的现状及发展趋势

（一）一般生育率的变化

一般生育率，是指在一定时期内出生的活产婴儿数与育龄妇女总人数（即 15—49 岁育龄妇女）的比率，用千分率表示，反映育龄妇女的实际生育水平。

表 4-1　宁夏 2010 年、2020 年育龄妇女一般生育率

单位：‰

孩次别	2020 年				2010 年			
	合计	城市	镇	乡村	合计	城市	镇	乡村
总计	**48.02**	**43.47**	**48.25**	**54.41**	**38.86**	**30.07**	**36.64**	**45.70**
一孩	20.65	21.43	20.69	19.49	21.59	22.20	20.20	21.58
二孩	19.14	19.18	19.51	18.80	12.93	7.24	12.93	16.92
三孩及以上	8.22	2.86	8.05	16.12	4.34	0.63	3.51	7.20

数据来源：《宁夏回族自治区 2010 年人口普查资料》《宁夏回族自治区人口普查年鉴 2020》。

第七次全国人口普查资料显示，宁夏 2020 年育龄妇女一般生育率为 48.02‰，比 2010 年的 38.86‰上升了 9.16 个千分点。

分孩次别看，一孩的一般生育率略有下降，从 2010 年的 21.59‰下降到 2020 年的 20.65‰，下降了 0.94 个千分点；二孩、三孩及以上的一般生育率变化比较明显，分别从 2010 年的 12.93‰、4.34‰上升到 2020 年的 19.14‰、8.22‰，分别上升了 6.21 个、3.88 个千分点。其中，2010 年城市一孩的一般生育率为 22.20‰、二孩的一般生育率为 7.24‰、三孩及以上的一般生育率为 0.63‰，分别占城市一般生育率的 73.83%、24.08%、2.09%，而乡村一孩的一般生育率为 21.58‰、二孩的一般生育率为 16.92‰、三孩及以上的一般生育率为 7.20‰，分别占乡村一般生育率的 47.22%、37.02%、15.76%；2020 年城市一孩的一般生育率为 21.43‰、二孩的一般生育率为 19.18‰、三孩及以上的一般生育率为 2.86‰，分别占城市一般生育率的 49.30%、44.12%、6.58%，而乡村一孩的一般生育率为 19.49‰、二孩的一般生育率为 18.80‰、三孩及以上的一般生育率为 16.12‰，分别占乡村一般生育率的 35.82%、34.55%、29.63%，说明人们的生育观念和生育行为已经发生了很大的改变。

分城乡看，城市、镇、乡村一般生育率分别从 2010 年的 30.07‰、36.64‰、45.70‰上升到 2020 年的 43.47‰、48.25‰、54.41‰，分别上升了 13.40 个、11.61 个和 8.71 个千分点。2010 年城市、镇的一般生育率分别比全区平均水平低 8.79 个、2.22 个千分点，乡村的一般生育率则比全区平均水平高 6.84 个千分点，而 2020 年城市的一般生育率比全区平均水平低 4.55 个千分点，镇、乡村的一般生育率则分别比全区平均水平高 0.23 个、6.39 个千分点。不难看出，虽然乡村一般生育率仍然比城市、镇一般生育率高，但差距进一步缩小，且城镇一般生育率比乡村一般生育率变化更大。

（二）年龄别生育率的变化

年龄别生育率，是指按每一年龄（或年龄组）分别计算妇女生育率，用千分率表示，不仅可以反映不同年龄妇女的生育水平，而且可以反映出生育的早晚、生育的高峰年龄、生育时间的分布等情况。

图 4-1 宁夏 2010 年、2020 年育龄妇女分年龄别生育率比较

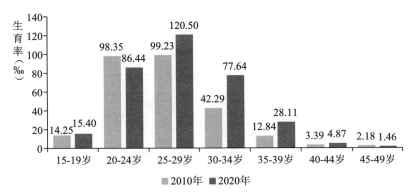

数据来源：《宁夏回族自治区 2010 年人口普查资料》《宁夏回族自治区人口普查年鉴 2020》。

从图 4-1 可以看出，宁夏 2020 年育龄妇女 15—19 岁、25—29 岁、30—34 岁、35—39 岁、40—44 岁组的年龄别生育率较 2010 年分别有不同程度的上升，其中，15—19 岁组上升了 1.15 个千分点，25—29 岁组上升了 21.27 个千分点，30—34 岁组上升了 35.35 个千分点，35—39 岁组上升了 15.27 个千分点，40—44 岁组上升了 1.48 个千分点，只是随着年龄的增大，上升幅度总体放缓。而 20—24 岁和 45—49 岁组的年龄别生育率则较 2010 年有所下降，其中，20—24 岁组下降了 11.91 个千分点，45—49 岁组下降了 0.72 个千分点。

分城乡情况来看，宁夏 2020 年育龄妇女分年龄别生育率，15—19 岁、20—24 岁、25—29 岁三个组别，从城市、镇到乡村呈由低到高、逐步上升的态势，30 岁以后各组别则各有高低，这些特点与 2010 年时完全一致。如果将育龄妇女按年龄进一步划分为早育组（15—19 岁）、适龄生育组（20—29 岁）、晚育组（30—39 岁）、高龄生育组（40—49 岁），宁夏 2020 年育龄妇女分年龄别生育率，不论城乡，最高的组都是适龄生育组（20—29 岁），最低的组都是高龄生育组（40—49 岁），这些特点与 2010 年时完全一致。其中，镇和乡村早育组、适龄生育组生育率均高于城市，这一特点也与 2010 年时一致，只是镇和乡村早育组生育率与城市之间的差距拉得更大了；镇和乡村晚育组、高龄生育组生育率低于城市，而 2010 年时晚育组、高龄生育组生育率则是乡村最高、

城市次之，镇最低。由以上情况看出，早婚早育观念和现象在宁夏农村还有一定存在，需要进一步加强引导和治理。

表 4-2　宁夏 2010 年、2020 年城乡育龄妇女分年龄别生育率（一）

单位：‰

年龄别	2020 年			2010 年		
	城市	镇	乡村	城市	镇	乡村
15—19 岁	4.49	10.89	33.42	5.74	9.24	20.06
20—24 岁	47.40	95.94	136.65	49.98	97.41	133.64
25—29 岁	111.74	120.99	133.77	88.44	96.45	108.24
30—34 岁	82.32	72.22	74.67	40.97	37.80	44.85
35—39 岁	30.55	28.03	24.34	13.16	13.29	12.44
40—44 岁	6.28	4.14	3.58	3.92	2.08	3.40
45—49 岁	1.50	1.67	1.28	1.91	0.36	2.83

数据来源：《宁夏回族自治区 2010 年人口普查资料》《宁夏回族自治区人口普查年鉴 2020》。

表 4-2　宁夏 2010 年、2020 年城乡育龄妇女分年龄别生育率（二）

单位：‰

年龄别	2020 年			2010 年		
	城市	镇	乡村	城市	镇	乡村
15—19 岁	4.49	10.89	33.42	5.74	9.24	20.06
20—29 岁	82.44	110.79	135.14	68.68	96.92	121.55
30—39 岁	58.59	52.13	50.11	26.37	25.10	27.95
40—49 岁	3.85	2.90	2.36	3.07	1.36	3.15

数据来源：根据《宁夏回族自治区 2010 年人口普查资料》《宁夏回族自治区人口普查年鉴 2020》计算整理。

（三）总和生育率的变化

总和生育率，是指一定时期内（通常为一年）各年龄别妇女生育率的合计数，它的含义是假设妇女按照某一年的年龄别生育率度过育龄期，平均每个妇女在育龄期生育的孩子数，总和生育率不是实际生育率，而是一种假定性的生育指标，由于它已经消除了年龄结构的影响，非常便于比较不同时间、不同地区妇女的生育水平，因此是国际上比较通用的衡量和反映妇女生育水平的常用指标之一。国际上通常以 2.1 作为人口世代更替水平，也就是说，考虑到死亡风险后，平均每对夫妇大约需要生育 2.1 个孩子，才能保证上下两代人之间人数相等。通常把低于 1.5 的生育率称为"很低生育率"。此时如果没有强有力的政策影响，人口变化减少趋势将难以转变。

从总和生育率的现状来看，宁夏 2020 年育龄妇女总和生育率为 1.67，处于低生育水平。如按生育孩次分，生育一孩的总和生育率为 0.74，二孩为 0.65，三孩及以上为 0.28。分城乡看，城市育龄妇女总和生育率为 1.42、镇为 1.67、乡村为 2.04。从分城乡的孩次总和生育率来看，城市一孩、二孩、三孩及以上的总和生育率分别为 0.73、0.61、0.09，镇一孩、二孩、三孩及以上的总和生育率分别为 0.76、0.64、0.26，乡村一孩、二孩、三孩及以上的总和生育率分别为 0.75、0.70、0.59。可以看出，乡村分孩次的总和生育率总体高于城镇。

表 4-3　宁夏 2010 年、2020 年育龄妇女分孩次、分城乡总和生育率

孩次别	2020 年				2010 年			
	合计	城市	镇	乡村	合计	城市	镇	乡村
总计	**1.67**	**1.42**	**1.67**	**2.04**	**1.36**	**1.02**	**1.28**	**1.63**
一孩	0.74	0.73	0.76	0.75	0.76	0.76	0.72	0.75
二孩	0.65	0.61	0.64	0.70	0.45	0.24	0.44	0.61
三孩及以上	0.28	0.09	0.26	0.59	0.15	0.02	0.12	0.26

数据来源：根据《宁夏回族自治区 2010 年人口普查资料》《宁夏回族自治区人口普查年鉴 2020》计算整理。

从总和生育率的变化情况来看，两次普查间，宁夏育龄妇女总和生育率呈上升趋势，从 2010 年的 1.36 上升到 2020 年的 1.67，上升了 0.31。从城乡总和生育率的变化比较看，城市、镇、乡村育龄妇女总和生育率均有所上升，分别从 2010 年的 1.02、1.28、1.63 上升到 2020 年的 1.42、1.67、2.04，分别上升了 0.40、0.39、0.41。

城市人口的承载能力也进一步增强。全区地区生产总值 2020 年比 2010 年翻了一番，年均增长 8.0%。三次产业比重由 9.6∶46.7∶43.7 调整到 8.6∶41.0∶50.4。与全区经济社会发展水平相匹配的是，全区常住人口城镇化率也逐年提高，由 2010 年的 47.90% 提高到 2020 年的 64.96%，提高了 17.06 个百分点。随着大量农村人口流入城市，逐渐接受城市的相对文明的生育观念，又将城市先进的生育观念传播和影响到广大农村，也促使农村生育水平发生改变。

图 4-5　宁夏 2010—2020 年地区生产总值、城镇化率

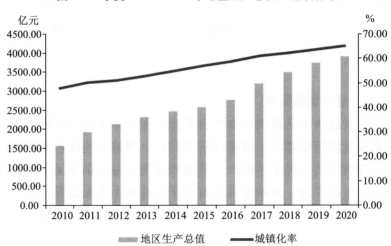

数据来源：《宁夏统计年鉴 2021》。

（五）社会事业因素

生育作为一种社会现象，离不开教育、医疗、社会保障、就业等各种社会因素的影响。

教育事业迅速发展。妇女受教育水平的高低直接影响着妇女的生育水平。育龄妇女受教育程度越高，越容易摆脱传统生育观念的束缚，就会更多地注重自己的生活、生存和发展，也就会更加关注后代的发展和身体健康，自觉地少生优生、避孕节育，这也成为降低生育率的关键性因素。2010 年以来，宁夏教育事业迅速发展，人口文化素质尤其是女性文化素质有了较大提高。第七次全国人口普查资料显示，宁夏 2020 年 6 岁及以上女性人口中，具有小学及以上受教育水平的占 6

岁及以上女性人口总数的 92.10%，比 2010 年的 89.73%提高了 2.37 个百分点，其中具有大专及以上受教育水平的占 19.19%，高中的占 13.58%，分别比 2010 年的 9.42%、12.63%，上升 9.77 个、0.95 个百分点，文盲人口占 15 岁及以上人口比重由 2010 年的 11.24%下降到 2020 年的 7.56%。从不同受教育程度育龄妇女生育孩次构成情况来看，也有明显差异，高中及以下受教育程度的妇女生育多孩的比重整体较高，相反，接受过高等教育的妇女生育一孩的比重整体较高。再从 15—64 岁不同受教育程度妇女平均活产子女数和平均存活子女数来看，宁夏 2020 年 15—64 岁妇女平均活产子女数 1.57 个，比 2010 年减少 0.07 个。由于受教育程度不同，平均活产子女和平均存活子女数量均存在差距，受教育程度为小学及以下者，平均活产子女数和平均存活子女数都在 2 个以上；受教育程度为初中的，平均活产子女数和平均存活子女数都在 1.5 个左右；受教育程度为高中及以上者，平均活产子女数和平均存活子女数均不足 1 个。这表明，受教育程度越高的妇女平均活产子女数和平均存活子女数越少，受教育程度越低的妇女平均活产子女数和平均存活子女数越多。

表 4-8　宁夏 2010 年、2020 年 6 岁及以上女性人口按受教育水平分占 6 岁及以上女性人口总数的比重

受教育程度	2020 年（%）	2010 年（%）	2020 年比 2010 年上升百分点
未上过学	7.90	10.27	-2.37
小 学	30.51	34.52	-4.01
初 中	28.82	33.15	-4.33
高 中	13.58	12.63	0.95
大学专科	9.70	5.83	3.87
大学本科	8.84	3.44	5.40
研究生	0.65	0.15	0.50

数据来源：根据《宁夏回族自治区 2010 年人口普查资料》《宁夏回族自治区人口普查年鉴 2020》计算整理。

表 4-9　宁夏 2010 年、2020 年按受教育程度分的 15—64 岁妇女
平均活产子女数和平均存活子女数

单位：人

受教育程度	妇女平均活产子女数		妇女平均存活子女数	
	2020 年	2010 年	2020 年	2010 年
总　计	**1.57**	**1.64**	**1.52**	**1.62**
未上过学	2.93	3.12	2.79	3.06
小　学	2.59	2.45	2.50	2.42
初　中	1.68	1.35	1.63	1.34
高　中	0.90	0.73	0.87	0.73
大学专科	0.84	0.70	0.82	0.70
大学本科	0.70	0.52	0.68	0.51
研究生	0.66	0.48	0.64	0.48

数据来源：根据《宁夏回族自治区 2010 年人口普查资料》《宁夏回族自治区人口普查年鉴 2020》计算整理。

医疗水平不断提高。医疗水平的高低对女性能否顺利生产，以及降低新生儿死亡率等有着重要影响。多年来，宁夏坚持以人民健康为中心，深入推进健康宁夏建设，持续深化医药卫生体制改革，全区医疗卫生资源不断丰富，医疗卫生服务条件明显改善，服务能力和水平全面提升，城乡人民群众健康需要和享有基本医疗服务得到进一步满足和保障。据宁夏卫健部门统计，全区孕产妇系统管理率从 2010 年的 94.19%提高到 2020 年的 95.76%，孕产妇住院分娩率从 2010 年的 98.51%提高到 2020 年的 99.98%，孕产妇死亡率从 2010 年的 29.70/10 万下降为 2020 年的 11.17/10 万；婴幼儿存活率提高，新生儿死亡率由 2010 年的 10.36‰下降为 2020 年的 2.26‰，婴儿死亡率由 2010 年的 14.03‰下降为 2020 年的 3.64‰，5 岁以下儿童死亡率由 2010 年的 17.05‰下降为 2020 年的 5.46‰，人们为了保险起见而多生早生的心理压力有所减轻。

社会保障日趋完善。社会保障制度的逐步完善也是人们生育意愿发生转变的重要原因。2010 年以来，宁夏坚持织密扎牢社会保障网，充分挖掘扩面资源，深化登记成果转化应用，为群众提供养老、医疗等一系列保障措施，覆盖城乡居民的社会保障制度体系和经办服务体系逐步健全，社会保险覆盖范围不断扩大，保障水平稳步提高，群众获得感、幸福感、安全感进一步提升，2020 年全区基本养老保险、基本医疗保险、

失业保险、工伤保险、生育保险参保人数分别达到 478.8 万人、658.8 万人、102.7 万人、132.6 万人、105.4 万人,较 2010 年分别增长了 261.36%、249.87%、115.76%、171.17%、164.82%。建档立卡贫困人口基本养老保险参保 54.96 万人,实现应保尽保。新建项目工伤保险参保率达 100%,高于目标任务 10 个百分点。社会保障水平的稳步提升,在一定程度上解决了人们的后顾之忧,为人们生育意愿的转变创造了良好条件,无论从观念还是行为方面,都使人们逐渐弱化依赖子女养老,从而影响人口生育意愿和行为,降低妇女生育水平。

表 4-10 宁夏 2010 年、2020 年社会保险参保人数

保险类型	2020 年（万人）	2010 年（万人）	2020 年比 2010 年上升（%）
基本养老保险	478.8	132.5	261.36
基本医疗保险	658.8	188.3	249.87
失业保险	102.7	47.6	115.76
工伤保险	132.6	48.9	171.17
生育保险	105.4	39.8	164.82

数据来源:根据《中国统计年鉴 2011》《中国统计年鉴 2021》计算整理。

女性就业机会增多。妇女就业情况也是影响其生育水平的重要因素。2010 年以来,宁夏坚决贯彻党中央、国务院关于就业创业的各项决策部署,把扩大就业作为保障和改善民生的首要任务,采取实施了一系列切实可行的政策措施,着力营造公平的市场环境,不断消除就业性别歧视,改善劳动者就业条件和报酬待遇,维护劳动者合法权益,全区就业形势保持了总体稳定,就业规模稳步扩大,就业结构不断优化,重点群体就业保障有力,宁夏就业人员中女性比例一直保持在 41% 以上,城镇非私营单位女性就业人员年末人数从 2010 年末的 21.0 万人增加到 2020 年末的 28.9 万人,增加了 7.9 万人,增长了 37.62%。妇女从事职业的不同,带来了其家庭经济状况、生活方式、思想观念等许多方面的不同,从而影响和改变了妇女婚育观念和婚育行为,反映在生育水平上就出现了明显差异。从宁夏 2020 年 15—64 岁妇女按职业分组的生育状况来看,农、林、牧、渔业生产及辅助人员平均活产子女数最多,为 2.58 个,其次是生产制造及有关人员、社会生产服务和生活服务人员,以及

续表

地 区	常住人口数（人）	劳动年龄人口数量				劳动年龄人口占比		
		2020年（人）	2020年（%）	2020年（%）	2020年（%）	2020年（%）	2010年（%）	比重上升（百分点）
泾源县	85023	54633	64712	-10079	-15.58	64.26	64.05	0.21
彭阳县	160512	107464	135268	-27804	-20.55	66.95	67.57	-0.62
中卫市	**1067336**	**720374**	**756833**	**-36459**	**-4.82**	**67.49**	**70.02**	**-2.53**
沙坡头区	399796	283728	278206	5522	1.98	70.97	73.48	-2.51
中宁县	334022	226558	223022	3536	1.59	67.83	71.27	-3.44
海原县	333518	210088	255605	-45517	-17.81	62.99	65.66	-2.67

数据来源：《宁夏回族自治区 2010 年人口普查资料》《宁夏回族自治区人口普查年鉴 2020》。

再次，劳动年龄人口内部结构失衡问题加剧。如果把劳动年龄人口进一步划分为青年劳动年龄人口（15—29 岁）、中年劳动年龄人口（30—44 岁）、大龄劳动年龄人口（45—64 岁）三个层次结构，通过计算可以得出，宁夏大龄劳动年龄人口、中年劳动年龄人口、青年劳动年龄人口三者的比例已经由 2010 年的 27.2∶37.5∶35.3 变为 2020 年的 37.5∶34.2∶28.3，其中，中年劳动年龄人口占比、青年劳动年龄人口占比分别降低了 3.3 个、7.0 个百分点，大龄劳动年龄人口占比则上升了 10.3 个百分点；且大龄劳动年龄人口占比分别高于中年劳动年龄人口占比、青年劳动年龄人口占比 3.3 个、9.2 个百分点，这表明宁夏劳动年龄人口明显趋于高龄化。从市县区情况来看，有 17 个市县区青年劳动年龄人口占劳动年龄人口比重低于全区平均水平，有 15 个市县区中年劳动年龄人口占劳动年龄人口比重低于全区平均水平，有 12 个市县区老年劳动年龄人口占劳动年龄人口比重高于全区平均水平。其中，惠农区劳动年龄人口结构失衡问题最为突出，大龄劳动年龄人口、中年劳动年龄人口、青年劳动年龄人口三者比例为 49.1∶31.0∶19.9，大龄劳动年龄人口占比分别高于中年劳动年龄人口占比、青年劳动年龄人口占比 18.1 个、29.2 个百分点，高于全区平均水平 11.6 个百分点。

图 4-6 宁夏 2020 年分市、县(区)劳动年龄人口内部结构比例

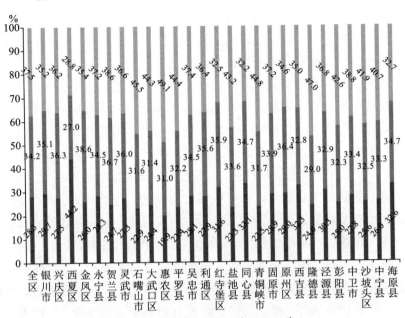

■ 15-29岁 ■ 30-44岁 ■ 45-64岁

数据来源：根据《宁夏回族自治区人口普查年鉴 2020》计算整理。

四、应对妇女生育水平变化影响的对策建议

（一）多措并举稳定好妇女生育水平

一是加大政策宣传供给，不断改变群众生育意愿。通过媒体宣传、举办讲座、社区公告等多种方式，广泛深入宣传修改后的《中华人民共和国人口与计划生育法》《中共中央 国务院关于优化生育政策促进人口长期均衡发展的决定》以及国家出台的包括教育"双减"、3 岁以下婴幼儿照护服务费用纳入个税专项扣除、三孩生育保险待遇、普惠托育服务、优生优育服务、提高特殊家庭扶助金标准等一系列有关生育的政策及其配套支持措施，加强政策解读，及时回应社会关切，营造良好的舆论氛围，引导社会公众特别是适婚青年，正确认识人口发展形势和生育政策调整的积极意义，加深对国家"三孩"政策的了解；同时要加强人口监测预警评估，综合考虑全区人口发展形势、工作基础和政策实施风

险，及时清理和废止不合时宜的生育政策文件，健全完善有利于优化生育状况的住房、财政、金融、人才、税收等相关配套支持政策和保障措施，强化监督管理，确保政策措施有效衔接、平稳落地，切实转变不愿生、不敢生的思想观念，不断改变低生育意愿。

二是着力推动经济发展，不断提高群众经济实力。坚持大抓发展、抓大发展、抓高质量发展，全面实施经济发展"六大提质升级行动"，着力培育新的增长点、打造新的增长极、形成新的动力源。坚持经济发展就业导向，加快转变经济发展方式，加快产业转型升级，加快新旧动能转换，着力打造特色优势产业，不断提升发展的整体水平和竞争能力，催生更多的新业态新职业，培育更多实力强劲、有发展前景的企业，不断提高经济发展创造就业岗位的能力；加大财政、金融等政策支持就业的力度，统筹做好高校毕业生、退役军人、妇女、大龄劳动者、残疾人、零就业家庭人员、城镇长期失业人员的就业支持和帮扶，强化就业形势监测预警，为劳动者提供更加精准、专业、高效的公共就业服务，不断改善劳动者就业条件，推动实现更加充分更高质量的就业，使广大家庭拥有更多收入、居民拥有更充足的经济实力，降低经济条件因素对个人生育意愿的影响。

三是强化社会保障投入，切实减轻家庭经济负担。针对女性怀孕产检项目多、分娩费用高、婴幼儿生病较多且看病贵等问题，进一步完善医疗保险制度，加大资金投入，将部分自费产检和分娩项目纳入医保报销范围，同时，提高婴幼儿看病报销比例，做好对女性及其生育孩子的医疗费用保障，帮助减轻生育医疗费用负担。全面落实3岁以下婴幼儿照护个人所得税专项附加扣除等支持生育优惠政策。完善生育奖励和补贴机制，推进育儿补贴金政策实施，对生育三孩家庭的孩子入托、入学费用给予适当减免，给予多孩家庭购房、租房、贷款、落户、就业创业等方面的优惠政策，并将子女数量纳入纳税减免范围，进一步降低生育、养育和教育成本，确保育龄家庭生得起、养得起，切实减轻生育顾虑，刺激和调动生育积极性。

四是推进教育公益普惠，解除育龄夫妇后顾之忧。发挥政府主导优势，持续推进公立幼儿园建设，减轻入园难度；鼓励和引导社会力量、民间资本兴办托育机构，加快建设一批方便可及、价格能接受、质量有保障、示范带动效应强的针对 0—3 岁幼儿的普惠托育服务机构，提供多样化的普惠托育服务，持续提升普惠性幼儿园覆盖率。鼓励和支持有条件的幼儿园加设 3 岁以下儿童入托保育功能，弥补低龄幼儿托育空白。适当延长幼儿在园时长或提供托管服务机制，推动放学时间与双职工家庭工作时间相衔接，解决好婴幼儿无人照料的供需矛盾。加强对婴幼儿照护从业人员的教育培训，强化对托育机构市场运行的监管力度，全力确保婴幼儿健康和安全，切实提高办园质量和保教水平。推进义务教育优质均衡发展和城乡一体化，不断改善中小学办学条件，扩大城镇义务教育学位供给，培育更多优质教育集团，扩大名校名师资源共享，保障学生就近享有优质教育。进一步推动义务教育"双减"政策落地，严格规范校外培训，改进校内教学质量和教育评价，平衡家庭和学校教育负担，更好地解除育龄夫妇后顾之忧，提升育龄夫妇生育意愿，充分释放生育潜能。

五是保障女性合法权益，构建生育友好社会环境。全面落实产假、配偶护理假、哺乳假、育儿假规定，适当延长产假、陪护假，鼓励男性更多地回归家庭，提升参与子女共同抚育的责任感，为婴幼儿家庭养育照护创造更加便利的条件。落实好《女职工劳动保护特别规定》，定期开展女职工生育权益保障专项督查，进一步规范企业等用人单位招录、招聘行为，严厉打击因生育而引起的就业歧视，保障女性平等就业权益，促进女性平等就业。持续为因生育中断就业或脱产照护婴幼儿的女性重返工作岗位提供就业指导、培训等公共服务，提升育龄妇女产后的就业能力。对有女职工休产假的企业，特别是民营企业给予税收优惠或其他政策性补贴，降低企业经营成本，支持广大育龄期妇女生育，让广大育龄妇女不担心因休产假而影响职业发展。引导用人单位将生育友好作为主动承担社会责任的重要方面，鼓励用人单位制定有利于职工平衡工作和家庭关系的措施，依法协商确定有利于照顾婴幼儿的灵活休假和弹性工作方式，女职工比较多的用人单位根据职工需要，建立女职工卫生室、孕妇休息室、哺乳室等设施，妥善解决女职工在生理卫生、育婴哺乳方面的困难，为员工做好育儿服务保障，创建家庭友好型工作场所，培育形成生育友好社会氛围。

（二）积极有效应对人口老龄化挑战

一是切实强化老龄工作保障。各级党委和政府高度重视并切实做好老龄工作，坚持党政主要负责人亲自抓、负总责，将老龄工作重点任务纳入重要议事日程、经济社会发展规划和民生实事项目范围。各地、各部门继续加大政策制度创新和供给力度，各负其责，主动作为，及时解决老龄工作中遇到的问题。各级老龄委强化统筹协调、组织推进和督促检查职能，形成齐抓共管、整体推进的工作合力。切实健全老龄工作协调机制和专门机构，配强自治区、市、县、乡老龄工作力量。将发展老龄事业作为基本公共服务的重点领域和民生工程，纳入公共财政预算，并建立与人口老龄化形势和老龄事业发展要求相适应的财政投入政策和多渠道筹资机制。建立跨领域、跨部门、跨层级的涉老数据共享机制，健全老年人生活状况统计调查和发布制度。完善应对人口老龄化能力综合评估、督查和绩效考核机制，及时总结推广老龄工作先进典型经验，有序推进各层级、各部门、各领域应对人口老龄化目标任务顺利实现。加快老龄事业发展人才队伍建设，培养老年医学、养老护理和健康管理、老龄产业等领域的人才队伍，探索建立普通高校、职业院校、科研机构、行业学会协会协同培养培训模式，推进职业化专业化发展。发挥工会、共青团、妇联、残联等群团组织和机关企事业单位的作用，发展为老志愿服务队伍。创新社区与社会组织、社会工作者、社区志愿者、社会慈善资源联动机制，构建"共建共治共享"服务老年人机制，不断壮大适应新时代老龄工作的人才队伍。

二是进一步健全养老服务体系。建立市级指导、县（区）管理、乡镇（街道）落实、村（社区）实施的四级养老服务网络，完善涉老服务功能设施，发挥区域养老服务中心辐射带动作用。深化居家和社区养老服务试点改革，探索"党建+社区+物业+养老服务"模式，引导社会资源增加社区、居家养老服务供给，夯实"居家探访照护、社区日间照料、社会资源嵌入、街道统筹规范"的多样化养老服务功能。推进"党建+农村养老"模式，结合实施乡村振兴战略，加强农村老饭桌等养老服务设施建设，建立以农村空巢、留守老年人为重点的定期探访制度。鼓励以村级邻里互助点、农村幸福院、互助养老院为依托发展互助式养老服务。通过直接建设、委托运营、购买服务、鼓励社会投资等多种方式，促进养老机构均衡布局、标准化建设、规范化发展、人文友善运营，为经济困难的失能（失智）、孤寡、残疾、高龄老年人以及计划生育特殊家庭老年人、为社会作出重要贡献的老年人，提供无偿或低偿托养服务。建立健全养老服务标准和评价体系，强化对养老机构建设和运营的监管，推进养老机构提质增效。建立基本养老服务清单制度，发布政府购买养老服务项目指导性目录，对健康、失能、经济困难等不同老年人群体，分类提供养老保障、生活照料、康复照护、社会救助等适宜服务。推进基本养老保险全民参保计划，逐步实现基本养老保险法定人员全覆盖。健全基本养老保险待遇调整机制，保障领取待遇人员基本生活。大力发展企业（职业）年金，促进和规范发展第三支柱养老保险。探索通过资产收益扶持制度等增加农村老年人收入。完善基本医疗保险制度，推进基本医保、大病保险、医疗救助和商业补充医疗保险"一站式"结算，切实减轻老年人经济负担。

三是完善老年人健康支撑体系。发挥基层医疗卫生机构、社区卫生服务中心、老年大学等阵地作用，统筹开展老年健康知识宣传和教育，提高老年人健康素养。落实国家基本公共卫生服务老年人健康管理和医养结合项目，提高失能、高龄、低收入等老年人家庭医生签约服务覆盖率。加强老年人重点慢性疾病早期筛查与干预，实施老年人口腔健康、老年营养改善、老年痴呆防治和心理关爱行动，开展老年人群营养与健康状况监测。加强自治区老年疾病临床医学研究中心、中医药治未病中心中医药老年健康服务能力建设。通过新建改扩建、转型发展，加强老年医院、康复医院、护理院（中心、站）以及优抚医院建设，推进老年医学专科医联体建设，建立双向转诊机制，为区域内老年人提供一体化、接续性医疗服务。建立全区统一的老年人健康和能力评估标准，建立护理需求认定和等级评定标准体系和管理办法，开展失能老年人健康评估与健康服务。支持社区卫生服务中心、乡镇卫生院等基层医疗卫生机构增设护理床位和护理单元，开展为居家失能老年人提供家庭病床、巡诊服务等上门医疗照护服务。完善从专业机构到社区、家庭的长期照护服

强老年产品和服务的供需对接，大力扶持品牌、连锁企业，培育一批有影响力的老龄产业市场主体，推动产业链和产业集群发展。加强老龄产业标准、规范、市场监管和行业自律建设，优化营商环境，广泛调动全业态多领域的参与积极性、供给有效性，激发老龄产业发展活力。制定完善老年用品和服务目录、质量标准，推进养老服务认证工作。推动与老年人生活密切相关的食品、药品以及老年用品行业规范发展，提升传统养老产品的功能和质量，满足老年人特殊需要。鼓励企业和科研机构加大老年产品的研发制造力度，加快推进互联网、大数据、人工智能、第五代移动通信（5G）等信息技术和智能硬件在老龄产业的深度应用，引导企业设立线上线下融合、为老年人服务的专柜和体验店，推动养老服务与医疗、文化、旅游等相关产业、多业态融合发展，支持有资源禀赋和产业优势的地区建设康养小镇，不断增加和拓展适老产品服务供给。

（三）着力促进人力资源向人力资本转化

面对人口红利逐渐消失和老龄化问题日益突出的问题，充分挖掘发挥人力资源优势，促进人力资源向人力资本转变，有助于宁夏更好地适应新时代的发展，全面建设经济繁荣、民族团结、环境优美、人民富裕的社会主义现代化美丽新宁夏。要结合市场需求和就业需要，不断健全完善覆盖城乡全体劳动者、贯穿劳动者学习工作终身的教育培训体系和制度，积极引入现代化、信息化方式手段，加大各类教育培训资源的供给力度，面向在职员工、进城务工人员、退役军人、转岗人员、城乡待业人员、残疾人等社会群体，开展学制灵活、内容多元的在线教育培训，满足他们提升学历层次、强化职业技能的需求；进一步改进优化教育结构，健全完善职业技能培训体系，强化教学师资队伍建设，积极改善院校办学条件，提高教育质量，大力发展职业教育、技能教育，广泛开展菜单式、定向式、套餐式培训，全面提升劳动者学历层次、技术技能和职业素质，促进职业技能培训教育与就业需求和产业发展紧密衔接；持续实施人才强区工程，紧紧围绕先行区建设和高质量发展需求，不断完善人才培养、引进、管理、使用机制，充分利用区内外各类优质教育资源，依托大型骨干企业、职业院校和培训机构，着力强化战略性新兴产业学科建设，全方位加强高水平学科领军人才、高层次科技创新人才和青年拔尖人才特别是急需紧缺专业人才的培养，深入开展基础研究、应用研究、开发研究，持续扩大高素质人才规模，为推动高质量发展提供坚强有力的人才保障和智力支持。

第五章 死亡状况

人口死亡状况是人口研究的重要内容。人口的死亡是影响人口自然变动的决定因素之一，死亡水平的高低影响着人口的增长水平和人口平均预期寿命的长短，直接反映了社会经济条件，人口素质以及医疗卫生服务水平的现状。2020 年第七次全国人口普查资料显示，宁夏人口人均预期寿命较十年前增加 3.2 岁，死亡率低于全国平均水平 1.19 个千分点。

一、死亡水平的地区差异及特点

（一）死亡水平变化及特点

1.死亡人口变化

新中国成立以来，宁夏死亡人口变动大致经历了三个阶段，即新中国成立初期的波动期、长期稳定期与缓慢上升期。

新中国成立以来至 1962 年死亡人数波动较大。1950—1958 年死亡人口年均 2.35 万人，1959—1964 年死亡人数急剧增加，年均 2.49 万人，其中 1959 年是新中国成立以来死亡人数最多年份（3.18 万人）。

1965—1989 年死亡人数基本稳定。其中，1984 年是新中国成立以来死亡人数最少的一年（1.52 万人）。

1990 年后，随着社会经济的发展，人民生活水平的不断提高，全区老年人口的不断增加，死亡人数呈缓慢增长的态势。1999 年、2007 年、2010 年三个年份死亡人数超过 3 万人，此后逐年上升，至 2020 年达 4.23 万人。

2.死亡率变化

新中国成立前，宁夏人口非正常死亡占较大比重，死亡率居高不下。新中国成立以来，随着国民经济的恢复和发展，医疗卫生保健水平的提高，人民健康状况有了显著的改善，全区人口的死亡水平呈现不断下降趋势，但在不同时期有着不同特点。

第一阶段：1950—1964 年，人口死亡率大幅度下降。1950 年宁夏人口死亡率为 20.58‰，随着工农业生产迅速恢复发展，医药卫生条件逐步改善，人民健康水平大幅提高，死亡率明显下降，至 1955 年人口死亡率降为 10.24‰。期间受三年严重困难的影响，非正常死亡人口大幅增加，死亡率有所反弹，1959 年一度达到 15.82‰，随经济形势的好转，1964 年死亡率降至 13.44‰，比 1950 年下降 7.14 个千分点。

第二阶段：1965—1976 年，死亡率持续下降。经过三年严重困难的时期，党中央及时调整了政策，国民经济得到迅速恢复，经济形势迅速好转，人民的物质生活和健康水平提高较快，人口死亡率显著下降，自 1965 年（人口死亡率为 9.29‰）起，全区人口死亡率保持在 10‰以下，多数年份维持在 7‰左右。

第三阶段：1977—1999 年，人口死亡率平稳下降。除 1981 年和 1994 年两个年份死亡率高于 6‰，其他年份均稳定在 5‰左右。

第四阶段：2000—2020 年，人口死亡率稳定在低水平并缓慢回升。随着改革开放的持续深入，宁夏社会经济得到迅速发展，人民的收入水平大幅提高，医疗卫生技术也取得显著进步。特别是 2002 年开始，覆盖全区城乡的医疗保障体系逐步形成，人民的生活质量和健康水平得到了大幅度提高，人口死亡保持较低水平，2020 年死亡率为 5.88‰，低于全国平均水平 1.19 个千分点。

表 5-1　宁夏 2010—2020 年死亡人口数与死亡率

年　份	死亡人数（万人）	死亡率（‰）
2010	3.21	5.10
2011	3.00	4.68
2012	2.83	4.33
2013	2.98	4.50
2014	3.05	4.53
2015	3.12	4.58
2016	3.25	4.72
2017	3.32	4.75
2018	3.92	5.54
2019	4.06	5.69
2020	4.23	5.88

资料来源：《宁夏统计年鉴 2021》。

（二）死亡水平的现状

第七次全国人口普查资料显示，2020 年宁夏死亡人数为 4.23 万人，死亡率为 5.88‰，与 2010 年相比，死亡人口增加 1.02 万人，死亡率上升 0.78 个千分点。近十年来，全区 0—14 岁和 15—59 岁年龄组死亡人口减少，比重下降明显，分别下降 3.31 个和 8.11 个百分点，60 岁及以上死亡人口比重上升 11.42 个百分点，死亡人口主要以老年人为主。

（三）死亡率水平地区差异明显

2020 年，全区 5 个地级市人口死亡率从高到低依次是：石嘴山市（7.47‰）、固原市（5.86‰）、中卫市（5.51‰）、吴忠市（5.25‰）、银川市（3.86‰）。从死亡水平看，经济社会发展因素已经成为影响人口死亡水平的决定性因素，经济发展水平较高的银川市、吴忠市人口死亡水平明显低于其他地级市。分县（市、区）看，人口死亡率最高的是惠农区为 8.87‰，最低的是金凤区 2.68‰，高低相差 6.19 个千分点。

表 5-2 2020 年分地区死亡人口状况

单位：‰

地　区	死亡率		
	合计	男	女
全　区	**5.88**	**6.65**	**5.08**
银川市	**3.86**	**4.37**	**3.33**
兴庆区	3.84	4.41	3.26
西夏区	3.86	4.56	3.15
金凤区	2.68	3.12	2.25
永宁县	4.82	5.23	4.38
贺兰县	4.40	5.04	3.73
灵武市	4.80	4.84	4.75
石嘴山市	**7.47**	**8.62**	**6.27**
大武口区	6.39	7.65	5.11
惠农区	8.87	9.93	7.68
平罗县	7.72	8.76	6.65
吴忠市	**5.25**	**5.87**	**4.61**
利通区	5.01	5.72	4.31
红寺堡区	4.49	5.24	3.70

续表 单位：‰

地 区	死亡率		
	合计	男	女
盐池县	5.34	6.04	4.54
同心县	4.72	4.91	4.53
青铜峡市	6.95	7.77	6.09
固原市	**5.86**	**6.66**	**5.02**
原州区	4.78	5.62	3.95
西吉县	5.77	6.35	5.16
隆德县	7.99	9.46	6.46
泾源县	7.87	8.70	7.00
彭阳县	6.66	7.30	5.97
中卫市	**5.51**	**6.12**	**4.88**
沙坡头区	5.72	6.50	4.90
中宁县	5.52	6.09	4.91
海原县	5.27	5.68	4.84

资料来源：《宁夏回族自治区人口普查年鉴2020》。

（四）死亡率变化特点

1.婴儿和5岁以下儿童死亡率明显下降

婴儿的健康状况是人口健康状况的一个缩影。20世纪90年代开始，随着中国政府对世界儿童问题首脑会议通过的儿童生存、保护和发展世界宣言及行动计划承诺的逐步兑现，儿童发展监测体系得到进一步完善。全区各地积极发挥基层医疗卫生机构作用，提高早孕建卡率，不断强化高危产妇专案管理，加强高危新生儿访视，持续开展免费孕前优生健康检查、新生儿疾病筛查、叶酸补服和6—24月龄婴幼儿发放营养包等方面服务工作，有效推进《宁夏母婴安全行动计划》，为优生优育、降低婴幼儿死亡率提供了较好的保障。宁夏儿童发展规划（2011—2020年）监测数据显示，2020年，全区婴儿死亡率为3.64‰，比2010年下降10.39个千分点，其中：城市和农村分别为3.29‰和4.07‰，比2010年分别下降12个千分点和9.68个千分点。5岁以下儿童死亡率为5.46‰，比2010年下降11.59个千分点，其中：城市和农村分别为5.10‰和5.89‰，比2010年分别下降11.39个千分点和11.88个千分点。

2.孕产妇死亡率持续下降

孕产妇是人口中的特殊群体。随着全国统一的母子健康手册的推广使用，孕产妇住院分娩补助政策、母婴安全行动计划等深入实施，全区妇幼卫生保健工作大力加强，产前检查及新法接生，特别是推行科学接生和孕产妇系统管理、围产期保健等，大大降低了孕产妇难产和产褥热的死亡率。宁夏妇女发展规划（2011—2020年）监测数据显示，孕产妇死亡率由2010年的29.7/10万下降到2020年的11.17/10万，下降18.53个十万分点。城市与农村孕产妇死亡率分别由2010年的34.17/10万和26.52/10万下降到2020年的5.10/10万和18.51/10万，分别下降29.07个十万分点和8.01个十万分点。

3.乡村人口死亡率明显高于城镇

2020年全区死亡人口中，城市死亡人口占比重为32.69%，镇死亡人口占比重为20.46%，乡村死亡人口占比重为46.85%，乡村比重明显高于城镇。从人口死亡水平看，2020年全区城市、镇、乡村人口死亡率分别为3.99‰、4.42‰和6.77‰，城市最低，镇居中，乡村最高，城市和乡村相差2.78个千分点。2010—2020年，乡村人口死亡率上升幅度大于城镇，城乡之间人口死亡率的差距进一步扩大。

表5-3 宁夏分城乡人口死亡率

单位：‰

城　乡	2020年			2010年		
	合计	男	女	合计	男	女
城市	3.99	4.75	3.23	3.89	4.66	3.10
镇	4.42	5.02	3.80	4.04	4.70	3.31
乡村	6.77	7.27	6.22	6.12	7.08	5.11

资料来源：《宁夏回族自治区人口普查年鉴2020》《宁夏回族自治区2010年人口普查资料》。

4.死亡人口年龄后移

第七次全国人口普查资料显示，2020年宁夏死亡人口的平均年龄为70.38岁，比2010年提高7.48岁。死亡人口平均年龄的提高，也就是人口存活年龄不断延长，这与经济发展、环境改善、卫生医疗保障水平不断提高是分不开的。2020年，全区死亡人口年龄中位数为75.25岁，比

2010 年提高 9.32 岁，死亡人口年龄中位数的后移，反映出宁夏人口死亡重心逐步转入老年组人口。

二、人口分性别和年龄的死亡水平

（一）人口分性别的死亡水平

男性死亡率高于女性。2020 年宁夏死亡人口 4.23 万人，其中：男性 2.44 万人，女性 1.79 万人，死亡人口性别比为 136.31（女性=100）。

表 5-4　宁夏分年龄、性别的死亡人口状况

单位：‰

年　龄	2020 年死亡率			2010 年死亡率		
	合计	男	女	合计	男	女
合计	**5.88**	**6.65**	**5.08**	**5.10**	**5.92**	**4.17**
0—4 岁	1.00	0.97	1.03	2.97	3.09	2.83
5—9 岁	0.23	0.27	0.20	0.48	0.60	0.34
10—14 岁	0.35	0.42	0.27	0.52	0.69	0.34
15—19 岁	0.42	0.58	0.24	0.70	1.00	0.40
20—24 岁	0.45	0.55	0.35	1.03	1.46	0.60
25—29 岁	0.55	0.78	0.31	1.10	1.58	0.61
30—34 岁	0.73	0.96	0.49	1.28	1.74	0.80
35—39 岁	0.92	1.21	0.62	1.49	2.03	0.92
40—44 岁	1.43	1.98	0.85	2.00	2.83	1.12
45—49 岁	2.03	2.74	1.28	2.97	4.01	1.84
50—54 岁	2.83	3.85	1.79	4.58	5.85	3.24
55—59 岁	4.44	5.79	3.04	6.82	8.36	5.24
60—64 岁	7.71	9.91	5.47	12.07	14.62	9.57
65—69 岁	13.24	16.47	10.09	20.04	23.34	16.82
70—74 岁	24.39	29.02	20.17	38.04	43.53	32.53
75—79 岁	47.18	54.93	40.27	65.99	73.55	58.03
80—84 岁	89.03	97.20	81.88	120.30	127.38	112.49
85—89 岁	149.10	159.13	139.88	173.32	180.44	166.19
90—94 岁	223.75	229.62	218.19	239.16	250.56	228.57
95—99 岁	266.25	303.18	234.53	193.17	189.91	195.75
100 岁及以上	412.59	452.83	388.89	578.31	750	490.91

资料来源：《宁夏回族自治区人口普查年鉴 2020》《宁夏回族自治区 2010 年人口普查资料》。

从分性别人口死亡率变化趋势看,男女人口死亡率均有所上升。2020 年男性人口死亡率为 6.65‰,女性为 5.08‰。2010—2020 年女性人口死亡率比男性死亡率上升快。男性死亡率上升 0.73 个千分点,女性上升 0.91 个千分点。2010 年男女人口死亡率的差距为 1.75 个千分点,2020 年差距缩小为 1.57 个千分点。女性年龄别死亡率均低于男性,且随年龄增长,两者死亡率差距越来越大。

(二)人口分年龄的死亡水平

死亡人口年龄分布是指各年龄组死亡人口占总死亡人口的比例。十年来,宁夏各年龄组(除 50—54 岁,65 岁及以上外)死亡人口比重都呈下降趋势,其中 0—4 岁婴幼儿死亡人口比重下降幅度最大。死亡人口在年龄上的分布还受存活人口年龄结构的影响,如处于老龄化程度低的人口结构时,少儿死亡人口所占比例大,老年死亡人口就相对少一些。反之,处于老龄化程度较深的人口结构时,老年死亡人口要相对多一些。近年来,随着老年人口比重增大,死亡重心仍继续明显地向高龄推进。从表 5-5 可以看出,分年龄死亡人口中,高年龄死亡人口比重不断增加,

表 5-5　宁夏分年龄死亡人口比重

年　龄	2020 年 (%)	2010 年 (%)	2020 年比 2010 年 变化百分点
总计	**100**	**100**	—
0—4 岁	1.35	3.96	-2.61
5—9 岁	0.32	0.67	-0.34
10—14 岁	0.46	0.82	-0.36
15—19 岁	0.49	1.23	-0.74
20—24 岁	0.57	1.74	-1.17
25—29 岁	0.85	1.76	-0.91
30—34 岁	1.24	2.20	-0.96
35—39 岁	1.38	2.79	-1.41
40—44 岁	2.17	3.53	-1.35
45—49 岁	3.34	3.94	-0.61
50—54 岁	4.38	4.32	0.06
55—59 岁	5.11	6.13	-1.03
60—64 岁	6.12	7.53	-1.41
65 岁及以上	72.22	59.24	12.99

资料来源:《宁夏回族自治区人口普查年鉴 2020》《宁夏回族自治区 2010 年人口普查资料》。

由 2010 年 59.24%上升至 2020 年 72.22%，上升 12.98 个百分点，低龄死亡人口比重则缓慢减少，0—14 岁死亡人口比重明显下降，由 2010 年的 5.45%下降到 2020 年的 2.13%，死亡人口比重最小的年龄组基本稳定在 10—14 岁。

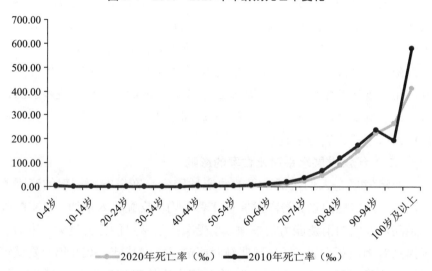

图 5-1　2010—2020 年年龄别死亡率变化

从图 5-1 中可以看出，十年来，宁夏人口死亡率分布曲线的起点低，婴幼儿组以及成年组死亡率继续保持较低水平，高年龄组死亡人口年龄中位数后移，人口死亡率分布曲线明显呈"J"形。

三、影响死亡水平的因素分析

影响人口死亡的因素有经济收入、教育水平、可获得的医疗资源、医疗条件和水平、生活环境、生活习惯及习俗等。但在各种因素中，经济条件和医疗水平是主要的影响因素。此外，老年人口比重的高低对人口死亡率高低也有直接影响。近年来，随着宁夏城乡居民的经济生活水平的提高，医疗卫生事业长足发展，平均每千人拥有的卫生技术人员、医院床位及医疗设施等都有了很大提高；妇幼保健工作也得到进一步加强和完善，妇女产前医学检查率、住院分娩率及婴幼儿营养保健普及率逐年上升，全区人口死亡率降低，加之全区人口老龄化起步较晚，人口年龄结构类型目前仍为轻度老年型，这也是全区人口死亡率较低的原因之一。

（一）人口老龄化对死亡率的影响

进入 21 世纪以来，宁夏老年人口呈现加速增长趋势。2020 年全区 65 岁及以上老年人口达到 69.28 万人，比 2010 年增加 29.01 万人，增长 72.01%，增速比常住人口增速快 57.71 个百分点。由于老年人口的增加、少年人口的减少，全区 2020 年老少比系数达 47.2%，比 2010 年上升 17.31 个百分点。2020 年，全区人口年龄中位数 35.67 岁，比 2010 年提高 5.39 岁，比全国年龄中位数 38.4 岁低 2.73 岁。伴随高龄化程度逐步加深，老年人的健康状况生理机能下降，因病因老死亡风险增加，老年人口在死亡人口中的比重越来越高。

（二）经济发展水平对死亡率的影响

经济发展是人们生活水平的决定性因素，在影响死亡率的诸因素中，也是决定性因素。经济发展意味着人均可支配收入增加，可支配收入越高，人们的消费能力就越强，享受医疗消费可能性就越大。生活水平提高对降低死亡率，延长预期寿命奠定了物质基础。2020 年宁夏城镇居民人均可支配收入为 35720 元，农村居民人均可支配收入为 13889 元，比 2010 年分别增加 20627 元和 8764 元。可支配收入的提高使人们潜在的医疗消费能力增强，这直接决定了人们所能享受到的医疗卫生服务的消费随之增加。此外，经济发展水平的提高使政府有更多的财力投入保障人民群众卫生健康的事业中，从而降低死亡。

（三）平均预期寿命延长对死亡率的影响

第七次全国人口普查资料显示，2020 年宁夏人口的平均预期寿命为 76.58 岁，比 2010 年的 73.38 岁提高 3.2 岁，其中，男性由 71.31 岁提高到 74.89 岁，提高 3.58 岁，女性由 75.71 岁提高到 78.40 岁，提高 2.69 岁。女性预期平均寿命比男性长 3.51 岁。平均预期寿命的延长使得人口死亡率处于较低水平。2020 年宁夏人口平均预期寿命低于全国平均水平 1.35 岁，位于全国 31 个省（区、市）的第 25 位，其中男性人口和女性人口平均预期寿命分别低于全国平均水平 0.48 岁和 2.48 岁，在全国各省（区、市）排位第 23 位和第 26 位。

（四）文化程度对死亡水平的影响

人口受教育程度与人口死亡水平也有密切关系，文化程度的高低与先进的生活方式选择密切相关。分受教育程度看全区 3 岁及以上死亡人口比重无论是男性还是女性，都随着文化水平的提高而逐步下降，受教育程度较高的人群的死亡比重明显低于较低的人群。出现这种差异的主要因素：一是年龄结构的影响。死亡人口中未上过学的以及受过小学教育人口死亡比重较高，并且大多为新中国成立前出生的老年人口。二是经济条件影响。受教育程度较高的人群，易取得较好的工作岗位，不仅劳动报酬较为优厚，还能得到较好的医疗保障，从而降低了自身的死亡率。受教育程度较低的人口，由于技能不足，适应不了高新技术要求，往往就业多以劳动强度大、劳动保护条件差、劳动报酬相对较低的岗位为主，医疗保障条件差，身体健康得不到有效保护，安全意识缺乏，自我保护意识不强，死亡率相对较高。

表 5-6　2020 年宁夏分受教育程度的死亡人口比重

单位：%

受教育程度	合计	男性	女性
总　　计	**100**	**100**	**100**
未上过学	30.19	20.53	43.35
小　　学	41.89	43.05	40.31
初　　中	18.37	23.96	10.76
高　　中	5.83	7.71	3.27
大学专科	2.15	2.85	1.19
大学本科	1.17	1.55	0.28
研究生	0.03	0.03	0.02

资料来源：《宁夏回族自治区人口普查年鉴 2020》。

（五）不同季节对死亡水平的影响

气温对人的健康和情绪有着不可忽视的影响，人口死亡率高低与季节变化有一定关系。第七次全国人口普查资料显示，2019 年 11 月 1 日至 2020 年 10 月 31 日一年时间内，全区死亡人数 4.23 万人。相对而言，一年中人口死亡最多的季节在冬春季，尤其是老年人口，因冬春季气候条件变化大，疾病多发。

四、延长人口平均预期寿命的途径

自古以来，追求延年益寿是人类的美好愿望。只有经济水平和劳动生产率不断提高，医疗科技水平不断提升，个人健康意识不断增强，人的身体素质不断改善，人口死亡率才会随之降低。

（一）大力发展经济，提高人民群众生活水平

人口死亡率的下降，得益于社会经济的发展，医疗卫生服务的普及。健康的人群才能促进健康的社会经济发展。人口健康水平在很大程度上取决于生活水平，而生活水平的高低又取决于收入水平。在推进收入分配制度改革过程中，要建立相对公平的社会收入分配体制，着力缩小城乡、区域和社会群体之间的收入差距，努力提高低收入人群收入水平，扩大中等收入人群比重，增强全体人员获得感、幸福感、安全感，让全体人民共享改革成果，共享高品质的生活。加快完善城乡居民基本医疗保障制度，实现全体人民老有所养、病有所医，努力实现医保全覆盖，在稳就业促增长的同时，提高农村居民和城市贫困居民抗御风险能力。

（二）加强基础设施建设，改善农村医疗卫生条件

民族要复兴，乡村必振兴。尤其要将农村的卫生工作放在重要位置。要加快农村基础设施建设，实现公共服务均等化，加快新型农村合作医疗制度建设，解决农民"因病致贫、因病返贫"的问题；要加大农村卫生经费投入，改善农村卫生服务条件，减轻农民医疗费用负担，进一步改善提高农民健康水平；要加强农村疾病预防控制网络建设，强化农村卫生技术人员队伍建设，提升农村疾病预防控制能力；要充分关注农村饮水安全等问题。

（三）加强老年人和新生儿的疾病预防保健工作，营造关心关爱良好氛围

儿童和老年人是死亡人口的重点，要将慢性病的预防宣传教育贯穿于整个生命周期，要针对不同类型的人群，开展分类指导，采取有针对

性的防治策略。对处于生命孕育期的婴幼儿，要加强母婴保健，提供适合于生长发育的合理营养；对处于生命发展期的少年儿童，要着重培养良好的行为习惯，提倡多方面素质教育，合理营养，加强体育锻炼，尤其要关爱留守儿童健康；对处于生命成熟期的青壮年，要以保护生产力要素为出发点，强化安全防护教育，控制环境和行为危险因素，并实施必要的职业健康监护；对处于生命完成期的老年人，要及时发现高危人群，加强医学监护，控制老年常见病、多发病，倡导孝老敬老新风，营造全社会关心关爱老年人良好氛围。

（四）积极开展全民健身活动，不断增强人口体质

随着社会节奏加快、竞争压力增大，由于缺少体育锻炼，部分人群处于亚健康状态。同时吸烟、饮酒、过度上网等不良生活习惯损害人体健康，部分疾病趋于年轻化。因此，倡导健康文明的生活方式，开展全民健身运动，势在必行。一是以素质教育为主，减轻中小学生的课业负担，适度增加课间活动时间，保障青少年健康成长；二是落实国家休假制度，张弛有度，劳逸结合，确保职工的身体健康；三是建设完善群众休闲健身场所，为居民锻炼提供健身便利条件；四是有组织地开展一些丰富多彩的全民健身活动，发挥好工会作用，引导群众培养良好的工作习惯和生活习惯，增强人民体质，提高生活质量，延长平均预期寿命。

（五）常鸣安全警钟，减少和避免意外事故发生

意外死亡的性质和后果严重，而且是可以设法避免的。目前全区正处于工业化、城镇化加速发展、社会转型和风险化解的窗口期的关键时刻，安全事故和意外死亡人数如若增加，势必助推人口的死亡率提升，降低人口预期寿命。加强安全生产监管至关重要。另外，随着社会节奏加快、竞争压力增大，精神疾患发病率上升。要构建社会主义和谐社会，就必须结合"平安宁夏"建设，做好以下三方面的工作：一是加强精神文明建设，倡导健康向上的文化理念，疏通思想表达渠道，营造更加良好的精神文化环境，促进人的自身和谐；二是加强民主法治建设，强化社会管理，增强安全意识，加大防范措施，营造更加良好的社会环境，促进人与社会的和谐；三是以"黄河流域生态保护和高质量发展先行

区"建设为引领,加大环境治理工作力度,维护生态平衡,营造更加良好的自然环境,促进人与自然的和谐。总之,只有通过构建和谐社会,化解各种矛盾,消除事故隐患,减少和避免意外死亡,推进全区居民文明生活,高质量生活,方能助力全区人民预期寿命延长。

第六章　婚姻与家庭状况

婚姻与家庭维系着社会的安定与和谐,对社会经济和人口再生产具有重要影响。随着社会发展的变迁、人们思想观念与生活环境的改变,宁夏 15 岁及以上人口的婚姻与家庭状况也出现了未婚人口比重下降,有配偶人口比重上升,离婚人口比重上升,丧偶人口比重上升"一降三升"的变化。

一、人口婚姻状况变动的一般趋势

(一)婚姻状况

15 岁及以上人口在婚姻关系方面的状况,通常包括未婚、有配偶、离婚和丧偶四类。第七次全国人口普查资料显示,2020 年宁夏 15 岁及以上人口中未婚人口比重为 17.81%,比 2010 年下降 2.36 个百分点,有配偶人口比重为 74.75%,比 2010 年提高 0.42 个百分点,离婚人口比重为 3.00%,比 2010 年上升 1.56 个百分点,丧偶人口比重为 4.44%,比 2010 年上升 0.38 个百分点。

表 6-1　宁夏 15 岁及以上人口婚姻状况

单位:%

婚姻状况	2020 年			2010 年		
	合计	男	女	合计	男	女
总计	**100**	**100**	**100**	**100**	**100**	**100**
未婚	17.81	20.16	15.41	20.17	22.57	17.72
有配偶	74.75	74.85	74.65	74.33	73.92	74.75
离婚	3.00	2.89	3.11	1.44	1.40	1.49
丧偶	4.44	2.10	6.84	4.06	2.11	6.04

资料来源:《宁夏回族自治区人口普查年鉴 2020》《宁夏回族自治区 2010 年人口普查资料》。

（二）婚姻状况变动趋势

1.未婚人口比重下降，男性未婚比重下降快于女性

2020 年宁夏 15 岁及以上人口中未婚人口比重为 17.81%，比 2010 年下降 2.36 个百分点。其中，男性未婚人口比重为 20.16%，女性未婚人口比重为 15.41%，与 2010 年相比，男性未婚人口比重下降了 2.41 个百分点，女性下降了 2.31 个百分点，男性未婚比重下降幅度高出女性 0.1 个百分点。

从年龄分布状况看，未婚比例和年龄呈反比关系，年龄越大，未婚的比例越小。2020 年，宁夏 15—19 岁未婚人口占全部未婚人口的比重为 41.18%，20—24 岁未婚人口占 31.82%，25—29 岁未婚人口占 16.64%，30—34 岁未婚人口占 5.41%，35—39 岁未婚人口占 1.75%，其他年龄组均低于 1%。

表 6-2 2020 年宁夏 15 岁以上人口分年龄婚姻状况

单位：%

年　龄	未　婚	有配偶	离　婚	丧　偶
总计	**100**	**100**	**100**	**100**
15—19 岁	41.18	0.17	0.06	0.00
20—24 岁	31.82	2.29	1.13	0.03
25—29 岁	16.64	8.31	5.83	0.12
30—34 岁	5.41	13.10	12.79	0.40
35—39 岁	1.75	11.72	15.55	0.84
40—44 岁	0.99	11.93	16.51	1.75
45—49 岁	0.83	12.96	17.06	3.05
50—54 岁	0.56	12.47	14.53	5.77
55—59 岁	0.36	9.44	8.59	7.68
60—64 岁	0.16	5.92	3.87	8.46
65 岁及以上	0.30	11.68	4.07	71.90

资料来源：《宁夏回族自治区人口普查年鉴 2020》。

2.有配偶人口比重上升，男性有配偶比重高于女性

2020 年，宁夏 15 岁以上人口中有配偶的比重为 74.75%，其中男

性有配偶比重为 74.85%，女性有配偶比重为 74.65%，男性比女性高出
0.20 个百分点。与 2010 年相比，有配偶人口比重提高了 0.42 个百分
点，其中，男性提高 0.93 个百分点，女性下降 0.10 个百分点。可见，
在人口婚姻构成上，宁夏有配偶人口比重仍较大，完婚程度高，婚姻
关系比较稳定。从年龄构成状况看，2020 年宁夏有配偶人口比重在
30—54 岁的各年龄组都比较高，30—34 岁年龄组是最高的，为 13.10%。
分性别看，男性人口有配偶比例在 45—49 岁年龄组最高，为 13.29%；
女性人口有配偶比例在 30—34 岁年龄组最高，为 13.59%。随着年龄
的增长，女性人口有配偶的比例低于男性的趋势越明显，主要是女性
丧偶或离异后，再婚较困难，再婚比例比男性低，女性寿命比男性长
也是一个原因。

表 6-3　2020 年宁夏分年龄性别的有配偶人口比重

单位：%

年　龄	合计	男	女
总计	**100**	**100**	**100**
15—19 岁	0.17	0.03	0.32
20—24 岁	2.29	1.33	3.28
25—29 岁	8.31	7.22	9.43
30—34 岁	13.10	12.63	13.59
35—39 岁	11.72	11.90	11.53
40—44 岁	11.93	12.02	11.84
45—49 岁	12.96	13.29	12.63
50—54 岁	12.47	12.65	12.27
55—59 岁	9.44	9.72	9.14
60—64 岁	5.92	6.18	5.65
65 岁及以上	11.68	13.02	10.31

资料来源：《宁夏回族自治区人口普查年鉴 2020》。

3.离婚人口比重有所上升，女性离婚增幅高于男性

2020 年，宁夏离婚人口占 15 岁及以上人口比重为 3.00%，比 2010
年提高 1.56 个百分点。其中，男性离婚人口占 2.89%，女性离婚人口占

3.11%。与 2010 年相比，男性上升了 1.49 个百分点，女性上升了 1.62 个百分点，离婚人口比重呈上升趋势。

表 6-4　2020 年宁夏分年龄性别离婚人口比重

单位：%

年　龄	合计	男	女
总计	**100**	**100**	**100**
15—19 岁	0.06	0.01	0.12
20—24 岁	1.13	0.73	1.51
25—29 岁	5.83	5.97	5.70
30—34 岁	12.79	14.25	11.41
35—39 岁	15.55	16.78	14.38
40—44 岁	16.51	16.04	16.95
45—49 岁	17.06	16.26	17.81
50—54 岁	14.53	13.60	15.42
55—59 岁	8.59	8.35	8.81
60—64 岁	3.87	3.68	4.06
65 岁及以上	4.07	4.32	3.84

资料来源：《宁夏回族自治区人口普查年鉴 2020》。

分年龄组看，2020 年宁夏 15 岁及以上人口中，15—44 岁各年龄组的离婚人口比重比 2010 年均有不同程度的下降。其中，35—39 岁年龄组的离婚人口比重比 2010 年下降 4.26 个百分点，而 45 岁以后各年龄组离婚人口比重呈上升趋势，其中，50—54 岁年龄组的离婚人口比重上升幅度较大为 6.92 个百分点。

从性别看，男性在 25—39 岁年龄段和 65 岁及以上年龄中，离婚比例比女性高，其余各年龄段的离婚比例，均低于女性。女性离婚人口的增幅高于男性，反映出随着女性经济地位的独立以及婚姻观念改变，越来越多的女性对于婚姻质量的要求也越来越高。

4.丧偶人口比重上升，女性丧偶比重高于男性

2020 年，宁夏丧偶人口占 15 岁及以上人口比重为 4.44%，比 2010 年上升 0.38 个百分点。其中，男性丧偶人口占比为 2.10%，女性丧偶人口占比为 6.84%，比男性高出 4.74 个百分点，比 2010 年扩大了 0.81 个百分点。与 2010 年相比，男性下降了 0.01 个百分点，女性上升了 0.80 个百分点，总体上丧偶人口比重呈逐年上升趋势。

表 6-5　2020 年宁夏分年龄性别的丧偶人口比重

单位：%

年　　龄	合　计	男	女
总计	**100**	**100**	**100**
15—19 岁	—	—	—
20—24 岁	0.03	0.02	0.04
25—29 岁	0.12	0.08	0.14
30—34 岁	0.40	0.35	0.42
35—39 岁	0.84	0.60	0.92
40—44 岁	1.75	1.27	1.90
45—49 岁	3.05	2.92	3.09
50—54 岁	5.77	5.00	6.01
55—59 岁	7.68	6.89	7.93
60—64 岁	8.46	7.94	8.62
65 岁及以上	71.90	74.93	70.94

资料来源：《宁夏回族自治区人口普查年鉴 2020》。

分年龄看，2020 年宁夏 15 岁及以上人口的各年龄组丧偶人口比重，与 2010 年相比，其中，60—64 岁老年人口丧偶比重由 2010 年的 11.93% 下降到 2020 年的 8.46%，降幅为 3.47 个百分点。50—54 岁年龄组丧偶比重由 2010 年的 5.15% 上升到 2020 年的 5.77%，上升 0.62 个百分点。65 岁及以上年龄组丧偶比重由 2010 年的 63.25% 上升到 2020 年的 71.90%，上升 8.65 个百分点。

分性别看，2020 年女性丧偶人口比重（除 65 岁及以上年龄组外）

其他各年龄组都明显高于男性。丧偶人口中，50 岁以下人口的丧偶比重都较低，男女差距不明显。65 岁及以上女性丧偶人口比重为 70.94%，而男性达 74.93%，男性高于女性 3.99 个百分点。

（三）平均初婚年龄比较

社会经济的发展和人民群众对精神物质生活高标准追求，也会影响初婚年龄的变化。

1.平均初婚年龄延迟

相关法律规定的法定婚龄为男性 22 周岁及以上，女性 20 周岁及以上。"七普"资料显示，2020 年，宁夏常住人口平均初婚年龄为 23.13 岁，比 2010 年延迟了 0.39 岁。其中，男性 24.24 岁，女性 22.06 岁，分别比法定婚龄推迟 2.24 岁和 2.06 岁，比 2010 年延迟了 0.5 岁和 0.32 岁，表明人们的晚婚晚育观念普遍增强。男性平均初婚年龄高出女性 2.18 岁。

2.晚婚率、早婚率下降

男性年满 25 周岁、女性年满 23 周岁的初婚被视为晚婚。男性小于 22 周岁，女性小于 20 周岁视为早婚。"七普"资料显示，2020 年宁夏已婚人口中晚婚率为 37.78%，比 2010 年下降 19.76 个百分点，其中男性晚婚率 37.29%，女性晚婚率 38.33%，分别比 2010 年下降了 20.30 个和 19.17 个百分点。2020 年宁夏早婚率为 2.12%，比 2010 年下降了 2.30 个百分点，其中男性早婚率为 1.36%，女性早婚率为 3.20%，分别比 2010 年下降了 2.60 个和 1.87 个百分点。

3.受教育程度对初婚年龄的影响

人口受教育程度与其平均初婚年龄高度相关，受教育程度越高，平均初婚年龄越大。尤其是女性，平均初婚年龄与受教育程度正相关性更高。

2020 年，宁夏平均初婚年龄，未上过学的 20.79 岁，高中 24.21 岁，大专 25.26 岁，大学 26.31 岁，硕士研究生及博士研究生的平均初婚年龄接近 28 岁，最低与最高两者相差近 7 岁。男性平均初婚年龄高于女性。

表6-6　2020年宁夏分受教育程度人口平均初婚年龄

单位：岁

受教育程度	合计	男	女
总计	**23.13**	**24.24**	**22.06**
未上过学	20.79	23.06	20.07
学前教育	20.95	22.91	20.29
小学	21.66	23.03	20.61
初中	22.86	23.71	21.83
高中	24.21	24.89	23.40
大学专科	25.26	25.97	24.50
大学本科	26.31	26.92	25.65
硕士研究生	27.37	27.77	26.97
博士研究生	27.93	28.42	27.32

资料来源：《宁夏回族自治区人口普查年鉴2020》。

（四）受教育程度对婚姻状况的影响

1.对未婚人口的影响

表6-7　宁夏不同受教育程度人口婚姻状况

单位：%

受教育程度	2020年				2010年			
	未婚	有配偶	离婚	丧偶	未婚	有配偶	离婚	丧偶
未上过学	1.02	5.22	2.30	29.73	1.38	9.51	4.96	46.24
小学	2.88	26.17	15.84	44.55	7.69	28.77	15.86	35.43
初中	21.19	35.68	41.11	16.50	40.81	39.41	43.60	12.57
高中	34.58	13.46	20.18	5.86	30.34	11.86	21.64	4.18
大学专科	19.07	10.28	12.47	2.10	10.33	6.65	9.38	1.14
大学本科	19.92	8.49	7.69	1.02	9.07	3.61	4.38	0.42
研究生	1.31	0.63	0.38	0.02	0.38	0.18	0.19	0.02

资料来源：《宁夏回族自治区人口普查年鉴2020》《宁夏回族自治区2010年人口普查资料》。

　　"七普"资料显示，2020年，宁夏未婚人口比重小学及以下3.90%，初中21.19%，高中34.58%，随后大学专科以及本科未婚人口比重维持在19.07%和19.92%，研究生未婚人口比重略有下降，为1.31%。与2010

年相比，初中及以下文化程度的未婚人口比重下降，下降幅度最大的是初中（19.62%），高中及以上文化程度的未婚人口比重上升，上升幅度最大的是大学本科文化程度（10.84%）。表明十年间，人们的婚姻观在发生变化，对求学受教育的重视程度提高。

2.对有配偶人口的影响

2020年，宁夏受教育程度的有配偶人口中，初中文化程度的比重为35.68%，明显高于其他受教育程度的人口，比最低的研究生文化程度人口比重高出35.05个百分点。高中、大学专科、大学本科以及研究生文化程度的有配偶人口比重呈依次降低态势。与2010年相比，除初中及以下文化程度比重下降外，其他受教育程度的有配偶比重均有不同程度的提升。

3.对离婚人口的影响

"七普"资料显示，2020年，宁夏初中文化程度及以上人口随受教育程度的提高离婚人口比重下降，其中：初中文化程度的离婚人口比重最高为41.11%，研究生文化程度的离婚人口比重最低为0.38%。

4.对丧偶人口的影响

"七普"资料显示，2020年，宁夏丧偶人口比重与受教育程度成反比，受教育程度越高，丧偶比重越低，小学文化程度的比重最高，为44.55%；未上过学次高，为29.73%，研究生的比重最低，仅为0.02%。

二、婚姻状况的地区差异

（一）婚姻状况的市县差异

宁夏五个地级市，由于经济发展条件和地域文化等方面差异，人口婚姻状况也存在较大差别。

1.未婚人口比重差别

分地市看，2020年，宁夏未婚人口比重为17.81%，其中银川市为19.44%，固原市为18.98%，高于宁夏平均水平；低于宁夏平均水平的石嘴山市15.79%、吴忠市15.54%和中卫市16.65%。最高的银川市与最低的吴忠市相差3.90个百分点。五市中男性未婚人口比重均大于女性。分县（区）

看，西夏区未婚人口比重最高，为 32.56%，高于宁夏均值 14.75 个百分点。盐池县未婚人口比重最低，为 12.92%，低于宁夏均值 4.89 个百分点。

表 6-8　2020 年宁夏各地区人口婚姻构成状况

单位：%

地　区	未婚			有配偶			离婚			丧偶		
	合计	男	女	合计	男	女	合计	男	女	合计	男	女
全　区	17.81	20.16	15.41	74.75	74.85	74.65	3.00	2.89	3.11	4.44	2.10	6.84
银川市	19.44	21.59	17.24	73.43	73.80	73.05	3.42	3.03	3.81	3.72	1.58	5.90
兴庆区	19.18	20.67	17.75	72.70	74.11	71.34	4.15	3.61	4.67	3.97	1.61	6.24
西夏区	32.56	34.92	30.19	60.81	60.59	61.03	2.96	2.81	3.11	3.66	1.68	5.66
金凤区	16.57	18.49	14.73	76.71	77.50	75.96	3.70	2.90	4.46	3.02	1.11	4.85
永宁县	16.37	18.86	13.79	77.11	76.57	77.68	2.22	2.36	2.08	4.29	2.21	6.45
贺兰县	14.83	17.70	11.87	77.99	77.35	78.66	3.08	3.07	3.09	4.10	1.88	6.38
灵武市	15.42	18.60	11.30	77.72	77.21	78.40	3.23	2.83	3.75	3.63	1.37	6.56
石嘴山市	15.79	18.48	12.97	74.75	75.21	74.27	3.83	3.88	3.79	5.63	2.44	8.97
大武口区	17.89	21.16	14.62	71.65	72.06	71.23	4.55	4.13	4.98	5.91	2.66	9.17
惠农区	15.57	18.28	12.44	74.40	74.69	74.07	4.33	4.53	4.10	5.70	2.50	9.39
平罗县	13.66	15.73	11.52	78.40	79.02	77.77	2.68	3.10	2.24	5.27	2.15	8.47
吴忠市	15.54	17.64	13.40	77.06	77.52	76.59	2.93	2.85	3.01	4.48	1.99	7.00
利通区	15.49	17.32	13.74	75.91	77.21	74.68	4.03	3.67	4.37	4.57	1.80	7.22
红寺堡区	17.50	19.75	15.14	77.13	76.45	77.85	1.73	1.82	1.63	3.64	1.98	5.37
盐池县	12.92	15.14	10.38	80.14	80.31	79.94	2.52	2.51	2.54	4.42	2.04	7.15
同心县	17.36	19.91	14.78	76.59	76.35	76.85	2.18	2.03	2.33	3.87	1.72	6.04
青铜峡市	13.90	15.91	11.87	77.61	78.23	76.97	2.89	3.29	2.49	5.60	2.58	8.68
固原市	18.98	21.31	16.60	74.01	73.58	74.46	1.96	2.17	1.74	5.05	2.94	7.20
原州区	18.24	20.06	16.45	74.71	74.94	74.48	2.75	2.76	2.73	4.30	2.24	6.34
西吉县	23.09	25.83	20.24	70.81	69.65	72.01	1.28	1.64	0.90	4.82	2.87	6.85
隆德县	17.00	20.46	13.56	75.14	74.12	76.17	1.00	1.32	0.69	6.85	4.11	9.58
泾源县	17.84	19.79	15.80	74.70	74.23	75.18	2.19	2.65	1.71	5.27	3.32	7.30
彭阳县	15.12	17.51	12.56	77.08	76.63	77.56	1.58	1.90	1.24	6.23	3.97	8.64
中卫市	16.65	19.60	13.60	76.17	75.37	77.00	2.41	2.56	2.26	4.77	2.47	7.14
沙坡头区	15.23	18.09	12.26	76.88	76.29	77.48	2.87	3.08	2.65	5.02	2.53	7.60
中宁县	14.77	17.78	11.66	78.00	77.29	78.72	2.27	2.46	2.07	4.96	2.46	7.55
海原县	20.28	23.28	17.18	73.46	72.30	74.67	1.99	2.00	1.98	4.26	2.41	6.17

资料来源：《宁夏回族自治区人口普查年鉴 2020》。

2.有配偶人口比重差别

分地市看，2020 年，宁夏有配偶人口比重为 74.75%，吴忠市（77.06%）和中卫市（76.17%）高于宁夏平均水平。石嘴山市与宁夏平均水平持平。最高的吴忠市与最低的银川市（73.43%）相差 3.63 个百分点。银川市、石嘴山市和吴忠市男性有配偶人口比重高于女性，固原市和中卫市女性有配偶人口比重高于男性。分县（区）看，有配偶人口比重最高的是盐池县为 80.14%，最低的是西夏区为 60.81%。

3.离婚人口比重差别

分地市看，2020 年，宁夏五个地级市离婚人口比重普遍较低，都在 4.00% 以下，比重最高的石嘴山市为 3.83%，最低的固原市为 1.96%。五市中男性离婚人口比重最高的是石嘴山市为 3.88%，女性离婚人口比重最高的是银川市为 3.81%。分县（区）看，大武口区离婚人口比重最高为 4.55%，最低的是隆德县 1.00%。

4.丧偶人口比重差别

分地市看，2020 年，宁夏五个地级市丧偶人口比重为 4.44%，除银川市 3.72% 比宁夏平均水平低外，其余四市均高于全区水平，其中，石嘴山市最高，为 5.63%。五个地级市丧偶人口比重女性均高于男性。分县（区）看，隆德县丧偶人口比重最高为 6.85%，金凤区最低为 3.02%。并且县（区）女性丧偶人口比重均比男性高。

（二）婚姻状况的城乡差异

受经济、文化等方面的发展程度不平衡的影响，城乡间的人口婚姻状况也存在差异。

1.未婚人口城乡差异

2020 年，宁夏未婚人口比重为 17.81%，其中城镇为 69.09%，乡村为 30.91%，与 2010 年相比，城镇未婚人口比重增加 18.64 个百分点，乡村未婚人口比重下降 18.64 个百分点。

分性别看，城镇男性和女性未婚人口比重分别增加 17.06 个和 20.84 个百分点，城镇男性未婚人口比重小于女性；乡村男性和女性未婚人口比重分别下降 17.06 个和 20.84 个百分点，乡村男性未婚人口比重大于女性。

表 6-9 宁夏分城乡未婚人口比重

单位：%

城 乡	2020 年			2010 年		
	合计	男	女	合计	男	女
总计	100	100	100	100	100	100
城市	46.41	43.31	50.58	35.50	33.45	38.15
镇	22.68	22.50	22.91	14.95	15.30	14.51
乡村	30.91	34.19	26.51	49.55	51.25	47.34

资料来源：《宁夏回族自治区人口普查年鉴 2020》《宁夏回族自治区 2010 年人口普查资料》。

2.有配偶人口城乡差异

2020 年，宁夏有配偶人口比重为 74.75%，其中，城镇有配偶人口比重为 62.91%，比 2010 年增长 14.63 个百分点，其中男性和女性有配偶人口比重分别比 2010 年增长 13.33 个和 15.95 个百分点；乡村有配偶人口比重为 37.09%，比 2010 年下降 14.63 个百分点，其中男性和女性有配偶人口比重分别比 2010 年下降 13.33 个和 15.95 个百分点。

表 6-10 宁夏分城乡有配偶人口比重

单位：%

城 乡	2020 年			2010 年		
	合计	男	女	合计	男	女
总计	100	100	100	100	100	100
城市	39.92	39.17	40.70	33.26	33.39	33.14
镇	22.99	22.82	23.15	15.02	15.27	14.76
乡村	37.09	38.01	36.15	51.72	51.34	52.10

资料来源：《宁夏回族自治区人口普查年鉴 2020》《宁夏回族自治区 2010 年人口普查资料》。

3.离婚人口城乡差异

2020 年，宁夏离婚人口比重为 3.00%，其中城镇离婚人口比重为 76.94%，乡村离婚人口比重为 23.06%，与 2010 年相比，城镇离婚人口比重上升 6.42 个百分点，乡村离婚人口比重下降 6.42 个百分点。

表 6-11　宁夏分城乡离婚人口比重

单位：%

城　乡	2020 年			2010 年		
	合计	男	女	合计	男	女
总计	**100**	**100**	**100**	**100**	**100**	**100**
城市	54.88	47.60	61.80	58.37	50.37	66.01
镇	22.06	21.09	22.98	12.15	11.87	12.42
乡村	23.06	31.31	15.22	29.48	37.76	21.57

资料来源：《宁夏回族自治区人口普查年鉴 2020》《宁夏回族自治区 2010 年人口普查资料》。

分性别看，城镇男性和女性离婚人口占离婚人口比重分别增加 6.45 个和 6.35 个百分点，城镇男性离婚人口比重小于女性；乡村男性和女性离婚人口比重分别下降 6.45 个和 6.35 个百分点，乡村男性离婚人口比重大于女性。

4.丧偶人口城乡差异

2020 年，宁夏丧偶人口比重为 4.44%，其中城镇为 56.55%，乡村为 43.45%，与 2010 年相比，城镇丧偶人口比重上升了 13.87%，乡村丧偶人口比重下降 13.87%。

表 6-12　宁夏分城乡丧偶人口比重

单位：%

城　乡	2020 年			2010 年		
	合计	男	女	合计	男	女
总计	**100**	**100**	**100**	**100**	**100**	**100**
城市	36.87	30.52	38.87	29.78	24.45	31.68
镇	19.68	18.65	20.00	12.90	11.81	13.29
乡村	43.45	50.83	41.13	57.32	63.74	55.03

资料来源：《宁夏回族自治区人口普查年鉴 2020》《宁夏回族自治区 2010 年人口普查资料》。

分性别看，城镇男性和女性丧偶人口比重分别增加 12.91 个和 13.90 个百分点，城镇男性丧偶人口比重小于女性；乡村男性和女性丧偶人口比重分别下降 12.91 个和 13.90 个百分点，乡村男性丧偶人口比重大于女性。

三、家庭规模的现状及变动趋势

家庭是社会生活的基本单位，合理的家庭规模和类型结构，对经济的稳定和发展有积极促进作用。随着经济社会发展和人们生活水平的提高，宁夏的家庭户数量、规模与结构也发生了新的变化。

（一）家庭规模的现状

第七次全国人口普查资料显示，2020 年宁夏家庭户 253.51 万户，与 2010 年相比，增长 34.69%，年均增长 3.02%。在宁夏居民总户数中，家庭户比重由 2010 年的 96.77%降为 95.24%，集体户的户数比重上升 1.53 个百分点。

表 6-13　宁夏常住人口户数和人口数构成

单位：%

年　份	户　数			人口数		
	合计	家庭户	集体户	合计	家庭户	集体户
2020	100	95.24	4.76	100	93.15	6.85
2010	100	96.77	3.23	100	94.74	5.26

家庭户规模与地域的自然环境、社会习俗、文化水平以及经济发展状况等有着密切的关系。随着社会经济的剧烈变革，对宁夏各地家庭户规模也产生较大的影响。

1.家庭户规模市、县差异

分地市看，2020 年第七次全国人口普查资料显示，宁夏 5 个地级市家庭户规模均有不同程度的缩小。其中银川市为 2.49 人，石嘴山市为 2.39 人，吴忠市为 2.79 人，固原市为 2.90 人，中卫市为 2.84 人。银川市和石嘴山市低于宁夏均值，分别比 2010 年减少 0.32 人和 0.41 人；吴忠市、固原市和中卫市超过宁夏家庭户规模平均水平，分别比 2010 年减少 0.56 人、0.75 人和 0.67 人。

表 6-14　宁夏分地区家庭户平均规模

单位：人/户

地　区	2020 年	2010 年	2020 年比 2010 年增、减
全　区	**2.65**	**3.17**	**-0.52**
银川市	**2.49**	**2.81**	**-0.32**
兴庆区	2.41	2.62	-0.21
西夏区	2.51	2.81	-0.30
金凤区	2.47	2.81	-0.34
永宁县	2.58	3.16	-0.58
贺兰县	2.55	2.83	-0.28
灵武市	2.62	3.14	-0.52
石嘴山市	**2.39**	**2.80**	**-0.41**
大武口区	2.39	2.81	-0.42
惠农区	2.26	2.64	-0.38
平罗县	2.47	2.92	-0.45
吴忠市	**2.79**	**3.35**	**-0.56**
利通区	2.67	3.28	-0.61
红寺堡区	3.31	4.02	-0.71
盐池县	2.49	2.73	-0.24
同心县	3.22	3.86	-0.64
青铜峡市	2.44	3.00	-0.56
固原市	**2.90**	**3.65**	**-0.75**
原州区	2.86	3.45	-0.59
西吉县	3.16	3.99	-0.83
隆德县	2.73	3.65	-0.92
泾源县	2.98	3.65	-0.67
彭阳县	2.66	3.54	-0.88
中卫市	**2.84**	**3.51**	**-0.67**
沙坡头区	2.64	3.09	-0.45
中宁县	2.82	3.56	-0.74
海原县	3.14	4.00	-0.86

2.家庭户规模构成差异

分地市看，2020 年，宁夏 1—2 人户比重为 52.43%，其中银川市为 55.47%，石嘴山市为 59.84%，吴忠市为 48.97%，固原市为 46.79%，中卫市为 48.17%，与 2010 年相比，5 个地级市的 1—2 人户比重均有较大幅度增长；宁夏 3—5 人户比重最高的是固原市，为 47.00%，最低的是石嘴山市，为 38.82%，两者相差 8.18 个百分点。与 2010 年相比，5 个地级市的 3—5 人户比重都有所下降，地区间差异较大；宁夏 6 人及以上户比重最高的是固原市，为 6.21%，最低的是石嘴山市，仅为 1.34%，两者相差 4.87 个百分点。与 2010 年相比，5 个地级市 6 人及以上户的比重均有不同程度下降。

表 6-15　宁夏各地区家庭户规模构成

单位：%

地　区	1—2 人户		3—5 人户		6 人及以上户	
	2020 年	2010 年	2020 年	2010 年	2020 年	2010 年
全　区	**52.43**	**35.2**	**44.09**	**57.87**	**3.48**	**6.93**
银川市	**55.47**	**41.66**	**42.64**	**55.32**	**1.89**	**3.02**
兴庆区	58.19	45.49	40.29	53.36	1.52	1.15
西夏区	55.37	40.62	42.57	56.74	2.06	2.65
金凤区	55.13	39.42	43.24	58.68	1.63	1.90
永宁县	53.80	35.65	43.62	57.78	2.58	6.58
贺兰县	53.65	42.73	44.41	54.16	1.94	3.11
灵武市	52.27	37.28	45.12	54.89	2.61	7.83
石嘴山市	**59.84**	**41.72**	**38.82**	**56.04**	**1.34**	**2.24**
大武口区	59.37	40.91	39.25	56.55	1.38	2.54
惠农区	64.24	45.84	34.79	53.15	0.97	1.01
平罗县	57.31	39.37	41.14	57.74	1.55	2.89
吴忠市	**48.97**	**31.61**	**46.44**	**60.25**	**4.59**	**8.14**
利通区	49.72	30.28	47.77	63.45	2.51	6.27
红寺堡区	36.44	16.96	53.51	68.75	10.05	14.29
盐池县	57.23	48.17	41.15	48.52	1.62	3.31
同心县	40.14	23.95	50.4	61.08	9.46	14.97
青铜峡市	58.97	37.54	39.15	58.35	1.88	4.11
固原市	**46.79**	**27.56**	**47.00**	**58.9**	**6.21**	**13.54**
原州区	46.75	29.80	48.32	60.12	4.93	10.08
西吉县	41.17	24.03	49.15	55.83	9.68	20.14
隆德县	51.58	26.57	43.28	60.17	5.14	13.26
泾源县	45.10	27.96	47.33	59.56	7.57	12.48
彭阳县	53.80	29.17	42.24	59.98	3.96	10.85
中卫市	**48.17**	**28.62**	**46.45**	**60.76**	**5.38**	**10.62**
沙坡头区	51.63	35.51	45.55	59.44	2.82	5.05
中宁县	48.74	27.54	45.87	61.66	5.39	10.80
海原县	42.60	21.02	48.38	61.59	9.02	17.39

资料来源：《宁夏回族自治区人口普查年鉴 2020》《宁夏回族自治区 2010 年人口普查资料》。

3.家庭规模城乡差异

"七普"资料显示,城镇家庭户规模低于乡村。2020 年,宁夏城镇家庭户规模为 2.57 人,乡村为 2.79 人。

城镇小型家庭户比重高于乡村。2020 年,宁夏城市、镇和乡村三人及以下户规模所占比重居多,分别为 80.19%、73.68% 和 71.89%。一人户、二人户所占比重以城市最高,其次是乡村,镇最低;三人户所占比重以城市最高,其次是镇,乡村最低。

表 6-16　2020 年宁夏分城乡家庭户规模构成

单位:%

城　乡	合计	一人户	二人户	三人户	四人户	五人及以上户
总计	**100**	**21.2**	**31.23**	**23.42**	**15.16**	**8.99**
城市	100	22.28	32.02	25.89	14.61	5.20
镇	100	19.94	29.20	24.54	17.69	8.63
乡村	100	20.69	31.61	19.59	14.17	13.94

资料来源:《宁夏回族自治区人口普查年鉴 2020》。

（二）变动趋势

1.家庭户规模趋小

家庭规模是家庭的人口容量,与人口增减呈一定的正相关性。近年来,受社会转型、经济发展、人口转变、城镇化加快、文化观念转变等影响,以及国家计划生育政策实施,家庭规模小型化已成全国以及宁夏城乡家庭规模变化的重要特征。2020 年宁夏家庭户户均人数由 2010 年的 3.17 人下降到 2.65 人,平均每户减少 0.52 人。

家庭户规模逐渐缩小的主要原因:一是社会经济发展,居民收入提高,城镇化进程加快,人口迁移流动频繁,家庭裂变;二是婚育观念转变,生育率下降,家庭子女数量减少,家庭户规模缩减;三是人口年龄结构影响,成年子女结婚、分家立户,独立生活,老年家庭增多。

2.家庭户规模以三人户及以下为主

2020 年,宁夏家庭户规模三人及以下户占家庭户比重 75.85%。其中一人户比重 21.20%,二人户比重 31.23%,三人户为 23.42%。与 2010 年相比,家庭户规模呈现"二升六降"的变化,即一人户和二人户比重分别上升了 9.00 个和 8.23 个百分点，三人户、四人户、五人户、六人户、七人户和八人及以上户的比重，分别下降了 4.67 个、4.41 个、4.70 个、2.23 个、0.80 个和 0.42 个百分点。

表 6-17　宁夏家庭户规模构成

单位：%

户规模	2020 年	2010 年
总计	**100**	**100**
一人户	21.20	12.20
二人户	31.23	23.00
三人户	23.42	28.09
四人户	15.16	19.57
五人户	5.51	10.21
六人户	2.34	4.57
七人户	0.77	1.57
八人及以上户	0.37	0.79

资料来源：《宁夏回族自治区人口普查年鉴 2020》《宁夏回族自治区 2010 年人口普查资料》。

3. "空巢" 家庭增多

由于独生子女离家上学、成家或就业，导致只剩二位老人的 "空巢" 家庭大量增加；有些老年夫妇在身体尚好、生活能够自理时，与子女分居生活形成二人户家庭；受教育程度提高，年青人独立性增强，加之工作节奏加大，使部分家庭和年轻人选择 "丁克" 和不婚；另外伴随年龄增长，丧偶增加，再婚减少，老年人独居，老龄户增加。2020 年，宁夏有 65 岁及以上老年人口的家庭户 48.65 万户，比 2010 年增加 19.10 万户，占宁夏家庭户的比重 19.10%。在有老年人口的家庭户中，有一个 65 岁及以上老人的户 29.39 万户，比 2010 年增加 10.10 万户，其中单身老人户 10.45 万户，增加 6.48 万户；有二个 65 岁及以上老人的户 19.15 万户，比 2010 年增加 8.95 万户，其中只有一对老人夫妇的户 13.31 万户，增加 7.98 万户；有三个 65 岁及以上老人的户 0.11 万户，比 2010 年增加 0.06 万户。随着宁夏人口老龄化程度的加深，有老年人口的家庭户增多，尤其是单身老人户和只有一对老人夫妇的纯老人户数量不断增加。

四、家庭结构的现状与区域差异

家庭结构是指一个家庭由几代人组成。家庭内的代数越多，家庭结构也就越复杂，家庭的规模一般也就越大。

（一）家庭结构的现状

家庭户规模的缩小，必然伴随着家庭代际关系的变化。"七普"资料显示，2020年宁夏家庭户中一代户、二代户、三代户和四代及以上户占家庭户总数的比重分别为47.14%、44.40%、8.28%和0.18%。与2010年相比，除一代户比重提高15.51个百分点外，二代户至四代户比重分别下降了11.54个、3.88个和0.09个百分点。

表6-18 宁夏家庭户类别构成

单位：%

年 份	一代户	二代户	三代户	四代及以上户
2020	47.14	44.40	8.28	0.18
2010	31.63	55.94	12.16	0.27
2020比2010变化幅度	15.51	-11.54	-3.88	-0.09

资料来源：《宁夏回族自治区人口普查年鉴2020》《宁夏回族自治区2010年人口普查资料》。

数据表明，在家庭户类别的变化中，以一代户和二代户组成的核心家庭仍是目前家庭户类型的主流，一代户扩展速度较快。

（二）家庭结构的区域差异

经济越发达，城镇化率越高，代际关系越松散。

表6-19 2020年宁夏分地区的家庭户类别构成

单位：%

地 区	一代户	二代户	三代户	四代及以上户
全 区	47.14	44.40	8.28	0.18
银川市	49.98	42.64	7.27	0.12
兴庆区	51.91	41.58	6.42	0.09
西夏区	50.30	41.99	7.59	0.12

续表   单位：%

地　　区	一代户	二代户	三代户	四代及以上户
金凤区	49.35	43.06	7.48	0.10
永宁县	49.15	43.48	7.26	0.11
贺兰县	48.11	43.70	8.06	0.12
灵武市	48.43	43.43	7.92	0.23
石嘴山市	**53.96**	**40.34**	**5.62**	**0.08**
大武口区	52.24	41.26	6.40	0.10
惠农区	58.53	37.09	4.32	0.06
平罗县	52.65	41.61	5.67	0.08
吴忠市	**44.26**	**46.88**	**8.64**	**0.23**
利通区	44.21	48.04	7.58	0.18
红寺堡区	32.64	52.02	14.86	0.48
盐池县	53.29	41.29	5.29	0.13
同心县	35.90	52.45	11.32	0.34
青铜峡市	54.15	39.61	6.15	0.10
固原市	**41.17**	**47.38**	**11.17**	**0.29**
原州区	40.90	49.14	9.75	0.21
西吉县	36.42	50.27	12.93	0.38
隆德县	44.81	42.23	12.58	0.38
泾源县	39.87	45.06	14.71	0.36
彭阳县	47.94	42.39	9.42	0.25
中卫市	**43.51**	**46.41**	**9.82**	**0.26**
沙坡头区	46.97	44.45	8.40	0.18
中宁县	44.42	44.65	10.64	0.30
海原县	37.57	51.16	10.93	0.34

资料来源：《宁夏回族自治区人口普查年鉴 2020》。

　　"七普"资料显示，宁夏 5 个地级市家庭结构呈现以下态势：一代户比重呈现由北向南依次递减，分别为石嘴山市（53.96%），银川市（49.98%），吴忠市（44.26%），中卫市（43.51%），固原市（41.17%）；

　　二代户比重呈现由南向北依次递减，分别为固原市（47.38%），吴忠市（46.88%），中卫市（46.41%），银川市（42.64%），石嘴山市（40.34%）；

　　三代户比重呈现由南向北依次递减，分别为固原市（11.17%），中卫市（9.82%），吴忠市（8.64%），银川市（7.27%），石嘴山市（5.62%）；

四代及以上户比重呈现由南向北依次递减，分别为固原市（0.29%），中卫市（0.26%），吴忠市（0.23%），银川市（0.12%），石嘴山市（0.08%）。

分县（区）看，一代户比重差别显著，一代户比重较高的惠农区58.53%，较低的红寺堡区32.64%，两者相差25.89个百分点；二代户比重较高的同心县52.45%，较低的惠农区37.09%；三代户比重较高的红寺堡区14.86%，较低的惠农区4.32%；四代及以上户比重处于0.06%—0.48%的范围内，差别较小。

家庭结构的城乡差异。家庭户结构中，不论城市、镇还是乡村，均以一、二代户为主，占比分别为93.28%、92.24%和88.92%。其中一代户中乡村占比最高为48.62%，最低镇为43.32%；二代户中镇占比最高为48.92%。三代同堂、四代同堂现象在农村多见，但在城市和镇只有极少数。

表6-20 2020年宁夏分城乡家庭户类别构成

单位：%

城 乡	合计	一代户	二代户	三代户	四代及以上户
总计	100	47.14	44.40	8.28	0.18
城市	100	48.00	45.28	6.64	0.08
镇	100	43.32	48.92	7.62	0.13
乡村	100	48.62	40.30	10.76	0.32

资料来源：《宁夏回族自治区人口普查年鉴2020》。

（三）变动趋势

"七普"资料显示，2010年至2020年的十年间，宁夏家庭户规模在缩小，家庭结构越来越趋于代际关系层级减少、结构简单的家庭格局。

1.家庭代际关系趋于简单化

随着经济社会不断发展，传统的大家庭居住方式已不适应社会的需求，越来越多的人以及更多的青年夫妇拥有独立的住房而单独居住，大家庭被分解为两个或者多个家庭已成现实，一对夫妇及一对夫妇与未婚子女共同生活的小家庭数量大量增加，家庭户规模逐步向小型化、核心化的方向发展趋势明显,也使得家庭结构简单,代际关系趋于简化。"七普"资料显示,2020 年宁夏家庭户规模由 2010 年的 3.17 人减少至 2.65 人,家庭结构代际关系中一代户所占比例由 2010 年的 31.63%上升至 47.14%,二代户所占比例由 2010 年的 55.94%下降至 44.40%。

2.二代以下家庭较普遍

从宁夏家庭结构变化状况看,在二代家庭户中一对夫妇及其未婚子女组成的核心家庭是目前最普遍的家庭类型。其次,在目前社会保障和社会服务体系还不完善的条件下,具有较强的家庭养老功能形式,年轻夫妇与父母共同生活,既能照顾父母,又可给彼此的生活带来便利。再者是随着社会深刻变革和人们生活观念的转变,只有户主一人独立生活的单人家庭和受流动人口增多、离婚率提高及预期寿命延长形成的孤寡老人家庭增多。第四家庭模式呈多元化趋势,单身家庭、"空巢"家庭、"丁克"家庭和留守家庭增多。

第七章　人口受教育程度

　　教育是民族振兴、社会进步的基石，是功在当代、利在千秋的德政工程。党的十八大以来，以习近平同志为核心的党中央明确教育是国之大计、党之大计，推动教育事业取得了历史性成就。宁夏党委和政府全面贯彻党的教育方针，认真落实立德树人根本任务，以办好人民满意的教育为目标，着力推动教育高质量发展，各级各类教育发展取得了显著成效，人口受教育程度明显提高，为推动经济社会发展提供了强有力的智力支撑和人才保障，为全面建设社会主义现代化国家、全面推进中华民族伟大复兴作出重大贡献。

一、人口受教育状况

　　2020 年第七次全国人口普查资料显示，宁夏 6 岁及以上人口中，接受过小学及以上教育的人口为 622.67 万人，占 6 岁及以上人口的94.03%，比 2010 年"六普"增加 1.26 个百分点。其中：大学（含大专、研究生，下同）124.89 万人，占比 18.86%；高中（含中专，下同）96.74万人，占比 14.60%；初中 214.04 万人，占比 32.32%；小学 186.99 万人，占比 28.24%；未上过学的人口 35.26 万人，占比 5.32%。与 2010 年"六普"相比，小学、初中占比呈下降趋势，高中占比稳中有降，大学占比增幅较大（见图 7-1）。

图 7-1　"五普""六普""七普"宁夏人口受教育占比情况

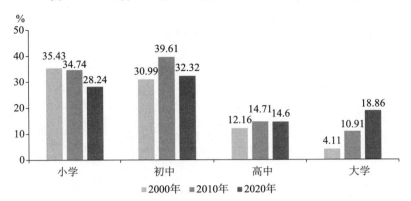

（一）受教育水平增长明显

2020 年，宁夏接受过小学及以上教育的人口比 2010 年增加 85.82 万人，增长 15.95%，年均增长 1.49%。其中具有大学文化程度人口增加 66.18 万人，增长 112.72%，年均增长 7.84%，为各种文化程度人数增长之最；高中增加 17.47 万人，增长 22.04%，年均增长 2.01%；初中增加 0.97 万人，增长 0.46%，年均增长 0.05%；小学增加 1.20 万人，增长 0.64%，年均增长 0.06%（见表 7-1）。

表 7-1　宁夏受教育程度人口变化情况

受教育程度	人数（万人）			2020 年比 2010 年	
	2000 年	2010 年	2020 年	增加人数（万人）	增长（%）
总　　计	**407.79**	**537.92**	**623.74**	**85.82**	**15.95**
大　　学	20.25	58.71	124.89	66.18	112.72
高　　中	59.99	79.27	96.74	17.47	22.04
初　　中	152.84	213.07	214.04	0.97	0.46
小　　学	174.71	186.87	188.07	1.20	0.64

资料来源：《宁夏回族自治区 2000 年人口普查资料》《宁夏回族自治区 2010 年人口普查资料》《宁夏回族自治区人口普查年鉴 2020》。

宁夏每 10 万人中拥有各种受教育程度人口由 2010 年的 85083 人增加到 86600 人，增长 1.78%，其中拥有大学文化程度人口 17340 人，比全国同期多 1873 人，高中由 12451 人增加到 13432 人，初中由 33654

人减少到 29717 人，小学由 29826 人减少到 26111 人（见图 7-2）。

图 7-2　每 10 万人中拥有的各类受教育人口

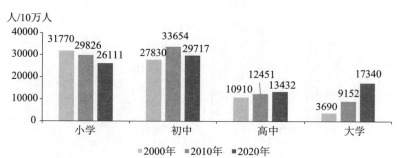

1.分性别人口受教育状况

2020 年，宁夏接受小学及以上教育人口中，男性为 324.96 万人，女性为 297.71 万人。男性、女性人口中，具有小学文化程度占比分别为 27.2%和 33.12%，较 2010 年分别减少了 2.83 个和 1.4 个百分点；具有大学及以上文化程度占比分别为 19.35%和 20.84%，较 2010 年分别增加 8.55 个和 11.41 个百分点（见表 7-2）。

表 7-2　分性别、受教育程度的 6 岁及以上人口

受教育程度	2010 年（万人）		2020 年（万人）		2020 年比 2010 年增长（%）	
	男	女	男	女	男	女
总　　计	**296.09**	**283.75**	**324.96**	**297.71**	**9.75**	**4.92**
大　　学	31.97	26.74	62.87	62.03	96.65	131.97
高　　中	43.43	35.84	52.83	43.91	21.65	22.52
初　　中	119.01	94.06	120.88	93.16	1.57	-0.96
小　　学	88.91	97.96	88.38	98.62	-0.60	0.67

资料来源:《宁夏回族自治区 2010 年人口普查资料》《宁夏回族自治区人口普查年鉴 2020》。

2020 年，宁夏女性各类受教育人数为 340.07 万人，占受教育人口总数的 49.09%，比 2010 年增加 1.76 个百分点，其中接受小学教育的人口性别比为 89.61（男性/女性，女性=100，下同），接受初中教育的人口性别比为 129.76，接受高中教育的人口性别比为 120.31，接受大学教育的人口性别比为 101.36。女性人口中各种受教育程度人数明显增加，

但与男性人口相比，还存在明显差距。在各种文化程度构成中，除小学外，女性比重明显低于男性。

2.分年龄人口受教育状况

从各类受教育程度人口占同年龄组人口的比重看，15—19岁受教育人口比重最高，为99.77%；85岁及以上人口比重最低，为59.05%。从各年龄组人口的各类受教育水平状况看，接受大学教育的人口占同年龄组比重主要集中在20—24岁至55—59岁八个年龄段，占同年龄组的比例高于10%；接受高中教育人口占同年龄组比重最高的为15—19岁组，为55.58%，20—24岁组次之，为17.08%；除10—14岁组外，接受初中教育人口占同年龄组比重最高的是40—44岁组，为42.07%；除6—9岁组外，接受小学教育人口占同龄组比重较高的是70—74岁组、65—69岁组和75—79岁组，未上过学的人口主要分布在65岁及以上人口中（见表7-3）。

表7-3　2020年各种受教育程度人口占同年龄组人口比重

单位：%

年龄组	合计	未上过学	学前教育	小学	初中	高中	大学
合　计	**100**	**6.1**	**3.86**	**27.15**	**30.9**	**13.96**	**18.03**
3—5岁	100	22.95	73.54	3.51	0	0	0.00
6—9岁	100	0.53	8.75	89.8	0.92	0	0.00
10—14岁	100	0.28	0.49	48.72	48.96	1.53	0.01
15—19岁	100	0.23	0.15	2.19	25.41	55.58	16.44
20—24岁	100	0.32	0.04	4.94	26.52	17.08	51.09
25—29岁	100	0.44	0.02	8.48	30.96	16.65	43.45
30—34岁	100	0.97	0.02	13.17	35	15.46	35.38
35—39岁	100	2.21	0.03	19.29	40.24	12.75	25.48
40—44岁	100	3.35	0.04	23.31	42.07	13.77	17.45
45—49岁	100	4.32	0.05	25.18	41.41	14.77	14.28
50—54岁	100	5.75	0.07	31.71	37.95	12.61	11.91
55—59岁	100	7.01	0.08	29.97	37.39	14.34	11.20
65—69岁	100	20.55	0.22	45.83	21.64	6.77	4.99
70—74岁	100	24.3	0.27	48.15	17.62	5.85	3.81
75—79岁	100	29.24	0.28	43.59	16.54	6.51	3.83
80—84岁	100	35.15	0.32	40.47	13.22	6.41	4.43
85岁及以上	100	40.95	0.31	38.7	11.05	5.12	3.87

资料来源：《宁夏回族自治区人口普查年鉴2020》。

3.分民族人口受教育状况

2020 年各民族接受小学及以上教育人数与 2010 年相比均有所增加，其中，汉族增加了 48.66 万人，增长 13.42%，回族增加了 35.21 万人，增长 20.52%，其他少数民族增加 1.95 万人，增长 51.06%。汉族未上过学、小学和初中的受教育人口均有所下降，分别下降了 2.19%、0.22% 和 5.01%；高中和大学的受教育人口分别增长了 12.65% 和 103.07%；回族未上过学、小学、初中、高中和大学的受教育人口分别增长了 2.59%、0.8%、14.46%、63.34% 和 164.84%。汉族 3 岁及以上受教育人口中，大学、高中、初中、小学教育和未上过学占比分别为 21.46%、15.98%、32.83%、21.88%、4.41%，回族占比分别为 11.08%、10.27%、27.60%、37.14%、9.28%，汉族接受高中及以上教育人数比例高于回族 16.09 个百分点（见表 7-4）。

表 7-4　分民族各种受教育程度人口比较

单位：万人

受教育程度	2010 年			2020 年		
	汉族	回族	其他少数民族	汉族	回族	其他少数民族
总　　计	**382.63**	**193.35**	**3.87**	**430.85**	**229.13**	**6.04**
大　　学	47.15	10.05	1.51	95.75	26.62	2.53
高　　中	63.29	15.11	0.87	71.30	24.68	0.77
初　　中	154.23	57.93	0.91	146.50	66.30	1.24
小　　学	97.83	88.52	0.52	97.62	89.23	1.22
未上过学	20.13	21.74	0.06	19.69	22.30	0.28

注：2010 年为 6 岁及以上分民族人口受教育情况，2020 年为 3 岁及以上分民族人口受教育情况。

资料来源：《宁夏回族自治区 2010 年人口普查资料》《宁夏回族自治区人口普查年鉴 2020》。

（二）地域差距不断缩小

1.分市县人口受教育状况

2020 年，宁夏银川市、石嘴山市、吴忠市、固原市和中卫市平均受教育年限分别为 11.65 年、10.64 年、9.54 年、9.37 年、9.58 年，银川市最高，固原市最低，相差 2.28 年。五市具有大学文化程度人口中，银川市最高，占具有小学及以上教育程度人口的 29.54%，高于全区平均水平 9.52 个百分点；其次是石嘴山市，占具有小学及以上教育程度人口的 16.89%，略低于全区平均水平；吴忠市、固原市和中卫市分别为 14.88 万人、12.73 万人和 11 万人，占具有小学及以上教育程度人口的比重分别为 12.69%、13.36% 和 12.21%（见表 7-5）。

表 7-5　各市、县（区）具有大学文化程度人数及比重

地　区	具有小学及以上教育程度人数（人）	具有大学文化程度	
		人数（人）	占比（%）
全　区	6237442	1248938	20.02
银川市	2532680	748253	29.54
兴庆区	729958	217768	29.83
西夏区	406306	144978	35.68
金凤区	567216	240254	42.36
永宁县	277767	41075	14.79
贺兰县	296491	58655	19.78
灵武市	254942	45523	17.86
石嘴山市	678197	114580	16.89
大武口区	272498	64158	23.54
惠农区	164652	24208	14.7
平罗县	241047	26214	10.88
吴忠市	1173003	148816	12.69
利通区	399164	64987	16.28
红寺堡区	154894	14749	9.52
盐池县	140637	19924	14.17
同心县	267399	22273	8.33
青铜峡市	210909	26883	12.75
固原市	952899	127339	13.36
原州区	394530	66087	16.75
西吉县	264230	24267	9.18
隆德县	94815	13707	14.46
泾源县	63945	6574	10.28
彭阳县	135379	16704	12.34
中卫市	900663	109950	12.21
沙坡头区	347790	54042	15.54
中宁县	285083	31972	11.21
海原县	267790	23936	8.94

资料来源：《宁夏回族自治区人口普查年鉴 2020》。

2020 年，在宁夏 22 个县（市、区）中，接受大学及以上教育人口最多的是金凤区，占比为 39.11%，排名前五位的县区分别为金凤区、西夏区、兴庆区、大武口区和贺兰县；接受高中教育人口占比最多的是大武口区，为 18.73%；接受初中教育人口占比最多的是平罗县，为 41.68%；接受小学教育人口占比最多的是西吉县，为 46.15%；未上过学占比最高的是泾源县，为 16.45%，排名后五位的县区分别是泾源县、红寺堡区、海原县、彭阳县和原州区（见表 7-6）。

表 7-6　2020 年分地区各种受教育程度人口比较

单位：%

地　区	未上过学	学前教育	小学	初中	高中	本专科	研究生
全　区	6.1	3.86	27.15	30.9	13.96	17.47	0.55
银川市	4.02	3.97	19.8	28.8	16.22	26.04	1.15
兴庆区	3.14	3.59	18.05	29.24	18.15	26.65	1.18
西夏区	3.2	3.36	17.44	24.23	18.43	31.91	1.43
金凤区	3.01	4.67	15.8	21.97	15.45	36.86	2.25
永宁县	5.71	4.3	27.28	37.3	12.1	13.18	0.13
贺兰县	5.27	4.23	22.97	34.42	15.21	17.49	0.41
灵武市	6.62	3.77	25.12	33.66	14.83	15.79	0.21
石嘴山市	4.29	2.95	23.12	37.95	16.01	15.43	0.24
大武口区	3.26	2.93	20.23	32.76	18.73	21.68	0.41
惠农区	3.31	2.5	21.76	40.92	17.65	13.69	0.16
平罗县	6.05	3.27	27.17	41.68	11.97	9.76	0.11
吴忠市	7.86	3.75	32.04	33.71	11.42	11.07	0.14
利通区	6.59	3.64	23.79	38.24	13.13	14.41	0.21
红寺堡区	12.94	4.49	40.08	26.3	8.33	7.77	0.1
盐池县	4.94	3.72	32.67	33.9	11.84	12.79	0.15
同心县	7.83	4.11	45.09	27.13	8.5	7.25	0.08
青铜峡市	8.15	2.94	24.07	39.39	14.12	11.22	0.12
固原市	8.72	4.24	38.36	25.39	11.65	11.47	0.16
原州区	8.31	4.27	33.18	27.01	12.58	14.39	0.26
西吉县	7.81	4.43	46.15	22.84	10.7	7.98	0.08
隆德县	7.27	3.4	37.94	26.29	12.19	12.78	0.13

续表 单位：%

地 区	未上过学	学前教育	小学	初中	高中	本专科	研究生
泾源县	16.45	5.13	38.01	23.56	8.78	7.98	0.08
彭阳县	8.61	3.9	38.79	25.99	11.92	10.67	0.13
中卫市	**7.92**	**3.95**	**31.43**	**33.73**	**12.21**	**10.62**	**0.13**
沙坡头区	6.08	3.55	22.67	38.47	15.19	13.85	0.19
中宁县	6.91	4.07	30.34	36.9	11.79	9.89	0.1
海原县	11.17	4.31	43.18	24.75	9.03	7.45	0.1

资料来源：《宁夏回族自治区人口普查年鉴2020》。

2.分山川人口受教育状况

2020年，宁夏山区九县（指红寺堡区、盐池县、同心县、原州区、西吉县、隆德县、泾源县、彭阳县、海原县，下同）人口共215.32万人，各种受教育程度人口187.04万人，其中，大学20.82万人，高中21.58万人，初中54.03万人，小学81.92万人，学前教育8.68万人。2020年，宁夏山区大学、高中受教育人口分别比2010年增加11.69万人、3.77万人，初中、小学受教育人口分别比2010年减少3.95万人、12.14万人。川区（指除以上县区外的地区，下同）大学、高中、初中和小学受教育人口分别比2010年增加54.5万人、13.69万人、4.91万人、13.33万人（见表7-7）。

表7-7 山川各种受教育程度人口比较

受教育程度	2010年（万人）		2020年（万人）		2020年比2010年增长（%）	
	山区	川区	山区	川区	山区	川区
大 学	9.13	49.57	20.82	104.07	128.04	109.95
高 中	17.81	61.47	21.58	75.16	21.17	22.27
初 中	57.98	155.09	54.03	160	-6.81	3.17
小 学	94.06	92.81	81.92	106.14	-12.91	14.36

资料来源：《宁夏回族自治区2010年人口普查资料》《宁夏回族自治区人口普查年鉴2020》。2020年年鉴中为3岁及以上人口数，2010年为6岁及以上人口数，2020年口径略大，但不影响变化趋势。

山区每10万人口拥有大学生9670人，比全区平均水平少7670人，

比川区少 10941 人；高中 10023 人，比全区平均水平少 3409 人，比川区
少 4862 人；初中 25094 人，比全区平均水平少 4623 人，比川区少 6594
人；小学 38046 人，比全区平均水平多 11935 人，比川区多 17025 人（见
表 7-8）。宁夏川区 13 个县（市、区）人口 504.94 万人，各种受教育程度
人口 463.45 万人，其中，大学 104.07 万人，高中 75.16 万人，初中 160
万人，小学 106.14 万人，学前教育 18.08 万人。每 10 万人口拥有大学生
20611 人，比全区平均水平多 3271 人，高中 14885 人，比全区平均水平
多 1453 人，初中 31688 人，比全区平均水平多 1971 人，小学 21021 人，
比全区平均水平少 5090 人（见图 7-3）。川区各种受教育人口增加人数均
多于山区，特别是受大学教育人口增加数川区是山区的 4.66 倍，而每 10
万人口受教育程度中，山区仅小学高于川区，说明山川受教育程度不平衡。

表 7-8　每 10 万人拥有各种受教育程度人口比较

单位：人/10 万人

受教育程度	2010 年			2020 年		
	全　区	山　区	川　区	全　区	山　区	川　区
大　学	9316	4063	12227	17340	9670	20611
高　中	12580	7925	15161	13432	10023	14885
初　中	33813	25801	38253	29717	25094	31688
小　学	29656	41855	22894	26111	38046	21021

　　资料来源：《宁夏回族自治区 2010 年人口普查资料》《宁夏回族自治区人口普查
年鉴 2020》。

图 7-3　2020 年分山川地区受教育人口对比情况

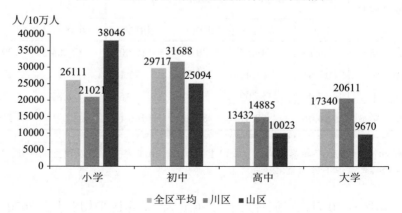

3.分城乡人口受教育状况

2020 年，宁夏城镇大学、高中、初中、小学受教育人口分别为 108.83 万人、78.32 万人、137.54 万人、90.56 万人，比 2010 年分别增加了 57.51 万人、20.86 万人、33.98 万人、30.51 万人，增长 112.06%、36.3%、32.81%、50.81%；乡村大学、高中、初中、小学受教育人口分别为 16.06 万人、18.42 万人、76.5 万人、96.43 万人，除大学增加 8.67 万人外，小学、初中、高中分别减少 30.39 万人、33.01 万人、3.39 万人，受大学和高中教育程度的人口主要集中在城镇，而受小学教育程度的人口主要分布在乡村。城镇受大学教育程度人口增加人数是乡村增加人数的 6.63 倍，城镇高素质人才增长明显快于乡村（见表 7-9 和表 7-10）。

表 7-9　城乡各种受教育程度人口比较

单位：万人

受教育程度	2010 年			2020 年			2020 年比 2010 年		
	全区	城镇	乡村	全区	城镇	乡村	全区	城镇	乡村
大学	58.71	51.32	7.39	124.89	108.83	16.06	66.18	57.51	8.67
高中	79.27	57.46	21.81	96.74	78.32	18.42	17.47	20.86	-3.39
初中	213.07	103.56	109.51	214.04	137.54	76.5	0.97	33.98	-33.01
小学	186.87	60.05	126.82	186.99	90.56	96.43	0.12	30.51	-30.39

资料来源：《宁夏回族自治区 2010 年人口普查资料》《宁夏回族自治区人口普查年鉴 2020》。

表 7-10　2020 年城乡人口受教育程度构成

城乡	大学		高中		初中		小学		学前	
	人数（万人）	比重（%）	人数（万人）	比重（%）	人数（万人）	比重（%）	人数（万人）	比重（%）	人数（万人）	比重（%）
总计	**124.89**	**100**	**96.75**	**100**	**214.04**	**100**	**187**	**100**	**4.26**	**100**
城市	81.85	65.54	52.6	54.37	84.1	39.29	49.49	26.47	1.45	34.04
镇	26.98	21.6	25.73	26.59	53.44	24.97	41.08	21.97	1.13	26.53
乡村	16.06	12.86	18.42	19.04	76.5	35.74	96.43	51.57	1.68	39.44

资料来源：《宁夏回族自治区人口普查年鉴 2020》。

2020 年，宁夏 3 岁及以上城镇和乡村人口中受大学教育程度人口比重分别为 25.26% 和 6.94%，差 18.32 个百分点；每 10 万城镇和乡村人口中受大学教育程度人口分别为 2.33 万人和 0.64 万人，相差 1.69 万人，城镇是乡村的 3.64 倍（2010 年为 7.56 倍）（见表 7-11）。

表 7-11　2020 年城乡人口受教育程度

城乡	总人口（万人）	3 岁及以上人口数（万人）	受大学教育人口数（万人）	大学教育人口占 3 岁及以上人口比重（%）	每 10 万人接受大学教育人口数（万人）
总计	**720.03**	**662.2**	**124.89**	**18.86**	**1.73**
城镇	467.87	430.85	108.83	25.26	2.33
乡村	252.4	231.35	16.06	6.94	0.64

资料来源：《宁夏回族自治区人口普查年鉴 2020》。

（三）文盲率不断下降，但仍然存在结构差异

第六次全国人口普查以来，宁夏文盲人口数量不断减少，文盲率持续下降。2020 年全区文盲人口 29.1 万人，比 2010 年减少 10.07 万人；文盲人口占总人口的比重由 2010 年的 6.22% 下降到 4.04%，下降幅度为 35.05%。与全国同期 2.67% 相比，高 1.37 个百分点，按高低排序，在全国各省、自治区、直辖市中排第 7 位。15 岁及以上人口文盲率为 5.07%，比 2010 年下降了 2.75 个百分点，下降幅度为 35.17%（见表 7-12）。

表 7-12　2020 年各省（区、市）一般文盲率

单位：%

地　区	文盲率	地　区	文盲率	地　区	文盲率	地　区	文盲率
全　国	**2.67**	黑龙江	1.38	河　南	2.24	贵　州	6.68
北　京	0.79	上　海	1.61	湖　北	2.32	云　南	4.65
天　津	1.23	江　苏	2.61	湖　南	1.71	西　藏	21.20
河　北	1.51	浙　江	2.72	广　东	1.45	陕　西	2.75
山　西	1.21	安　徽	4.49	广　西	2.37	甘　肃	6.72
内蒙古	3.30	福　建	2.34	海　南	3.25	青　海	7.94
辽　宁	0.90	江　西	1.94	重　庆	1.63	宁　夏	**4.04**
吉　林	1.33	山　东	3.26	四　川	3.98	新　疆	2.66

资料来源：《宁夏回族自治区人口普查年鉴 2020》。

1.不同性别的文盲率

男性人口文盲率低于女性。2020 年女性文盲人口占全区文盲人口总

量的 73.55%，女性文盲率为 7.56%，高于男性文盲率 4.91 个百分点，是男性的 2.85 倍。与 2010 年相比，男性文盲率下降 1.86 个百分点，女性文盲率下降 3.68 个百分点。

2.不同年龄的文盲率

低龄人口文盲率低于高龄。2020 年宁夏 15—34 岁年龄组文盲率为 0.41%，较 2010 年降低 1.57 个百分点，35—49 岁年龄组文盲率为 2.52%，较 2010 年降低 2.58 个百分点，50—64 岁年龄组文盲率为 6.67%，较 2010 年降低 9.19 个百分点，65 岁及以上年龄文盲率为 22.24%，较 2010 年降低 11.65 个百分点。50 岁及以上文盲人口占全区总量的 82.46%，比 2010 年第六次全国人口普查的 67.81%提高 14.65 个百分点；15—49 岁文盲人口占全区总量的 17.54%，比 2010 年第六次全国人口普查的 32.19%下降了 14.65 个百分点。各年龄组文盲率随年龄的增大而上升，高龄组文盲率与低龄组文盲率相差悬殊。

3.不同民族的文盲率

汉族人口文盲率低于回族。2020 年宁夏回族人口文盲率为 9.28%，高于全区平均水平 3.18 个百分点，是汉族的 2.1 倍。回族男女性文盲率分别为 7.84%和 12.35%，分别比全区平均水平高 2.47 个和 3.85 个百分点，分别比汉族高 3.76 个和 5.92 个百分点。

4.不同县区的文盲率

川区人口文盲率低于山区。2020 年宁夏山区文盲率为 7.6%，比全区平均水平高 2.53 个百分点，比川区高 3.51 个百分点。与 2010 年相比，山区文盲率下降 5.6 个百分点，川区文盲率下降 1.08 个百分点，山川差距缩小 4.52 个百分点。尽管山川文盲率差距缩小，文盲人口的山川分布仍以山区为主。

（四）和全国比较情况

2020 年，宁夏每 10 万人中受大学、高中、初中、小学教育人数分别为 17340 人、13432 人、29717 人、26111 人，每 10 万人受大学、小学教育分别比全国平均水平多 1873 人、1344 人，高中和初中分别比全国平均水平少 1656 人、4790 人。在西北五省（区）中，每 10 万人中拥有的小学受教育人数位居第 4 位，大学、高中受教育人数位居第 2 位，初中受教育人数位居第 3 位（见表 7-13）。

表 7-13　2020 年各省（区、市）每 10 万人中拥有的各种受教育程度人口

单位：人/10 万人

地　区	小学	初中	高中	大学	地　区	小学	初中	高中	大学
全　国	**24767**	**34507**	**15088**	**15467**	河　南	24557	3758	15239	11744
北　京	10503	23289	17593	41980	湖　北	23520	34280	17428	15502
天　津	16123	32294	17719	26940	湖　南	25214	35636	17776	12239
河　北	24664	39950	13861	12418	广　东	20676	35484	18224	15699
山　西	19506	33861	16485	17358	广　西	27855	36388	12962	10806
内蒙古	23627	42799	14814	18688	海　南	19701	40174	15561	13919
辽　宁	18888	38234	14670	18216	重　庆	29894	30582	15956	15412
吉　林	22318	42793	17080	16738	四　川	31317	31443	13301	13267
黑龙江	21863	28935	15525	14793	贵　州	31921	30464	9951	10952
上　海	11929	33308	19020	33872	云　南	35667	29241	10338	11601
江　苏	22742	32706	16191	18663	西　藏	32108	15757	7051	11019
浙　江	26384	33724	14555	16990	陕　西	21686	33979	15581	18397
安　徽	26875	32218	13294	13280	甘　肃	29808	27423	12937	14506
福　建	28031	32218	14212	14148	青　海	32725	24344	10568	14880
江　西	27514	35501	15145	11897	宁　夏	**26111**	**29717**	**13432**	**17340**
山　东	23693	35778	14334	14384	新　疆	28405	31559	13208	16536

资料来源：《宁夏回族自治区人口普查年鉴 2020》。

（五）宁夏近十年人力资源变化情况

过去十年，宁夏总人力资本迈上了一个更高的台阶（见表 7-14），从 2010 年的 4013.3 万人年提高至 2020 年的 4946.1 万人年。劳动年龄人口受过高等教育的比例呈迅速上升趋势，2020 年受过高等教育的劳动年龄人口比例为 21.78%，较 2010 年增加 9.19 个百分点，与全国平均水平相比低 3.02 个百分点。主要劳动年龄人口平均受教育年限由 2010 年的 9.6 年增加到 2020 年的 10.8 年，增加了 1.2 年。高中及以上受教育程度人口到 2020 年达到 221.63 万人，占全区人口比例为 30.77%，全区近 1/3 的人口已经接受了高中阶段以上教育。宁夏大专及以上受教育程度人口占总人口比例 2020 年达到 17.34%，较 2010 年增加 7.22 个百分点，高于全国平均水平 1.87 个百分点。

表 7-14 宁夏人力资源变化情况（2010—2020 年）

指　标	2010 年	2020 年	2020 年较2010 年增加量	全国
大专及以上受教育程度人口（万人）	58.7	124.89	66.19	21836
占总人口比例（%）	10.12	17.34	7.22	15.47
高中受教育程度人口（万人）	79.27	96.74	17.47	21301
占总人口比例（%）	13.67	13.43	-0.24	15.09
高中及以上受教育程度人口（万人）	137.97	221.63	83.66	43137
占总人口比例（%）	23.79	30.77	6.98	30.56
劳动年龄人口受过高等教育的比例（%）	12.59	21.78	9.19	24.8
劳动年龄人口占总人口比例（%）	72.21	79.62	7.41	68.5
主要劳动年龄人口平均受教育年限（年）	9.6	10.8	1.2	10.8
总人力资本（万人年）	4013.3	4946.1	932.8	—

注：劳动年龄人口为 15—64 岁人口。主要劳动年龄人口平均受教育年限指 15—59 岁人口平均接受学历教育的年数。总人力资本=15—64 岁劳动年龄人口×15 岁及以上人口平均受教育年限。数据来源于第六次、第七次宁夏人口普查公报数据。

二、新时代人口变化对教育的影响

（一）低生育率导致教育资源总量过剩

第七次全国人口普查数据显示，宁夏人口 2020 年为 720.27 万人，较 2010 年增加 89.85 万人，增长 14.3%，十年间平均增长 1.35%。2020 年出生人口为 8.33 万人，较 2010 年减少 5657 人，自然增长率为 5.71‰，较 2010 年减少 3.26 个千分点（见图 7-4）。根据各项数据显示，宁夏已进入低生育水平阶段。低生育水平首先会导致幼儿园和义务教育阶段规模减小，进而传导至高中和大学阶段，在不考虑外省人口流入的情况下，未来宁夏受教育人口数量将呈波动下降态势，如果考虑老龄化、区域分布等结构性因素，将表现出教育资源总量过剩与结构性不足并存的现象。

图 7-4　宁夏人口变化情况

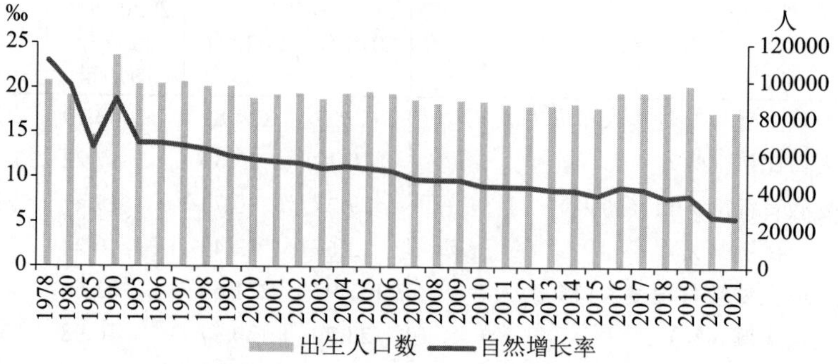

（二）人口老龄化推进职业教育变革

2020 年，宁夏常住人口中，60 岁及以上人口为 97.41 万人，占比 13.53%，其中 65 岁及以上人口为 69.28 万人，占比 9.62%。与 2010 年相比，60 岁及以上人口的比重上升 3.95 个百分点，65 岁及以上人口的比重上升 3.21 个百分点（见表 7-15）。22 个县（市、区）中，有 9 个县 15—59 岁人口比重在 65% 以下，其中 8 个是山区县。人既是生产者也是消费者，不同年龄人口对养老、医疗、教育等服务需求也不相同，人口老龄化作为新时代人口发展的一个主要特征，对教育格局将产生重要影响。以往的教育制度都是针对学龄人口设计的，学校教育是教育的主体部分，随着物质文明和精神文明建设的双重驱动，职业教育必须为适应新时代的人口老龄化特征进行变革。从根本上说，深度老龄化必然要求建设一个全新的终身教育体系，学有所教和终身受益是衡量终身教育体系发展水平的重要标准。

表 7-15　宁夏人口年龄构成情况

年　龄	2010 年		2020 年	
	人口数（万人）	比重（%）	人口数（万人）	比重（%）
总　计	632.96	100	720.26	100
0—14 岁	135.96	21.48	146.8	20.38
15—59 岁	436.36	68.94	476.05	66.09
60 岁及以上	60.64	9.58	97.41	13.53
其中：65 岁及以上	40.57	6.41	69.28	9.62

（三）流动人口对教育发展提出新要求

宁夏常住人口中，人户分离人口为 336.27 万人，流动人口为 250.7 万人。流动人口中，外省流入人口为 67.51 万人，区内流动人口为 183.19 万人。与 2010 年第六次全国人口普查情况相比，人户分离人口增加 182.82 万人，增长 119.14 万人，流动人口增加 121.42 万人，增长 93.93%，年均增长 6.85%。流动人口是劳动力的再生产，为经济社会发展做出了巨大贡献，流动人口及其子女的教育和培训也是社会发展进程中的一个重要问题。流动人口教育问题，不仅包括与就业相关的技能培训和保障流动人口的受教育权利，如何提高流动人口的归属感和幸福感，也是教育亟须解决的新问题。

（四）城镇化对乡村教育带来新挑战

宁夏常住人口中，居住在城镇的人口为 467.87 万人，占比 64.96%，与第六次全国人口普查相比，城镇人口比重上升 17.06 个百分点。近十年来，宁夏农村小学学校数减少了 997 所，小学在校生减少了 19.2 万人（见表 7-16 和表 7-17）。一方面，农村学校在校生不断减少，教育资源供给过剩，农村教育已经由新建校舍的扩张式发展转变为提高办学水平的内涵式发展，城乡教育优质均衡发展是新时代教育需要回答的命题。另一方面，乡村振兴战略对乡村的职业教育、成人继续教育、幼儿教育、老龄人口教育等领域带来新的挑战，新农村建设不仅需要提升农村本地人口的受教育水平，各类入乡返乡创新创业人员也产生新的教育需求。

表 7-16　　2010—2020 年宁夏小学学校数变化情况

单位：所

城乡	2010	2011	2012	2013	2014	2015	2016	2017	2018	2019	2020
合计	**2027**	**1942**	**1896**	**1850**	**1763**	**1693**	**1536**	**1353**	**1250**	**1188**	**1149**
城市	127	159	157	161	171	166	158	165	174	178	187
镇	164	222	232	232	231	233	234	222	228	229	223
乡村	1736	1561	1507	1457	1361	1361	1144	966	848	781	739

表 7-17   2010—2020 年宁夏小学在校生数变化情况

单位：万人

城乡	2010	2011	2012	2013	2014	2015	2016	2017	2018	2019	2020
合计	65.4	64.3	61.8	60.4	58.9	58.4	58.3	58.1	58.2	58.4	59.2
城市	14.9	18.1	18.5	18.9	20.0	20.1	19.8	20.5	21.5	22.3	24.2
镇	16.7	17.8	18.4	18.8	18.4	18.7	19.5	19.4	20.4	20.5	20.5
乡村	33.8	28.4	24.9	22.7	20.5	19.6	19.1	18.3	16.2	15.7	14.6

三、近年来宁夏教育事业取得的成效

在以习近平同志为核心的党中央的正确领导下，宁夏党委和政府始终把教育事业作为推进经济社会发展的关键环节，在对教育的大力投入下，宁夏教育事业发展取得了显著成效，为全区人口受教育水平的提高奠定了坚实基础。

（一）党对教育工作的全面领导不断加强

宁夏建立了自治区、市、县三级党委教育工作领导小组和教育工委，坚持和完善高校党委领导下的校长负责制，推进中小学党组织领导的校长负责制，实现党的组织和党的工作在各级各类学校全覆盖，习近平新时代中国特色社会主义思想进教材进课堂进师生头脑工作扎实有效推进，德智体美劳五育并举政策措施实施更加有力，全员全方位全过程育人格局初步形成。

（二）教育普及水平不断提高

宁夏教育发展主要指标超过全国平均水平，一些指标位居西部乃至全国前列，其中学前教育毛入园率由 2010 年的 50.9%提高到 2021 年的 90.2%，增长了 39.3 个百分点；九年义务教育巩固率由 76.62%提高到 100%，增长了 23.38 个百分点；高中阶段教育毛入学率由 84.71%提高到 93.9%，增长了 9.19 个百分点，实现了县域普及高中阶段教育目标。职业教育的基础条件、设施设备在西部处于前列，职业院校规模不断扩大，在校学生由 2010 年的 13.09 万人增加到 2021 年 15.66 万人，十年来向社会输送技术技能人才 40 多万人，中职毕业生考入高职、取得专科学历的占 70%以上，高职毕业生半年后就业率超过 85%。高等教育毛入学率由 25.1%提高到 58.6%，增长了 33.5 个百分点，进入了大众化发展新阶段。

（三）教育领域综合改革稳步推进

宁夏统筹推进新时代教育评价改革，稳妥推进高考综合改革，调整和规范中考、高考加分政策，平稳推进初中高中学业水平考试改革、高职院校分类考试顺利落地。依法规范民办义务教育发展，实现公办民办中小学同步招生。不断深化教师队伍建设改革，校长和教师轮岗交流实现常态化，乡村教师待遇大幅提升。教育领域"放管服"改革成效明显，创新素养教育全面推开，校园治理体系和治理能力现代化水平进一步提升。

（四）"互联网+教育"示范区建设成效显著

宁夏抓住全国"互联网+教育"示范区建设机遇，加快推进教育信息化，率先在全国建成了覆盖全区的智能化教育云平台，深入推进人工智能助推教师队伍建设试点，教育信息化发展综合指数在全国排名第 7 位。宁夏 86%的学校实现专递课堂、名师课堂、名校网络课堂常态化应用，优质数字教育资源实现共建共享。在抗击新冠肺炎疫情期间，在全国以省为单位率先开通"云上学校"，实现了各级各类学校"离校不离教、停课不停学"。

（五）教育服务经济社会发展能力有效提升

宁夏聚焦黄河流域生态保护和高质量发展先行区建设，对接自治区重点产业，增强职业教育适应性，推动高等教育内涵发展，建成了 11 个现代职业技能公共实训中心，挂牌成立了 10 个现代产业学院，调整优化了一批学科专业，宁夏大学成为全国 14 所部省（区）合建高校之一，2 所高职院校进入全国"双高"计划建设行列，13 所中职学校入选国家级中职示范校。近五年共培养和输送各类人才 35 万人。加快学习型社会建设，宁夏每 10 万人中拥有大学文化程度的人口由 2010 年的 9152 人增至 2020 年的 17340 人，提高了 89.46%。

（六）人民群众教育获得感幸福感显著增强

宁夏着眼于不断满足人民群众对美好教育的期盼，着力解决群众教育急难愁盼问题，全区失学辍学学生实现动态清零，"发展教育脱贫一批"成效明显。不断加大城镇小区配套幼儿园治理力度，公办幼儿园占比 57%，普惠性幼儿园覆盖率达到 90%，超过"50%、80%"的国家要求，"入园难"问题明显缓解。宁夏在西部地区率先实现县域义务教育基本均衡发展，"大班额"问题基本消除，"择校热"问题持续降温，进城务工人员随迁子女受教育权益得到全面保障。全面落实"双减"政策，学生过重作业负担和校外培训负担明显减轻。幼儿园到研究生阶段的家庭经济困难学生实现应助尽助，义务教育学生营养改善计划使全区54.5%的农村学生受益，各级各类学校长期保持安全稳定。

四、提高人口受教育水平的发展思路

十八大以来，宁夏教育发展成绩斐然，但与党中央国务院的要求相比，与先行区建设和"六新六特六优"产业发展需要相比，与人民群众对优质教育的期盼相比，宁夏教育还存在一些突出问题和薄弱环节。一是落实立德树人根本任务还有差距，教育理念还没有从应试教育转到素质教育上，教育评价体系仍然存在功利化倾向。二是城乡、区域、群体间教育差距依然明显，山川、男女、民族等受教育程度存在差异，基本公共教育服务均等化水平有待提高。三是职业教育的适应性不强，没有紧贴社会需求、市场需求、产业需求、企业需求，改革力度还不够大、步子还不够快、创新能力还不够强。四是高等教育综合实力弱、特色不鲜明，学科专业缺乏特色，相对于新时代人口受教育需求适应性不强。因此，建设高质量教育体系，全面提高全区人口文化素质依然任重道远，还需久久为功。

（一）切实加强党对教育工作的全面领导

坚决贯彻落实党中央决策部署和宁夏回族自治区党委工作要求，坚持和完善高校党委领导下的校长负责制，全面实施中小学校党组织领导的校长负责制，认真落实市、县（区）党委和政府向民办中小学校选派党组织书记制度，确保各级各类学校始终成为坚持党的领导的坚强阵地。坚持不懈用习近平新时代中国特色社会主义思想铸魂育人，深入推进习近平新时代中国特色社会主义思想进教材、进课堂、进师生头脑，引导广大师生坚定不移听党话、感党恩、跟党走。推进大中小学思政课一体化建设，铸牢中华民族共同体意识，着力培养信念坚定、忠诚于党、报效祖国、堪当民族复兴大任的时代新人。

（二）推进基础教育优质均衡发展

深入实施教育质量提升行动，大力推进城乡教育一体化、区域发展均衡化、教育教学优质化，扩大义务教育优质资源覆盖面、强化学前教育、特殊教育普惠发展，坚持高中阶段学校多样化发展。优化教育布局结构，推进教育资源的灵活转化和有效利用，实现从规模扩张向高质量发展的战略转型，释放教育红利，应对人口红利逐渐消失的危机。

（三）优化职业教育布局结构

深化产教融合、校企合作，提高职业教育质量，提升职业教育形象，推动职业教育办学格局由政府举办为主向政府统筹管理、社会多元办学转变，由追求规模扩张向提高质量转变，由参照普通教育办学模式向企业社会参与、专业特色鲜明的类型教育转变。聚焦"一老一小"问题强化专业人才培养，支持托育服务体系和养老服务体系建设，提升职业教育服务人口长期均衡发展能力。推进职业教育向农村延伸，针对入乡返乡创新创业人员开展教育供给侧改革，创新乡村教育模式。

（四）加快推动高等教育振兴发展

将高等教育置于西部大开发和自治区经济社会发展大局中统筹谋划，优化高等教育布局，引导高校科学定位、分类发展，在不同层次、不同领域办出特色、争创一流。围绕人才培养、科学研究、社会服务、文化传承、合作交流五大功能，大力推动高等教育高质量发展、内涵式发展、特色化发展。加强与京津冀、长三角、粤港澳大湾区等区域合作交流，深化新阶段闽宁教育协作，引进优质教育资源，提升新时代教育交流合作水平。深入落实新时代人才强区战略，聚焦前沿领域和关键技术，完善高校优秀青年人才全链条培养机制，培养一批高层次领军人才。

（五）着力建设高素质专业化教师队伍

深化师德师风建设，加强师德专题教育和教师思想政治工作，大力选树和宣传"教育世家"和师德楷模。优化教师资源配置，全面实施中小学教师"县管校聘"改革，实施乡村教师走教计划，推动城市优质学校校长、教师向乡村薄弱学校流动。强化教师培养培训，拓展教师培训渠道，增强教师培训实效，培养一批名师名校长，造就一批面向新时代的未来教师。保障教师地位待遇，健全中小学教师工资增长长效联动机制，探索建立乡村教师补贴政策绩效评价制度，建立健全教师荣誉表彰制度，营造尊师重教浓厚氛围。

（六）持续深化教育领域综合改革

不断深化教育评价改革，统筹推进各级党委和政府教育工作评价及学校、教师、学生和用人评价等关键领域改革取得实质性进展，逐步扭转"五唯"顽瘴痼疾。稳步推进高考综合改革，积极推进设立命题机构、组建命题队伍、建设命题基地，确保高考综合改革平稳落地实施。巩固提升"双减"治理成果，实施校外违规培训整治攻坚行动，开展网格化管理，加强常态化巡查，全面规范校外培训行为。

（七）加快推进智慧教育发展

加快推进教育新基建，推动教育数字转型、智能升级、融合创新，促进信息化时代的教育创新与变革。充分发挥宁夏教育云平台作用，完善教育资源服务体系，推动优质数字教育资源实现大中小幼全学段全学科全覆盖。坚持"应用为王、服务至上、示范引领、安全运行"，实现中小学校专递课堂、名师课堂、名校网络课堂全覆盖，构建智慧化教育环境，为教育高质量发展增智赋能，以教育信息化引领教育现代化。

（八）坚持以人民为中心发展教育，促进教育公平

锚定 2035 年基本公共服务实现均等化的服务目标，坚持教育公益性原则，把教育公平作为国家基本教育政策。保障随迁子女、农村留守儿童平等享受基本公共教育服务，完善流动人口子女异地升学考试制度，建立流动人口子女关爱机制，让流动儿童在城市中健康成长。加大宣传力度，引导学生树立男女平等的性别观念，鼓励女性接受多种形式的继续教育，支持用人单位为从业妇女提供继续教育机会，提高妇女运用新型媒体接受现代教育能力，采取切实可行的措施，继续扫除女性青壮年文盲，深化扫盲和扫盲后的继续教育，巩固扫盲成果。依法保障财政性教育经费拨付使用到位，优化区域教育资源配置，不断缩小城乡、山川、校际、群体间教育差距，促进教育公平。

第八章　少数民族人口

　　宁夏回族自治区位于祖国西部的黄河上游地区，历来是一个多民族集聚地区。境内居住着 54 个民族，其中回族是数量最多的少数民族。党的十八大以来，随着党和国家各项政策逐步落实，在自治区党委和政府的正确领导下，宁夏社会经济得到快速发展，各项事业蓬勃发展，人民的物质文化水平有了显著提高，少数民族人口在数量、规模、质量、结构上都发生了深刻的变化。

一、少数民族人口的发展状况

（一）少数民族人口总量及其变动

　　2020 年第七次全国人口普查数据显示，宁夏汉族人口为 461.3 万人，占宁夏总人口的 64.05%，比 2010 年增加 52.66 万人，增长 12.89%。各少数民族人口为 258.97 万人，占宁夏总人口的 35.95%，比 2010 年增加 37.47 万人，增长 16.92%，其中回族人口为 252.36 万人，占宁夏总人口的 35.04%，占少数民族人口的 97.45%，占全国回族人口的 22.18%，回族人口数量比 2010 年增加 34.98 万人，增长 16.09%。回族占总人口的比重和少数民族占总人口的比重分别为 35.04% 和 35.95%，回族人口变动趋势与少数民族人口变动趋势基本一致。宁夏少数民族人口发展变化呈现以下特点：

　　1.宁夏少数民族人口总量增速位居全国前列

　　2020 年宁夏少数民族人口数量占比为 35.95%，2010 年占比为 35.15%，2020 年比 2010 年提高 0.8 个百分点。宁夏少数民族人口数量在全国 31 个省、自治区、直辖市中居第 15 位，占比为 35.95%，位居全国第 6 位，仅低于西藏（87.8%）、新疆（57.8%）、青海（49.5%）、广西（37.5%）、贵州（36.4%）；高于云南（33.1%）、内蒙古（21.3%）、海南（15.7%）等。2020 年比 2010 年宁夏少数民族人口增长速度比汉族人口增长速度高 4.03 个百分点。

表 8-1　2020 年宁夏少数民族人口

民　　族	2020 年人口数（万人）	2010 年人口数（万人）	比　重（%）	增　速（%）
全　区	**720.27**	**630.14**	**100.00**	**14.3**
汉　族	461.30	408.64	64.05	12.9
少数民族	258.97	221.50	35.95	16.9
回　族	252.36	217.38	35.04	16.1
满　族	0.15	2.49	0.02	-94.1
苗　族	1.11	0.11	0.15	896.4
蒙古族	0.95	0.67	0.13	42.6
其他少数民族	4.40	0.85	0.61	418.9

2.各民族人口团结和谐,少数民族成分由 2010 年 55 个下降至 2020 年 54 个

1953 年人口普查,宁夏除汉族外共有 10 个少数民族居住,1964 年少数民族增加到 22 个,1982 年增加到 31 个,1990 年增加到 34 个,2000 年增加到 42 个,2010 年增至 55 个,2020 年为 54 个。其中超过千人的有 11 个,依次为回族 252.36 万人,满族 2.80 万人,苗族 1.11 万人,蒙古族 0.95 万人,土家族 0.32 万人,布依族 0.25 万人,壮族 0.16 万人,藏族 0.15 万人,维吾尔族 0.14 万人,彝族 0.14 万人,东乡族 0.13 万人。2010 年超过千人的仅有 6 个,说明宁夏除汉族和回族以外的其他少数民族人数也在大幅增长。2020 年超过百人不足千人的有 14 个,其余 29 个各少数民族不足百人。少数民族人口增多,一是民族政策好。宁夏全面贯彻执行国家少数民族区域自治方针政策,加快少数民族地区经济社会发展,不断巩固和发展平等、团结、互助、和谐的社会主义民族关系,努力建设民族团结模范自治区。二是少数民族待遇优。宁夏认真执行自治区民族区域自治制度。对少数民族在招生、招干、招工、生育等方面实行一定的优惠政策,对流动人口特别是少数民族流动人口有一定的吸引力。

（二）少数民族人口结构及其变动

1.年龄结构

　　少数民族人口年龄结构是少数民族人口再生产内部出生和死亡长期变化的结果，对未来民族人口再生产的规模和速度产生决定性的影响。2010年第六次全国人口普查以来，宁夏少数民族人口年龄结构发生了很大变化，低龄人口比重明显减少，老年人口比重提高，少数民族老龄化的程度进一步加深。2020年宁夏少数民族0—14岁少年儿童人口占26.84%，高于宁夏20.38%的平均水平；15—64岁成年人口占65.5%，低于宁夏70.0%的平均水平；65岁及以上人口比重为7.66%，低于宁夏9.62%平均水平。从以上的数据可以看出，宁夏少数民族人口儿童人口比重过大，劳动年龄人口偏小。按国际通用的"65岁及以上人口占总人口7%以上，少年儿童人口占30%以下属于老年型人口结构"的划分标准，宁夏少数民族人口年龄结构和全区总人口年龄结构一致，都属于老年型人口结构，并且劳动年龄人口比重更小，劳动参与率更低，抚养压力更大。

　　与2010年相比，2020年宁夏少数民族0—14岁儿童人口比重下降0.8个百分点；15—64岁成年人口比重下降1.57个百分点；65岁及以上人口比重提高2.38个百分点。与汉族相比，少数民族0—14岁少年儿童人口比重比汉族高3.62个百分点；15—64岁成年人口比重比汉族人口低7.03个百分点；65岁及以上人口比重比汉族人口高3.05个百分点。少年儿童和老少人口比重比汉族高，表明宁夏少数民族人口比汉族生育率高，劳动年龄人口低，老龄化程度严重。

表8-2　分年龄少数民族人口

单位：万人

年　龄	合计	汉族	少数民族
合计	**720.27**	**461.30**	**258.97**
0—4 岁	48.94	26.92	22.02
5—9 岁	49.59	25.52	24.07
10—14 岁	48.27	24.86	23.42
15—19 岁	43.31	23.19	20.12
20—24 岁	44.45	25.44	19.01

续表

单位：万人

年　龄	合计	汉族	少数民族
25—29 岁	54.79	35.00	19.79
30—34 岁	63.50	42.54	20.96
35—39 岁	54.17	35.27	18.90
40—44 岁	54.70	35.63	19.08
45—49 岁	59.54	42.64	16.90
50—54 岁	57.66	41.70	15.96
55—59 岁	43.93	32.12	11.81
60—64 岁	28.13	21.04	7.09
65—69 岁	27.60	19.85	7.75
70—74 岁	18.04	12.64	5.40
75—79 岁	12.42	8.83	3.59
80—84 岁	7.42	5.43	1.99
85—89 岁	2.94	2.12	0.82
90—94 岁	0.73	0.49	0.24
95—99 岁	0.13	0.09	0.05
100 岁及以上	0.01	0.01	0.01

2.少数民族人口的性别结构

人口的性别结构指男性和女性在总人口中所占的比例，简称性别比，按照国际通用的标准，总人口性别比一般在 103—106 之间属于正常范围，但是低年龄组和高年龄组分性别人口受出生率和死亡率影响不同，低年龄组性别比通常比较高，而高年龄组性别比比较低，中间组性别比适中，这是分年龄人口性别结构变动的一般规律。

（1）少数民族常住人口性别比持续缩小

2020 年宁夏少数民族男性人口为 130.39 万人，占少数民族总人口的 50.35%，女性为 128.58 万人，占 49.65%。宁夏少数民族人口性别比为 101.41，比全国同期平均水平（104.80）低 3.39，比宁夏平均水平（103.83）低 2.42，比宁夏汉族平均水平（105.21）低 3.8。与历史年份相比，2020 年宁夏少数民族人口性别比与 2000 年（105.26）和 2010 年（102.96）相比也呈现逐步下降的趋势。宁夏少数民族性别比基本上为

1：1，性别结构合理。

（2）少数民族城乡人口性别比差异显著

城乡人口性别比差异显著。2020 年城镇人口性别比是 100.55，其中汉族人口性别比 101.67，少数民族人口性别比 97.64。农村人口性别比是 110.19，其中汉族人口性别比 115.84，少数民族人口性别比 105.22。总体看，城镇人口性别比低于农村人口性别比。汉族和少数民族城镇人口性别比也均低于农村人口性别比。全区少数民族农村人口性别比较高的原因是多方面的，有经济因素、文化因素、政策因素和技术因素等因素。从经济因素看，农村男性所带来的即时经济效益要强于女性，尽管这种趋势有所减弱，但是性别比是全年龄段的男女比例，因此总体来讲在乡村男性人口数量还是远远高于女性；从文化因素看，农村人口的传统家庭制度和思想意识是出生人口性别比高的内在因素，农村少数民族对生男孩的意愿仍然比较强烈；从政策因素看，三孩政策的出台对没有生育男孩的家庭提供了继续生育男孩的政策依据和法律保障；从技术角度看，部分家庭违规进行胎儿性别鉴定、选择性别的人工妊娠终止、试管婴儿干预以及中药调理等措施也是农村出生性别比上升的原因之一。

20 世纪 50 年代中期（1955 年 10 月），联合国在其出版的《用于总体估计的基本数据质量鉴定方法》（手册 II）认为：出生性出生人口性别比例失调比偏向于男性。一般来说，每出生 100 名女婴，其男婴出生数置于 102—107 之间。此分析明确认定了出生性别比的通常值域为 102—107 之间。出生性别比值下限不低于 102、上限不超过 107 的值域一直被国际社会公认为通常理论值，其他值域则被视为异常。总体而言，宁夏少数民族人口性别比略低于正常值范围内，且呈缩小态势。少数民族男性比例下降因素较为复杂，这与我国计划生育政策有关。从全面放开二孩到鼓励三孩，十年时间少数民族的婚育观念发生了较大变化，重男轻女的思想发生了转变，特别是农村少数民族对生育男孩的意愿有所下降，农村性别比下降明显，对全区少数民族性别比产生较大影响。

二、少数民族人口的分布与构成

（一）少数民族人口的地区分布

根据第七次全国人口普查资料，宁夏少数民族人口的分布仍然呈现"大分散，小聚居"的特征，但是与第六次全国人口普查不同的是，少数民族人口大量迁移向北部川区，形成南少北多的态势。2020年南部山区少数民族人口108.92万人，占全区少数民族总人口的42.06%，与2010年相比下降了7.85个百分点。北部川区少数民族人口占全区少数民族总人口的57.94%，与2010年相比提高了7.85个百分点。

表8-3　宁夏分地区少数民族人口

地　　区	2020年		2010年	
	少数民族人口数（人）	比重（%）	少数民族人口数（人）	比重（%）
全　　区	**2589690**	**100.00**	**2214983**	**100.00**
北部川区	1500528	57.94	1109595	50.09
南部山区	1089162	42.06	1105388	49.91

从五个大市分布看，少数民族人口地域构成发生了明显变化。一是银川市、石嘴山市和吴忠市少数民族人口增长较快，中卫市持平，固原市有所下降。银川市少数民族人口为71.32万人，比2010年增长46.4%；石嘴山市18.32万人，增长24.5%；吴忠市76.41万人，增长15.5%；中卫39.30万人，增长4.7%；固原市53.63万人，下降1.3%（见表8-4）。二是银川市少数民族人口占比明显提高，固原市少数民族人口占比有所下降，其他三个市波动较小。其中银川市由2010年的22.0%增长到2020年的27.54%，固原市由2010年的24.5%下降到2020年的20.71%。各市少数民族人口占全区少数民族总人口的比重由高到低排序依次为：吴忠市29.51%，银川市27.54%，固原市20.71%，中卫市15.17%，石嘴山市7.07%。三是全区五市少数民族人口占本市全部人口的比重全部呈现上升趋势。其中银川市占比为24.95%，比2010年增长0.51%；石嘴山市占比为24.37%，增长4.1%；吴忠市占比为55.26%，增长3.31%；

固原市占比为 46.95%，增长 2.69%；中卫市占比 36.82%，增长 2.08%。

表 8-4　宁夏分市少数民族人口

地　区	总人口 （万人）	少数民族 人　口 （万人）	占全区总 人口的比重 （%）	占该市 人口比重 （%）	占宁夏少数民 族人口比重 （%）
全　区	720.27	258.97	35.95	35.95	100.00
银川市	285.91	71.32	9.90	24.95	27.54
石嘴山市	75.14	18.32	2.54	24.37	7.07
吴忠市	138.27	76.41	10.61	55.26	29.51
固原市	114.21	53.63	7.45	46.95	20.71
中卫市	106.73	39.30	5.46	36.82	15.17

2020 年少数民族人口前 6 位的县（区）依次排序为同心县 29.06 万人、利通区 28.42 万人、海原县 25.63 万人、原州区 21.17 万人、西吉县 18.58 万人、金凤区 15.65 万人。与 2010 年相比，少数民族人口增长最快的三个县（区）分别是金凤区增长 105.69%、永宁县增长 69.01%、西夏区增长 64.63%。少数民族人口占本县（区）总人口比重最高的三个县（区）分别是同心县 90.56%、泾源县 85.97% 和海原县 76.84%，占比最低的三个县（区）分别是盐池县 3.85%、沙坡头区 9.23% 和大武口区 12.68%。

表 8-5　宁夏分市、县（区）少数民族人口

地　区	合计 （人）	少数民族人口 （人）	占比 （%）	增加人口 （人）	增长率 （%）
全　区	7202654	2589690	35.95	374707	16.92
银川市	2859074	713211	24.95	226115	46.42
兴庆区	808282	154166	19.07	32748	26.97
西夏区	449559	113048	25.15	44382	64.63
金凤区	643952	156541	24.31	80436	105.69
永宁县	321618	84026	26.13	34308	69.01
贺兰县	341507	73556	21.54	22576	44.28
灵武市	294156	131874	44.83	11665	9.70
石嘴山市	751389	183151	24.37	36041	24.50
大武口区	298292	37821	12.68	6486	20.70

续表

地　区	合计（人）	少数民族人口（人）	占比（%）	增加人口（人）	增长率（%）
惠农区	178891	42951	24.01	7677	21.76
平罗县	274206	102379	37.34	21878	27.18
吴忠市	**1382713**	**764119**	**55.26**	**102319**	**15.46**
利通区	460790	284232	61.68	58333	25.82
红寺堡区	197604	128098	64.83	27711	27.60
盐池县	159209	6129	3.85	2088	51.67
同心县	320801	290509	90.56	7649	2.70
青铜峡市	244309	55151	22.57	6538	13.45
固原市	**1142142**	**536258**	**46.95**	**-7289**	**-1.34**
原州区	471329	211708	44.92	24413	13.03
西吉县	315827	185831	58.84	-13108	-6.59
隆德县	109451	16799	15.35	-814	-4.62
泾源县	85023	73094	85.97	-7987	-9.85
彭阳县	160512	48826	30.42	-9793	-16.71
中卫市	**1067336**	**392951**	**36.82**	**17521**	**4.67**
沙坡头区	399796	36897	9.23	13547	58.02
中宁县	334022	99788	29.87	22648	29.36
海原县	333518	256266	76.84	-18674	-6.79

　　宁夏少数民族人口迁移变化主要表现为中南部山区向北部川区流动，各少数民族与汉族相互融合的特点。这一特征也与宁夏总人口流动总趋势相同。造成少数民族人口迁移流动的主要原因有两个方面：一是宁夏为贯彻党的十八大、十九大会议精神，落实习近平新时代中国特色社会主义思想，落实习近平视察宁夏重要讲话精神，传承习近平同志闽宁帮扶优良传统，抢抓中央深入实施西部大开发和"一带一路"倡议部署，有效解决中南部山区贫困群众脱贫致富问题。宁夏回族自治区党委、政府加强了生态移民工程实施进度，加大了中南部不适宜人居地区的群众搬迁力度，从2011年开始全面实施生态移民工程。按照"山上的问题山下解决、山里的问题山外解决、面上的问题点线解决"的思路，以川济山、山川互济，统筹全区资源，县内线外安置相结合，大力推进新

时期易地扶贫搬迁，截至 2020 年底，累计搬迁少数民族人口近百万，实现了脱贫与经济、社会、生态建设多赢的局面。同时，持续抓好产业就业、社区管理、社会融入、拆旧复垦等后续帮扶，推动搬迁贫困群众实现稳得住、有就业、逐步能致富。二是工业化和城镇化进程加快，少数民族人口从农村向城镇流动转移的规模进一步加大。十年来，全区城镇化率由 2010 年的 47.9%发展到 2020 年的 64.96%，人口城镇化率增长了 17.06 个百分点。

（二）少数民族人口的城乡分布

宁夏少数民族人口居住在城镇和农村数量接近，2020 年居住在城镇的有 127.81 万人，占宁夏少数民族人口总数的 49.35%，居住在乡村的有 131.16 万人，占 50.65%。与 2010 年相比，城乡结构分布变化较小。其中城镇少数民族人口增加了 18.67 万人，增长 17.11%。2020 年农村少数民族人口与城镇少数民族人口比值均为 1.03：1，2010 年为 2.06：1。2020 年城镇少数民族人口居住在乡村比重（50.65%）比汉族（26.28%）高 24.37 个百分点，2010 年少数民族人口居住在乡村比重（67.31%）比汉族（43.77%）高 23.54 个百分点。少数民族居住在乡村的比重呈现下降趋势。

2020 年少数民族人口城镇化率为 49.35%，比全区城镇化率低 15.61%。少数民族城镇化率由 2010 年的 32.69%增加至 2020 年的 49.35%，增加 16.66 个百分点；汉族城镇化率由 56.23%增加至 73.72%，增加 17.49 个百分点。少数民族人口从农村向城镇流动较慢，有一半少数民族人口仍然居住在农村，这种城乡分布状况亟须改变。

（三）少数民族人口的文化素质

2020 年第七次全国人口普查数据显示，宁夏少数民族人口的文化素质大幅提升。2020 年宁夏 6 岁及以上少数民族人口中，具有小学及以上文化程度的有 212.59 万人，占少数民族 6 岁及以上人口的 91.1%。其中：博士研究生 0.31 万人，占少数民族人口的 0.03%；大学（含大专、大学、研究生，下同）29.08 万人，占 12.46%；高中（含中专，下同）25.45 万人，占 10.9%；初中 67.54 万人，占 28.94%；小学 90.45 万人，占 38.76%。与第六次全国人口普查相比，2020 年 6 岁及以上少数民族人口具有小学及以上文化程度人数与"六普"同口径人数相比，增加了 37.17 万人，增长 21.19%。2020 年 6 岁及以上少数民族人口具有小学及以上文化程度占相同年龄总人口比重为 91.1%，与"六普"同口径比重 88.95% 相比，十年间增加 2.15 个百分点。2020 年 6 岁及以上少数民族人口具有小学及以上文化程度占相同年龄总人口比重（91.1%）与汉族同口径比重（96.06%）相比，低 4.96 个百分点。随着九年义务教育普及，少数民族人口文化素质得到大幅提升，但是与全区平均水平和汉族相比，还存在较大差距。

（四）少数民族人口的行业、职业构成

1.少数民族人口就业结构日趋合理

随着宁夏经济社会发展，全区少数民族群体十年来就业结构发生较大变化。第一产业就业比重由 2010 年的 67.99% 下降到 2020 年的 31.23%；第二产业就业比重由 2010 年的 11.73% 提高到 2020 年的 23.71%；第三产业就业比重由 2010 年的 20.29% 提高到 2020 年的 45.06%。十年来农业就业人口大幅下降，二、三产业就业人数大幅提升，非农化水平逐步提升，就业结构更加合理。

表 8-6　少数民族分产业就业结构

年份	从业人员总数（人）	第一产业		第二产业		第三产业	
		就业人员数（人）	比重（%）	就业人员数（人）	比重（%）	就业人员数（人）	比重（%）
2020	100504	31389	31.23	23829	23.71	45286	45.06
2010	111157	75573	67.99	13035	11.73	22549	20.29

2.少数民族人口的职业构成

2020 年宁夏少数民族就业人口主要从事的职业是社会生产服务和生活服务，农、林、牧、渔业生产及辅助工作和生产制造及有关工作三类职业。从事这三类职业的比例分别是 33.42%、31.02% 和 20.07%。与第六次全国人口普查相比，少数民族人口职业构成最显著的特点是从事农、林、牧、渔业生产及辅助人员的比例明显下降。从事该职业的比例由第六次全国人口普查的 68.0% 下降了 36.98%。减少的这部分人员转移到了其他职业类型，其他 6 个职业就业比例增幅均超过 40%。其中从事党的机关、国家机关、群众团体和社会组织、企事业单位负责人的就业

比例由 0.99%提高到 1.42%；专业技术人员由 4.44%提高到 8.72%；办
事人员和有关人员由 2.57%提高到 5.25%；社会生产服务和生活服务人
员由 10.7%提高到 33.42%；生产制造及有关人员由 13.27%提高到
20.07%；不便分类的其他从业人员由 0.02%提高到 0.11%。尽管少数民
族人口的职业构成进步明显，但与汉族和宁夏平均水平比较，还存在一
定差距。2020 年宁夏少数民族就业人口中在党的机关、国家机关、群众
团体和社会组织、企事业单位负责人的就业比例（1.42%）比汉族（2.23%）
低 0.81 个百分点，比宁夏平均水平（1.97%）低 0.55 个百分点；专业技
术人员的比例（8.72%）比汉族（13.53%）低 4.81 个百分点，比宁夏平
均水平（11.99%）低 3.27 个百分点；办事人员和有关人员的比例（5.25%）
比汉族（7.90%）低 2.65 个百分点，比宁夏平均水平（7.05%）低 1.8
个百分点；社会生产服务和生活服务人员的比例（33.42%）比汉族
（38.0%）低 4.58 个百分点，比宁夏平均水平（36.54%）低 3.12 个百分
点；生产制造及有关人员的比例（20.07%）比汉族（23.59%）低 3.52
个百分点，比宁夏平均水平（22.47%）低 2.4 个百分点；不便分类的其
他从业人员的比例（0.11%）比汉族（0.14%）低 0.03 个百分点，比宁
夏平均水平（0.13%）低 0.02 个百分点。

表 8-7　2020 年宁夏少数民族人口职业构成

单位：%

民　族	党的机关、国家机关、群众团体和社会组织、企事业单位负责人	专业技术人员	办事人员和有关人员	社会生产服务和生活服务人员	农、林、牧、渔业生产及辅助人员	生产制造及有关人员	不便分类的其他从业人员
合计	**1.97**	**11.99**	**7.05**	**36.54**	**19.85**	**22.47**	**0.13**
汉族	2.23	13.53	7.90	38.00	14.61	23.59	0.14
少数民族	1.42	8.72	5.25	33.42	31.02	20.07	0.11
回族	1.36	8.46	5.04	33.53	31.32	20.18	0.10

（五）少数民族人口的婚姻状况

宁夏第七次全国人口普查资料推算，全区少数民族未婚人口有

37.63 万人，占 15 岁及以上人口的比例为 19.86%；有配偶人口有 139.63 万人，占 15 岁及以上人口的比例为 73.7%；离婚人口有 5.00 万人，占 15 岁及以上人口的比例为 2.64%；丧偶人口有 7.2 万人，占 15 岁及以上人口的比例为 3.8%。与 2010 年相比，从绝对量看，随着 15 岁及以上人口增长 18.2%，各婚姻状况的人口都存在不同程度的增长，其中未婚人口增长 10.15%、有配偶人口增长 17.89%、离婚人口大幅度增加 3.06 万人，增长 157.61%、丧偶人口增长 26.03%。从比重上看，除离婚人口比例大幅增长外，其他几项比例比较稳定。与汉族相比，少数民族的未婚人口比例高于汉族，离婚人口、有配偶人口、丧偶人口比重均低于汉族。

表 8-8　宁夏少数民族人口婚姻状况

婚育状况	2020 年（万人）	2010 年（万人）	增长（%）	占 15 岁及以上人口比重	
				2020 年（%）	2010 年（%）
未婚人口	37.63	34.16	10.15	19.86	21.32
有配偶人口	139.63	118.44	17.89	73.70	73.91
离婚人口	5.00	1.94	157.61	2.64	1.21
丧偶人口	7.20	5.71	26.03	3.80	3.57

三、少数民族人口变动特点及其效应

（一）少数民族人口变动特点

1.人口总体增长较快

进入新时代以来，宁夏经济社会发展取得长足进步，随着国家生育政策调整优化，宁夏少数民族人口出生率、自然增长率均高于全国平均水平和宁夏平均水平。2020 年宁夏少数民族人口比 2010 年增加 37.47 万人，增量占全部人口增量（90.13 万人）的 41.57%，对人口增长的贡献率高于少数民族人口占比。与 2010 年第六次全国人口普查相比，宁夏少数民族人口增长 16.9%，比全区总人口增速高 2.62 个百分点，比汉族人口增速高 4.03 个百分点。与全国各省相比，宁夏少数民族人口增速位居全国第十位，比全国少数民族人口平均增速高 4.98 个百分点。

2.地区迁移由单民族聚居向各民族融合混居方式转变

随着国民经济的快速发展和人民生活水平的不断提高，宁夏少数民族人口迁移流动幅度加大，少数民族人口的居住方式发生明显转变。特别是少数民族人口数量最多的回族人口居住方式由过去单民族聚居向多民族混居方式转变，呈现出新时代多民族相互融合，各民族团结共居的新迹象。这种转变主要体现在汉族比例较高的地区少数民族人口增长较快，比较明显的地区是银川市和石嘴山市。2020 年第七次全国人口普查数据显示，银川市和石嘴山市少数民族人口比 2010 年分别增长 46.4 个和 24.5 个百分点。对于传统的汉族人口比重较高的石嘴山市，其少数民族人口比重由 2010 年的 20.28%增长到 2020 年的 24.37%；同样汉族人口比重较高的中卫市在总人口下降 1.25%的情况下，回族人口实现 4.7%的正增长。

3.少数民族生育水平有所提高

从育龄妇女生育孩次构成看，少数民族人口的一孩比重为 36.23%，低于宁夏平均水平（43.02%）6.79 个百分点；二孩比重为 33.79%，低于宁夏平均水平（39.86%）6.07 个百分点；三孩及以上比重为 29.98%，高于宁夏平均水平（17.12%）12.86 个百分点。与汉族相比，少数民族人口的一孩和二孩比重均低于汉族，三孩及以上比重高于汉族，这与计划生育政策有关。与 2010 年第六次全国人口普查相比，少数民族一孩、二孩比重变动较小，三孩及以上比重明显提高，三孩及以上比重比"六普"时的 18.23%提高了 11.75 个百分点。汉族三孩及以上比重比"六普"时的 4.92%提高了 2.37 个百分点。

表 8-9　宁夏各民族育龄妇女生育孩次

单位：%

民　族	一孩比重		二孩比重		三孩及以上比重	
	2020 年	2010 年	2020 年	2010 年	2020 年	2010 年
总计	**43.02**	**55.47**	**39.86**	**33.42**	**17.12**	**11.11**
汉族	48.21	64.40	44.50	30.68	7.29	4.92
少数民族	36.23	45.21	33.79	36.56	29.98	18.23
回族	35.95	44.70	33.83	36.84	30.23	18.47

（二）少数民族人口变动经济效应分析

习近平总书记提出："全面建成小康社会，一个民族都不能少。"分析少数民族人口变动与经济发展总体演变之间的关系，对贯彻习近平总书记视察宁夏重要讲话精神有重要意义。人口与经济发展之间的关系是最基本的社会和经济问题，从目前国家人口政策看，已经确定我国的基本国情下人口增长对经济发展有积极的促进作用，要继续保持人口红利对我国经济增长的正面作用。宁夏少数民族人口占比较高，少数民族人口的结构、流动等情况与全区经济总量发展存在较高的相关性。

普遍认为人口年龄结构、人口区域分布、受教育程度这些人口变量与人均国内生产总值、人均地方财政收入、农村居民的纯收入和职工平均工资等经济变量具有正相关关系。主流的人口经济学理论认为：人口与经济增长的关系不是一成不变的，相关性也存在波动性，即在不同的生产条件和社会环境下，人口总量和结构对经济增长的关系围绕某一临界值上下波动，一定时期出现正相关一定时期就会出现负相关。在生产力不发达时期，生产力和劳动力是促进经济增长的重要因素，人口规模成为影响经济增长的基本因素。在工业化时期，资本积累和技术进步对经济增长的作用和贡献日益突出，人口结构对经济增长的影响开始大于人口数量的影响。在现代社会，人力资本带来的技术、知识、制度创新成为经济增长的主导力量，人口素质成为影响经济增长的主导作用，而人口数量过大就会掣肘经济总体发展。宁夏已经进入工业化时期，但区域内各个地区发展不平衡，经济发展水平总体较低、总量较小，还不能摆脱主要依靠人口（劳动力）投入推进的初期发展阶段。也就是说人口总量增长在促进经济增长的同时还要不断优化人口结构。要从劳动年龄人口总量、人口地区分布、受教育程度、就业构成等多方面着手，不断完善和调整区域人口政策，促进各类要素合理流动和高效集聚，增强创新发展动力，加快构建高质量发展的动力系统，增强中心城市和城市群等经济发展优势区域的经济和人口承载能力。随着经济水平提高，各民族群众生活水平显著改善，又会增强吸收和集聚人口资源的能量，增强地区经济发展的活力动力。

从劳动年龄人口总量看，宁夏 2010 年 16—64 岁少数民族劳动年龄人口总量为 148.55 万人，占少数民族全部人口比重为 67.07%；2020 年总量为 169.62 万人，占少数民族全部人口比重为 65.5%。十年来少数民族劳动年龄人口总量有所增长，劳动年龄人口比重明显下降。由于人口变动导致的老年人口比重较高，被抚养比增加，客观上减少了地区劳动生产率，对地区经济增长形成掣肘。增加劳动年龄人口总量要从人口总量角度入手，只有提高人口出生率，才能从根本上解决劳动年龄人口结构不合理的情况。2016 年国家决定在全国范围实施了二孩政策，二孩政策的实施并没有缓解全区出生率持续下降的态势。全区常住人口出生率从 2016 年的 13.69‰ 下降到 2020 年的 11.59‰。2021 年，国家出台了全面放开三孩政策。三孩政策是国家生育政策转变的信号，即由限制生育向放开生育转变。政策显现有一定的时间窗口，如果三孩政策的配套措施到位，预计人口出生率将逐步平稳并回暖。少数民族一孩、二孩和三孩比重构成大约为 36∶34∶30，而汉族的三项构成为 48∶45∶7，从少数民族和汉族孩次结构看，三孩政策的实施对提高少数民族出生率作用较低，对汉族提升出生率有较大空间。

从人口地区分布看，2010 年到 2020 年，宁夏人口整体分布动态演变及其变化特征基本与经济发展总体布局演变有相同趋势。北部沿黄经济区（含银川市、石嘴山市、吴忠市辖的利通区和青铜峡市、中卫市辖的沙坡头区和中宁县）少数民族人口增加较多。2020 年，北部沿黄经济区少数民族人口比重为 27.18%，比 2010 年上升了 2.2 个百分点，中南部山区（含固原市、吴忠市辖盐池县、同心县和红寺堡区、中卫市辖海原县）少数民族占总人口比重的 84.67%，和十年前基本持平。少数民族人口从中南部山区向北部沿黄经济区迁移流动会补齐因少数民族人口常年居住南部山区导致的贫困短板。这种人口地区分布的合理和进步，会使社会保障支出负担减轻，财富积累速度加快，劳动力供给充足，推动经济快速增长。伴随大量南部山区年轻回族人口的迁移，相信未来宁夏将更好地收获人口红利。更有活力、文化科学素质不断提高的劳动力资源会与区内外存量、流量资本结合，成为推动经济持续高速发展的主要动力。人口迁移流动促进了生产要素的优化配置和集聚效益的提高。生产要素包括土地、生产资料、人口、技术。人力资源是所有生产要素中核心的要素，在发展人力、使用人力上往往存在地域、行业等领域的不均衡现象，导致人力资本的浪费、闲置，不能人尽其才。南部山区少数民族向北部川区流动明显，为川区提供了大量的劳动力资源，特别适应川区农业规模化发展的需要，比如吴忠市利通区、银川市金凤区、永宁县等地移民搬迁户发展特色农业已经形成规模化量产，形成了以闽宁镇、兴径镇葡萄酒产业、特色农产品种植等行业的蓬勃发展。

从受教育程度看，宁夏少数民族受教育程度十年来有明显提高，6岁及以上少数民族人口中具有小学及以上文化程度人数占少数民族6岁及以上人口比重已经达到91.1%。但与汉族相比，还存在4.96%的较大差距。受过高等教育水平比重是衡量一个社会具有较高创新力、竞争力的核心指标，从这项指标看，差距更大。2020年宁夏少数民族接受过大学（含大专、大学、研究生，下同）以上学历的人数占6岁及以上人口比重为12.46%；汉族同等学力比重为22.31%。受教育程度的总体水平差距较大是其收入水平不能与全区同步发展的重要因素。有一项因素是宁夏特色，即高学历优秀少数民族人才回归宁夏，扎根宁夏，为宁夏经济发展带来人才积淀，主要是回族大学生由于其民族的特殊性，相当数量的高学历知识分子都选择回到宁夏，这一部分群体接受了良好的教育，并积累了一定的工作经验，这部分人员的回归带来了发达省份先进的理念、优秀的管理经验和新的商业模式，充实到金融、化工、冶金、信息技术等诸多新兴产业中。

从少数民族从事的行业职业看，宁夏少数民族人口从事行业、职业水平较低。总结宁夏少数民族人口行业分布特征，一是少数民族的首要行业分布在农林牧渔业，少数民族为33.04%，汉族只有15.71%，第一产业就业人口中比重差异较大。二是第一产业就业人数过高，少数民族第一产业、第二产业和第三产业就业比例为33.04∶21.53∶45.43，汉族为15.71∶25.94∶58.35。在职业分布方面，少数民族从事职业的层次也与宁夏平均水平有一定差距。少数民族人口中除农、林、牧、渔业生产及辅助人员分布占比为49.87%，超过少数民族职业人口占总职业人口比例（31.92%）外，其他职业占比均较低。在党政机关和企事业管理岗位、专业技术岗位等技术含量较高的岗位占比也较低。

（三）少数民族人口变动社会效应分析

习近平总书记在视察宁夏时指出要努力建设黄河流域生态保护和高质量发展先行区，继续建设经济繁荣、民族团结、环境优美、人民富裕的美丽新宁夏。研究少数民族人口变动对环境治理、社会稳定、民生发展等方面有重要意义。

1.促进文化交流。宁夏是中国唯一的省级回族自治区，具有较强的民族特色。经过千百年来生产、生活相互交往中形成独特的民族生活习惯和文化体系。在传承了优秀中华文化的基础上也吸收了一些有特色的西亚文化。这些文化属性随着民族融合、发展形成了独特的宁夏少数民族文化。如具有民族特色的回族舞蹈、回族特色食品、回族武术、传统回医药、回族手工艺等。通过"一带一路"建设和中阿博览会的推进和举办，宁夏回族特色的产品和服务于国内外诸多国家与地区形成了广泛的经贸往来、文化交流，提升了宁夏的整体形象和综合竞争力。

2.树立民族团结全国典范。宁夏作为少数民族地区，经济建设的基础是社会稳定、各民族团结和谐。党的十八大以来，自治区党委深入学习贯彻习近平新时代中国特色社会主义思想，认真贯彻落实习近平总书记考察宁夏重要讲话精神，把加强党的全面领导贯穿到民族工作的各个方面，建立民族工作联席会议制度，认真研究解决工作中存在的问题，将民族工作纳入地市和区直部门效能目标管理考核，纳入领导班子和领导干部年度考核，并以制度形式予以固定。宁夏每年将70%以上的财力投向民生领域，每年实施一批民生计划。集中力量实施了35万人生态移民搬迁和65万人整村推进扶贫工程，特别是涉及少数民族人口较多的西海固地区彻底甩掉了"苦瘠甲天下"的帽子。2022年9月是宁夏回族自治第39个"民族团结进步月"，继续开展好"民族团结进步月"活动是建设铸牢中华民族共同体意识示范区、续写民族团结新篇章的重要载体。通过全区各民族的不懈努力，各民族人口交往、融合更加广泛，人口迁移流动、混居杂居局面进一步形成。各民族之间经济相依、文化相融、血脉相通，铸就了你中有我、我中有你、手足相亲、守望相助的和谐民族关系。

第九章　人口迁移流动

2010 年以来，随着全面深化改革，以及脱贫攻坚战取得全面胜利，新型城镇化建设加快推进，宁夏的人口迁移流动发生了新的变化。全面分析宁夏人口流动的规模、分布、构成，深入研究促进人口迁移流动的原因，探讨人口迁移流动对宁夏社会经济发展的影响，从而为促进宁夏人口合理迁移流动、促进地区经济社会平稳发展提供政策参考，对推动宁夏人口与经济、社会、资源、环境协调发展，建设黄河流域生态保护和高质量发展先行区、建设经济繁荣民族团结环境优美人民富裕的社会主义现代化美丽新宁夏具有重要的现实意义。

一、人口迁移流动的规模及分布

（一）人口迁移流动的规模

人口迁移流动是社会发展的必然结果，也是推进社会经济发展的重要因素。随着宁夏经济发展水平的不断提高，宁夏人口迁移流动规模不断扩大。第七次全国人口普查中，"流动人口"指人户分离人口中不包括市辖区内人户分离的人口，包括空间、时间两个要素，即居住地和户口所在的乡镇街道不一致，且离开户口所在地半年以上的人口。

人口普查结果显示，2020 年 11 月 1 日宁夏迁移流动人口总数为 372.91 万人，占全区普查总人口数量的 51.77%。比 2000 年的 176.03 万人增加 196.88 万人，增长 1.12 倍，年均增长 7.80%，比总人口年均增长率的 1.35%高 6.45 个百分点。其中，自治区内迁移流动人口 336.27 万人，迁出自治区外人口 36.64 万人。

1.省际人口迁移

在迁移流动人口中，自治区外迁入宁夏的人口有 67.51 万人，占迁移流动人口总数 18.1%，宁夏迁往自治区外的人口为 36.64 万人，占 9.83%。省际迁入率为 93.73‰，迁出率为 50.88‰，净迁移率为 42.86‰，净迁移率在全国各省、自治区、直辖市排在第 11 位（见表 9-1）。宁夏省际迁移格局没有改变，迁入人口多于迁出人口，省际迁移人口呈以下特点：

表 9-1　省际迁移人口状况

地　区	总人口（人）	迁入（人）	迁出（人）	迁入率（‰）	迁出率（‰）	净迁移率（‰）
北　京	21893095	8418418	470339	384.52	21.48	363.04
天　津	13866009	3534816	798555	254.93	57.59	197.34
河　北	74610235	3155272	5480251	42.29	73.45	-31.16
山　西	34915616	1620518	1985416	46.41	56.86	-10.45
内蒙古	24049155	1686420	1777743	70.12	73.92	-3.80
辽　宁	42591407	2847308	1874269	66.85	44.01	22.85
吉　林	24073453	1001471	2413950	41.60	100.27	-58.67
黑龙江	31850088	829176	3932375	26.03	123.47	-97.43
上　海	24870895	10479652	383687	421.36	15.43	405.93
江　苏	84748016	10308610	4352063	121.64	51.35	70.29
浙　江	64567588	16186454	2362232	250.69	36.59	214.10
安　徽	61027171	1550509	11520516	25.41	188.78	-163.37
福　建	41540086	4889876	2614004	117.71	62.93	54.79
江　西	45188635	1279014	6339726	28.30	140.29	-111.99
山　东	101527453	4129007	4259205	40.67	41.95	-1.28
河　南	99365519	1273646	16100852	12.82	162.04	-149.22
湖　北	57752557	2249614	5985792	38.95	103.65	-64.69
湖　南	66444864	1577563	8041141	23.74	121.02	-97.28
广　东	126012510	29622110	1687249	235.07	13.39	221.68
广　西	50126804	1359384	8109132	27.12	161.77	-134.65
海　南	10081232	1088143	422783	107.94	41.94	66.00
重　庆	32054159	2193575	4176463	68.43	130.29	-61.86
四　川	83674866	2590041	10358150	30.95	123.79	-92.84
贵　州	38562148	1146546	8454728	29.73	219.25	-189.52
云　南	47209277	2230394	2961828	47.24	62.74	-15.49
西　藏	3648100	407121	137619	111.60	37.72	73.87
陕　西	39528999	1933712	2988018	48.92	75.59	-26.67
甘　肃	25019831	765648	3448299	30.60	137.82	-107.22
青　海	5923957	417304	430896	70.44	72.74	-2.29
宁　夏	7202654	675119	366438	93.73	50.88	42.86
新　疆	25852345	3390712	603434	131.16	23.34	107.82

资料来源：《中国人口普查年鉴 2020》。

（1）宁夏省际迁移流入人口规模较大。宁夏地理位置、环境状况条件特殊，社会经济发展政策空间充足、潜力较大。受政策性迁移影响，历史上一直是迁入人口较多的省份。2020年人口普查反映出自治区外迁入人口来自全国30个省、自治区、直辖市，其中城镇人口占79.59%，乡村人口占20.41%，且自治区外迁入人口的70%以上（34.52万人）居住于银川市辖区。

自治区外迁入宁夏的人口中，来自东部地区9.61万人，占迁入人口总数的14.24%；中部地区13.38万人，占19.81%；西部地区42.71万人，占63.26%；东北地区1.82万人，占2.69%。其中，迁入人口最多的是甘肃省23.96万人，占迁入人口总数的35.49%；其次是陕西省9.63万人，占14.26%；再次是河南省7.49万人，占11.09%；第四是河北省3万人，占4.45%；第五是四川省2.6万人，占3.85%。五省共迁入46.68万人，占69.14%。

甘肃、陕西是宁夏的近邻省，人们在迁移流动中趋向于近距离的选择。河南、河北、四川并不是宁夏近邻省，迁入人口比重相对较高，与既有的移民关系网络有关。长期的迁移流动过程中，迁出地与迁入地之间形成了特定的社会关系网络，随着有关信息的传递，后来者遵循以往流动者的迁移方向，从而引起更大规模的迁移流动。2020年人口普查显示，宁夏自治区外迁入人口主要是工作就业、投亲靠友引起的迁移流动。迁入宁夏的流动人口将工作就业信息传回原住地，以亲友为中心，带动同村、同乡、同县的人流入宁夏。

（2）宁夏人口省际迁移流出人口规模较小。宁夏自治区外迁出人口相对较少，只有36.63万人，其中城镇人口占83.57%，乡村人口占16.43%。宁夏迁往自治区外的人口中，迁移至东部地区12.61万人，占迁出人口总数的34.4%；中部地区3.37万人，占9.2%；西部地区19.8万人，占54.03%；东北地区0.87万人，占2.37%。随着省际交通的迅速发展，十年间宁夏迁出人口遍布全国30个省、自治区、直辖市，其中迁至新疆6.76万人，占迁出人口总数的18.45%；陕西4.14万人，占11.29%；内蒙古4.07万人，占11.11%；北京2.54万人，占6.92%；甘肃2.24万人，占6.11%（见表9-2）。

表 9-2 迁入迁出宁夏前十位的省份

排序	迁 入			迁 出		
	地　区	人数 （人）	占迁入总数 （%）	地　区	人数 （人）	占迁出总数 （%）
1	甘　肃	239591	35.49	新　疆	67622	18.45
2	陕　西	96287	14.26	陕　西	41381	11.29
3	河　南	74865	11.09	内蒙古	40721	11.11
4	河　北	30018	4.45	北　京	25355	6.92
5	四　川	25971	3.85	甘　肃	22395	6.11
6	内蒙古	25683	3.80	上　海	16861	4.60
7	山　东	24438	3.62	广　东	14742	4.02
8	安　徽	23735	3.52	浙　江	14362	3.92
9	江　苏	16584	2.46	江　苏	14343	3 .91
10	贵　州	14586	2.16	山　东	13256	3.62

资料来源：《宁夏回族自治区人口普查年鉴 2020》。

2.自治区内人口迁移

自治区内迁移流动人口为 268.76 万人，占迁移流入人口总数的 79.92%。其中市、县之间迁移为 120.27 万人，占自治区内迁移人口总数的 44.75%；本县市迁移为 148.48 万人，占自治区内迁移人口总数的 55.25%（见表 9-3）。自治区内人口迁移流动呈现以下特征：

表 9-3 宁夏迁移流动人口

单位：人

现住地	合计	自治区 内迁入	本县市	外县市	自治区 外迁入
总　计	**3362670**	**2687551**	**1484809**	**1202742**	**675119**
银川市	**1620472**	**1145699**	**410342**	**735357**	**474773**
兴庆区	451350	274089	99147	174942	177261
西夏区	291613	200718	43041	157677	90895
金凤区	316631	239603	54372	185231	77028
永宁县	182045	134323	57878	76445	47722
贺兰县	205310	153146	69148	83998	52164
灵武市	173523	143820	86756	57064	29703
石嘴山市	**365026**	**290042**	**193758**	**96284**	**74984**
大武口区	137234	100422	50561	49861	36812

续表 单位：人

现住地	合计	自治区内迁入	本县市	外县市	自治区外迁入
惠农区	92885	68727	43532	25195	24158
平罗县	134907	120893	99665	21228	14014
吴忠市	**598617**	**533492**	**355342**	**178150**	**65125**
利通区	230857	212013	147949	64064	18844
红寺堡区	84536	76176	21586	54590	8360
盐池县	84736	68630	56813	11817	16106
同心县	83636	78896	53197	25699	4740
青铜峡市	114852	97777	75797	21980	17075
固原市	**357965**	**334015**	**235109**	**98906**	**23950**
原州区	219094	206109	131869	74240	12985
西吉县	63033	58987	48728	10259	4046
隆德县	23411	21123	16850	4273	2288
泾源县	12690	11555	8294	3261	1135
彭阳县	39737	36241	29368	6873	3496
中卫市	**420590**	**384303**	**290258**	**94045**	**36287**
沙坡头区	192101	173826	144445	29381	18275
中宁县	152479	137511	86409	51102	14968
海原县	76010	72966	59404	13562	3044

资料来源：《宁夏回族自治区人口普查年鉴2020》。

（1）市、县内迁移人口比重高、分布广。市、县内人口迁移距离较近、成本较低，由于城市改造、拆迁搬家、婚姻嫁娶、子女教育等原因，自治区内市、县内迁移人口比重较高、分布较广。2020年人口普查显示，自治区内共15个县（市、区）市、县内迁移人口超过5万人，占宁夏市、县内迁移人口总数的85.76%，其中，利通区（14.79万人）、沙坡头区（14.44万人）、原州区（13.19万人）、平罗县（9.97万人）、兴庆区（9.91万人）、灵武市（8.68万人）、中宁县（8.64万人），市、县内迁移人口超过8万人，占宁夏市、县内迁移人口总数的53.63%。

（2）市、县之间人口迁移以城市为主。2020年人口普查显示，市、县之间迁移人口超过5万人的依次为银川市辖区（51.79万人）、吴忠市辖区（11.87万人）、贺兰县（8.4万人）、永宁县（7.64万人）、石嘴山市辖区（7.51万人）、固原市辖区（7.42万人）、灵武市（5.71万人）、中宁县（5.11万人）。银川是宁夏的政治、经济、文化、交通中心，市辖区的市、县之间迁移人口占全自治区总数的43.06%，在城市现代化水平快速发展的带动下，永宁县、贺兰县、灵武市对迁移人口的吸引力显著提高，宁夏市县间迁移人口的61.14%迁入了银川"三区两县一市"范围内。

（3）市辖区内人户分离现象严重。人户分离人口是指居住地与户口登记地所在的乡镇街道不一致且离开户口登记地半年以上的人口，市辖区内人户分离的人口是指一个直辖市或地级市所辖区内和区与区之间，居住地和户口登记地不在同一乡镇街道的人口。这种现象多由于城市改造、拆迁搬家、婚姻嫁娶、子女教育等原因，并不是真正意义上的人口迁移。2020年人口普查显示，宁夏市区内人户分离共85.57万人，其中银川占35.29%、吴忠占20.29%、中卫占16.88%、固原占15.41%、石嘴山占12.13%。相对于市辖区内人口总数而言，吴忠（55.04%）、中卫（75.19%）、固原（60.19%）市区内人户分离现象较为严重，均超过了市辖区人口总数的一半（见图9-1）。

图9-1　宁夏人户分离状况

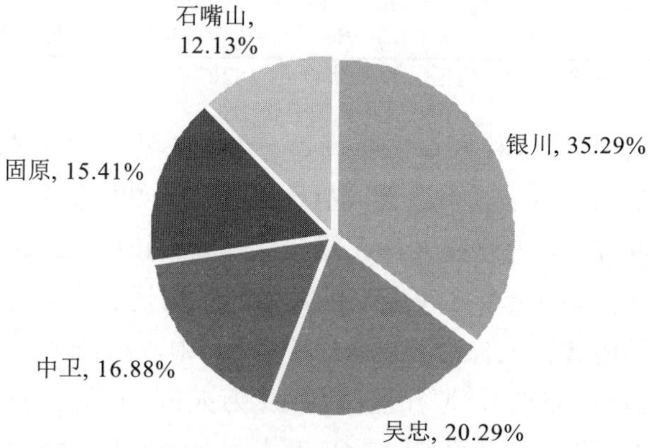

资料来源：《宁夏回族自治区人口普查年鉴2020》。

（4）宁夏南部山区迁移流动人口范围主要在自治区内。长期以来，宁夏南部山区自然环境恶劣、交通条件闭塞、人口资源矛盾突出，地区人口迁出数量相对较多。由于自治区内社会生活环境相似、社会关系网络密切、迁移投资成本较低等特点，西海固 9 县人口主要在自治区内迁移流动。随着精准扶贫政策的推进，宁夏南部山区经济社会发展水平得到极大提高，人口迁移流动范围更加倾向于本县市。2020 年人口普查显示，南部山区自治区内迁移流动人口共 63.07 万人，其中 42.61 万人在本县市流动，占自治区内迁移流动人口的 67.56%，20.46 万人在外县市流动，占自治区内迁移流动人口的 32.44%。

（5）农村人口大规模流入城市、镇。由于城乡经济发展的不平衡，农村人口迫切想要改变落后的生产生活条件，追求更好的就业机会和更高的经济收入，人口从农村到城市转移是人口迁移流动的必然趋势。2020年人口普查显示，宁夏自治区内迁移流动人口中，流出地是农村的人口占 69.51%，流出地是城镇的人口占 30.49%。其中，流入到银川市的自治区内迁移流动人口中，流出地是农村的占 57.87%；流入石嘴山市的自治区内迁移流动人口中，流出地是农村的占 88.18%；流入吴忠市的自治区内迁移流动人口中，流出地是农村的占 60.68%；流入固原市的自治区内迁移流动人口中，流出地是农村的占 74.40%；流入中卫市的自治区内迁移流动人口中，流出地是农村的占 82.31%。宁夏农村剩余劳动力正在大规模向城镇转移，且相比 2010 年原住地农村流出人口占自治区内迁移流动人口 61.49%的比重，规模显著增大，宁夏城镇化发展水平随之得到明显提高（见图 9-2）。

图 9-2 自治区内迁移流动人口流出地状况

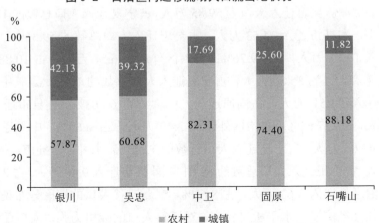

资料来源：《宁夏回族自治区人口普查年鉴 2020》。

（二）人口迁移流动的分布

1.省际分布

2020 年人口普查显示，自治区外迁入宁夏的人口中，按原户口登记地进行区分，原户口登记地在城镇的占 18.10%，原户口登记地在乡村的占 81.90%；按现居住地进行区分，现居住地在城市的占 55.27%，现居住地在镇的占 24.32%，现居住地在农村的占 20.41%。宁夏迁出自治区外的人口中，按原户口登记地进行区分，原户口登记地在城镇的占 38.00%，原户口登记地在乡村的占 62.00%；按现居住地进行区分，现居住地在城市的占 63.24%，现居住地在镇的占 20.34%，现居住地在农村的占 16.42%。

人口省际迁移流动情况表明，自治区外迁入宁夏人口中，农村人口比重较高，且多居住于宁夏城镇地区。宁夏迁出自治区外人口中，农村人口比重较高，且多居住于其他省份城镇地区。

2.地区分布

2020 年人口普查显示，银川迁入人口为 162.05 万人，占宁夏迁入人口总数的 48.19%。其中，本县市迁入 41.03 万人，占银川迁入人口总数的 25.32%；外县市迁入 73.54 万人，占 45.38%；自治区外迁入 47.48 万人，占 29.30%。石嘴山迁入人口为 36.50 万人，占宁夏迁入人口总数的 10.86%。其中，本县市迁入 19.38 万人，占石嘴山迁入人口总数的 53.08%；外县市迁入 9.63 万人，占 26.38%；自治区外迁入 7.50 万人，占 20.54%。吴忠迁入人口为 59.85 万人，占宁夏迁入人口总数的 17.80%。其中，本县市迁入 35.53 万人，占吴忠迁入人口总数的 59.36%；外县市迁入 17.82 万人，占 29.76%；自治区外迁入 6.51 万人，占 10.88%。固原迁入人口为 35.80 万人，占宁夏迁入人口总数的 10.65%。其中，本县市迁入 23.51 万人，占固原迁入人口总数的 65.68%；外县市迁入 9.89 万人，占 27.63%；自治区外迁入 2.40 万人，占 6.69%。中卫迁入人口为 42.06 万人，占宁夏迁入人口总数的 12.51%。其中，本县市迁入 29.03 万人，占中卫迁入人口总数的 69.01%；外县市迁入 9.40 万人，占 22.36%；自治区外迁入 3.63 万人，占 8.63%。宁夏迁移人口的地区分布说明，银川社会经济发展水平相对较高，对迁移人口的吸引力强，人口迁移数量占宁夏近一半，自治区外迁入人口的 70.32%分布在该市。固原和中卫地区经济发展水平相对落后，人口吸引力较弱，自治区外流入人口比例相对较小。

3.城乡分布

宁夏迁移流动人口多居住于宁夏城市地区。2020 年人口普查显示，现居住于城市的迁移流动人口为 177.14 万人，占宁夏迁入人口总数的52.68%。其中，本县市迁入人口 75.32 万人，占迁入城市迁入人口总数的 42.52%；外县市迁入 64.51 万人，占迁入城市人口总数的 36.42%；自治区外迁入 37.31 万人，占迁入城市人口总数的 21.06%。现居住于镇的迁入人口为 99.51 万人，占宁夏迁入人口总数的 29.59%。其中，本县市迁入人口 56.03 万人，占迁入镇人口总数的 56.31%；外县市迁入 27.06万人，占迁入镇人口总数的 27.19%；自治区外迁入 16.42 万人，占迁入镇人口总数的 16.50%。现居住于农村的迁入人口为 59.62 万人，占宁夏迁入人口总数的 17.73%。其中，本县市迁入人口 17.13 万人，占迁入农村人口总数的 28.74%；外县市迁入 28.71 万人，占迁入农村人口总数的48.15%；自治区外迁入 13.78 万人，占迁入农村人口总数的 23.11%（见表 9-4）。

表 9-4 宁夏迁移流动人口城乡分布
单位：人

城 乡	人口总数	迁移流动来源		
		本县市迁入	外县市迁入	自治区外迁入
城市	1771385	753153	645121	373111
镇	995085	560320	270560	164205
农村	596200	171336	287061	137803

资料来源：《宁夏回族自治区人口普查年鉴 2020》。

4.时间分布

2020 年人口普查显示，宁夏迁移流动人口中，迁入五年以上的占42.26%，迁入五年以内的占 57.74%，其中，半年至一年迁入人口占14.72%，一年至二年的占 11.98%，二年至三年的占 11.85%，三年至四年的占 10.69%，四年至五年的占 8.50%，五年至十年的占 23.57%，十年以上的占 18.69%。自治区内迁移流动人口中，迁入五年以上的占

42.59%，迁入五年以内的占 57.41%。自治区外迁入人口中，迁入五年以上的占 40.95%，迁入五年以内的占 59.05%（见图 9-3）。

图 9-3 宁夏迁移流动人口时间分布状况

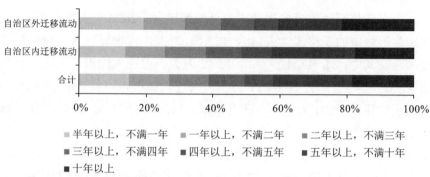

资料来源：《宁夏回族自治区人口普查年鉴 2020》。

五个地级市的迁移流动人口中，银川迁入五年以上的占 39.36%，迁入五年以内的占 60.64%；石嘴山迁入五年以上的占 48.64%，迁入五年以内的占 51.36%；吴忠迁入五年以上的占 46.91%，迁入五年以内的占 53.09%；固原迁入五年以上的占 36.93%，迁入五年以内的占 63.07%；中卫迁入五年以上的占 45.83%，迁入五年以内的占 54.17%。各地五年内迁移流动人口比重相对稳定，人口迁移频率具有一定的持续性，为地区发展带来了人口、资金、信息的流动契机，有利于增强地区社会经济发展进步动力。随着迁移人口从农村转移到城市，宁夏主要迁入地人口迅速膨胀，银川市辖区人口十年间增加了 61.17 万人，吴忠市辖区人口十年间增加了 11.40 万人。

5.出生地分布

以"出生地"指标和"现居住地"指标之间的差异，可以一定程度上反映出地区人口迁移流动的趋势。2020 年人口普查显示，宁夏在本县市出生后，未发生迁移的占总人口数量的 64.88%，发生迁移流动的占 35.12%，其中，出生地在自治区外的占 13.31%。宁夏五个地级市中，银川、石嘴山发生迁移流动的人口比重较高。银川出生地在本县市外的人口占 56.25%，其中，自治区外的占 23.26%；石嘴山出生地在本县市

外的人口占 40.95%，其中，自治区外的占 20.63%；吴忠出生地在本县
市外的人口占 25.57%，其中，自治区外的占 5.83%；固原出生地在本县
市外的人口占 9.20%，其中，自治区外的占 2.51%；中卫出生地在本县
市外的人口占 17.34%，其中，自治区外的占 3.96%。20 世纪 50 年代至
70 年代初，国家组织了来自全国各地的劳动力支援宁夏开发建设，形成
了政府计划下的大规模人口迁移活动；改革开放后，银川作为宁夏政治、
经济、教育中心，城市集聚吸引作用不断增强。石嘴山作为西北老工业
城市，在经济社会发展过程中吸引了一批流入人口（见表 9-5）。

表 9-5　宁夏迁移流动人口出生地分布
单位：%

现住地	出生地		
	本县市区内	本自治区其他县市	自治区外
总　计	**64.88**	**21.81**	**13.31**
银　川	43.75	32.99	23.26
吴　忠	74.43	19.74	5.83
中　卫	82.66	13.38	3.96
固　原	90.80	6.69	2.51
石嘴山	59.05	20.32	20.63

资料来源：《宁夏回族自治区人口普查年鉴 2020》。

二、迁移流动人口的构成

（一）迁移流动人口年龄

宁夏的迁移流动人口以青壮年为主，年龄结构具有两端低、中间高
的特征。2020 年人口普查显示，宁夏迁移流动人口中，15—64 岁年龄
段的劳动力人口为 249.82 万人，占迁入人口总数的 74.29%；0—14 岁
年龄段迁入人口为 64.11 万人，占迁入人口总数的 19.07%；65 岁及以
上年龄段迁入人口为 22.34 万人，占迁入人口总数的 6.64%。非劳动力
年龄段的各年龄迁移流动人口数量，随着低龄、高龄的两端变化呈现递
减趋势。各年龄组中，30—34 岁年龄段迁移流动人口数量最多，占
10.73%，其次为 25—29 岁年龄段，占 9.42%。该年龄段人口因工作就

181

业、婚姻嫁娶等原因，迁移流动比重较高（见表 9-6）。

宁夏迁移流动人口中，少年儿童抚养比为 25.66%，老年人口抚养比为 8.94%，总抚养比为 34.60%。从数据上看，宁夏劳动力年龄段迁移流动人口负担较轻，人口迁移对经济增长发展带来的"人口红利"依然显著。需要指出的是，迁移流动人口中普遍存在单身迁移流动现象，亲属未随同迁移可能是迁移流动人口的抚养比较低的因素之一。但是，相较于"六普"中迁移流动人口总抚养比（27.55%）而言，人口迁移流动所造成的社会抚养负担逐渐增加（见图 9-4）。

图 9-4　迁移流动人口年龄构成

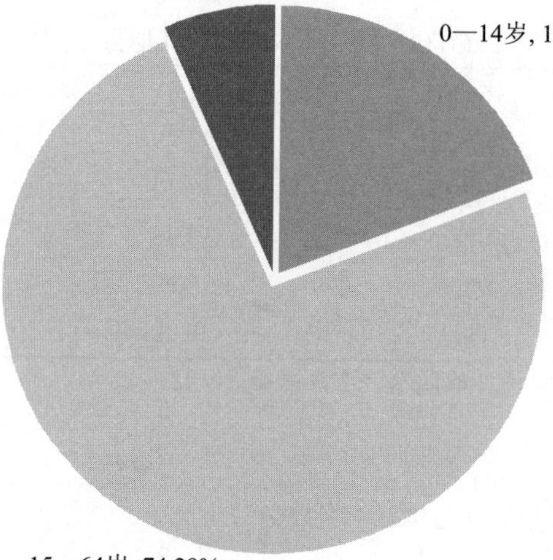

资料来源：《宁夏回族自治区人口普查年鉴 2020》。

（二）迁移流动人口性别

宁夏迁移流动人口的性别结构较为均衡。2020 年人口普查显示，男性迁入人口为 173.94 万人，占 51.73%，女性迁入人口为 162.33 万人，占 48.27%，迁入人口性别比为 107.15（女=100），高于全自治区性别比平均水平（103.83），男性略多于女性。

分年龄组看，0—14 岁年龄段迁移流动人口性别比为 107.97，该年龄段通常为随亲属迁入，性别比水平与全自治区平均水平基本持平。

15—29 岁年龄段迁移流动人口性别比为 98.35，低于迁移流动人口总性别比水平，该年龄段女性适龄适婚，因婚姻迁入的女性迁入人口较多。30—54 岁年龄段迁移流动人口性别比显著增高，平均性别比为 115.75，说明男性因经济原因、务工经商迁入人口较多。由于女性社会角色及平均预期寿命高于男性，55 岁及以上迁移流动人口性别比逐渐降低，65 岁及以上迁移流动人口性别比为 91.23（见表 9-6）。

表 9-6　宁夏迁移人口年龄及性别比构成

年龄别	构成（%）	男（%）	女（%）	性别比（女=100）
总　计	100	100	100	107.15
0—4 岁	6.09	6.12	6.07	108.07
5—9 岁	6.59	6.71	6.46	111.32
10—14 岁	6.39	6.49	6.27	110.97
15—19 岁	7.65	7.42	7.90	100.58
20—24 岁	7.55	7.03	8.11	92.83
25—29 岁	9.42	9.16	9.70	101.14
30—34 岁	10.73	10.80	10.64	108.75
35—39 岁	8.32	8.68	7.93	117.34
40—44 岁	7.72	8.09	7.33	118.18
45—49 岁	7.92	8.31	7.50	118.71
50—54 岁	7.04	7.22	6.85	113.04
55—59 岁	4.95	4.93	4.98	106.09
60—64 岁	2.99	2.92	3.06	102.04
65 岁及以上	6.64	6.13	7.20	91.23

资料来源：《宁夏回族自治区人口普查年鉴 2020》。

（三）迁移流动人口文化素质

迁移流动人口文化素质的高低，直接影响着对迁入地社会经济发展的贡献大小。随着教育事业的发展，迁移流动人口整体受教育水平显著提升。2020 年人口普查显示，宁夏迁移流动人口中，接受大专及以上文化教育的占 20.54%，相较于"六普"迁移流动人口中接受大专及以上文化教育比重（14.27%）提高了 6.27 个百分点。

　　分自治区内、自治区外看，自治区内迁移流动人口中，未上过学的占 4.54%；接受学前教育的占 3.84%；接受小学教育的占 21.91%；接受初中教育的占 30.87%；接受高中教育的占 17.70%；接受大专教育的占 11.45%；接受大学本科教育的占 9.27%；接受研究生教育的占 0.52%。自治区外迁移流动人口中，未上过学的占 3.73%；接受学前教育的占 3.00%；接受小学教育的占 23.44%；接受初中教育的占 38.15%；接受高中教育的占 13.85%；接受大专教育的占 8.42%；接受大学本科教育的占 8.61%；接受研究生教育的占 0.79%。自治区外接受大专及以上教育的占 17.82%，自治区内接受大专及以上教育的占 21.24%，自治区外迁移流入人口的文化素质略低于自治区内迁移流动人口，一方面是由于自治区外流入人口多数是接受教育程度较低的农村人口，另一方面说明宁夏对自治区外高素质人才的吸引力相对不足（见表 9-7）。

表 9-7　宁夏迁移流动人口受教育程度

单位：%

受教育程度		全 区	银川市	石嘴山市	吴忠市	固原市	中卫市
未上过学	自治区内	4.45	32.82	8.42	24.85	17.44	16.47
	自治区外	3.73	62.73	8.98	17.76	3.98	6.56
学前教育	自治区内	3.84	39.78	9.56	20.81	13.39	16.46
	自治区外	3.00	71.91	9.69	9.02	3.56	5.82
小学	自治区内	21.91	32.05	9.93	24.08	16.72	17.22
	自治区外	23.44	66.88	10.72	12.63	3.82	5.95
初中	自治区内	30.87	36.42	14.03	22.65	10.44	16.46
	自治区外	38.15	69.71	12.15	9.60	3.47	5.07
高中	自治区内	17.70	45.63	10.78	17.07	13.31	13.21
	自治区外	13.85	71.22	11.83	7.98	3.65	5.33
大专	自治区内	11.45	61.64	8.55	13.61	8.26	7.94
	自治区外	8.42	74.79	8.47	7.11	3.34	6.29
大学本科	自治区内	9.27	63.86	7.45	10.75	10.20	7.73
	自治区外	8.61	77.39	11.67	4.21	2.95	3.78
研究生	自治区内	0.52	84.25	3.92	4.81	4.22	2.81
	自治区外	0.79	90.13	2.97	1.80	2.93	2.17

　　资料来源：《宁夏回族自治区人口普查年鉴 2020》。

从各地市看，银川迁移流动人口的受教育程度相对较高。宁夏自治区内迁移流动人口中，接受大专及以上教育的人数为 55.02 万人，其中银川占 63.16%，石嘴山占 7.96%，吴忠占 12.15%，固原占 9.01%，中卫占 7.72%；自治区外迁移流动人口中，接受大专及以上教育的人数为 11.75 万人，其中银川占 76.73%，石嘴山占 9.77%，吴忠占 5.47%，固原占 3.13%，中卫占 4.90%。银川迁移流动人口中接受大专及以上教育的人数为 43.77 万人，占银川迁入人口的 27.86%，石嘴山、吴忠、固原、中卫的大专及以上教育程度迁移流动人口的占比分别为 15.58%、12.72%、15.40%、11.97%。

（四）迁移流动人口的职业

2020 年人口普查显示，迁移流动人口职业类型共 7 类，以支出脑力或体力的劳动分工方式作为区分，可分为脑力劳动类型（包括：党的机关、国家机关、群众团体和社会组织、企事业单位负责人；专业技术人员；办事人员和有关人员）、体力劳动类型（包括：社会生产服务和生活服务人员；农、林、牧、渔业生产及辅助人员；生产制造及有关人员）、其他（不便分类的其他从业人员）。宁夏迁移流动人口所从事的职业主要为体力劳动类型，占迁移就业人员劳动者总数的 78.39%，从事脑力劳动类型的占 21.44%，其他占 0.18%。自治区外迁移流动人口中从事体力劳动类型的就业人员比重高于自治区内迁移流动人口。自治区外体力类型劳动就业人员占 86.12%，比自治区内体力类型劳动就业人员比重高出 10.09 个百分点。

从五个地级市看，银川市迁移流动人口主要从事的职业类型依次为：社会生产服务和生活服务人员（46.03%）、生产制造及有关人员（26.00%）、专业技术人员（14.49%）；石嘴山迁移流动人口主要从事的职业类型依次为：社会生产服务和生活服务人员（41.07%）、生产制造人员（35.74%）、专业技术人员（8.76%）；吴忠迁移流动人口主要从事的职业类型依次为：社会生产服务和生活服务人员（40.59%）、生产制造及有关人员（26.41%）、农林牧渔业生产及辅助人员（14.46%）；固原迁移流动人口主要从事的职业类型依次为：社会生产服务和生活服务人员（40.17%）、生产制造及有关人员（25.79%）、专业技术人员（14.57%）；

中卫迁移流动人口主要从事的职业类型依次为：社会生产服务和生活服务人员（38.36%）、生产制造及有关人员（28.34%）、农林牧渔业生产及辅助人员（17.05%）（见表9-8）。

表9-8 宁夏各市迁移流动人口职业构成

单位：%

职业类别	全 区	银川市	石嘴山市	吴忠市	固原市	中卫市
党的机关、国家机关、群众团体和社会组织企事业单位负责人	2.23	2.59	1.86	2.26	1.88	1.28
专业技术人员	12.52	14.49	8.76	10.41	14.57	9.59
办事人员和有关人员	6.69	7.21	6.26	5.75	8.03	5.35
社会生产服务和生活服务人员	43.07	46.03	41.07	40.59	40.17	38.36
农、林、牧、渔业生产及辅助人员	7.83	3.57	5.52	14.46	9.53	17.05
生产制造及有关人员	27.49	26.00	35.74	26.41	25.79	28.34
不便分类的其他从业人员	0.18	0.12	0.78	0.11	0.02	0.02

资料来源：《宁夏回族自治区人口普查年鉴2020》。

三、人口迁移流动的原因

新时代以来，宁夏迁移流动人口数量显著提高，人口迁移流动呈现"大规模""高频率"特征。人口迁移流动快速发展，受到社会经济发展、政策计划、个人因素、城市内部变动等一系列因素影响。

（一）社会经济发展的因素

人口迁移流动是一种复杂的人口现象，促使人们迁移的原因不仅包括气候条件、地理环境等影响生活生产的自然因素，更重要的是有利于迁移人口谋取经济性利益的社会经济发展因素。

1.行政因素

新中国成立初期，国家为了开发建设宁夏，有计划地在内陆省市组织移民迁入宁夏，大量支宁建设者迁入宁夏，深刻影响了宁夏的人口规模和居住格局。改革开放后，城市化进程快速发展，伴随着西部大开发的深入推进，来自全国30个省、自治区、直辖市的自发移民及其后裔迁入宁夏，宁夏人口总数及城市人口数量不断增长。自新中国成立至今（除少数年份外），宁夏迁入人口一直多于迁出人口，迁入原因包括干部调入、军人安置、有组织移民、企事业搬迁、科技支宁等政策原因，及投靠亲友、务工经商、自由流入等流动者个人原因。2010 年和 2020 年人口普查数据显示，常住人口中分别有 63.29 万人和 95.90 万人非宁夏出生，这些迁移流动者至少有过一次迁移的经历。2020 年，自治区外出生人口占总人口的比例为 13.31%，按人口出生地在自治区外所占比例由高到低排序，宁夏在全国各省、自治区、直辖市中排在第 9 位。其中，出生地在东部地区的占 18.35%，中部地区的占 20.45%，东北地区的占 5.26%，西部地区的占 55.91%，港澳台或国外的占 0.02%。受行政因素的影响，宁夏迁移流动人口规模不断扩大，吸引了来自全国各地、特别是西部地区迁移流动者的大量流入。

2.城镇化因素

城镇化的发展必然伴随着人口的迁移，城市经济的快速发展极大地促进和带动了人口，特别是农村人口的集聚和迁移。2010 年以来，宁夏着力推进以沿黄城市带为支撑的特色城市化、以生态移民攻坚为重点的扶贫开发进程，不断加快新型城镇化建设进程，基本形成了"区域中心城市——地区中心城市——县域中心城市——镇"四级分配合理、优势互补、功能完善、特色鲜明、空间紧凑的城镇体系，"一带三区、一主两副"总体空间格局更加协调。随着城镇落户"零门槛"全面放开，居民基本养老保险和医疗保险制度基本实现城乡统一，农村迁移流动人口在公共服务、社会权益等方面的保障力度不断提高，城市吸引力不断增强。加之城际铁路、高速公路等交通基础设施的日益改善，及供水供电等城市可持续发展能力的不断增强，宁夏城镇化发展水平和质量得到大幅提升。2010 年宁夏城镇化率为 47.96%，2015 年提高至 55.23%，年均提高 1.45 个百分点，2020 年人口普查显示，宁夏城镇化率为 64.96%，五年内年均提高 1.95 个百分点，居西北地区第 3 位。当前宁夏城镇化率已高于全国平均水平，城乡融合的快速发展极大地促进了农村剩余劳动力向城市转移流动。

3.城乡收入差距因素

随着城乡居民收入结构不断优化，城乡居民收入水平得到显著提高，收入差距扩大趋势得到有效遏制。2010 年宁夏城镇居民与农村居民收入差距为 3.28∶1，2015 年为 2.76∶1，2020 年进一步缩小为 2.57∶1。农村居民收入水平增长，一方面是由于大量农民为了务工增收向城市流入，另一方面，取得经济效益的流动人口将信息传递回农村后又吸引了新的一批流动人口迁入城市。正是劳动力转移所带来的经济效益对农村人口减贫增收发挥了重要作用，因而即使当前农村居民增收渠道不断扩大，但农村剩余劳动力依然趋于向城市迁移流动，以务工经商等作为提高经济收入主要方式之一。从宁夏南部山区人口数量来看，2010 年至 2020 年十年间，西海固 9 县人口占宁夏人口比重从 33.36%下降为 29.92%，下降了 3.44 个百分点。为了实现家庭脱贫致富，提高贫困家庭内生发展能力，一批又一批的农村劳动力流入城市以增加工资及家庭经营收入，成为农村人口特别是贫困人口就业增收的重要渠道。

4.产业化因素

宁夏依托发展特色产业的自然资源优势，围绕转变经济发展方式、优化产业结构布局，以加强产业支撑不断扩大城镇聚集发展效应。2010 年，宁夏非农产业生产总值占地区生产总值的 89.46%，2020 年提高至 91.46%。随着产业化进程的加速，非农产业就业人口比例不断提高，2010 年宁夏就业人员中 50.31%为二、三产业从业人员，2020 年宁夏二、三产业从业人员达 261 万人，占就业人员总数的 75.87%。第二产业外延不断扩大和第三产业蓬勃发展，为农村剩余劳动力提供了大量就业岗位，加速了周边农村人口大规模向城市迁移流动的趋势。2020 年人口普查显示，虽然迁移流动人口从事脑力劳动类型比例显著提高，但其主要从事的职业类型依然为"社会生产服务和生活服务人员"，占比达 38.36%。同时，随着九大重点产业高质量发展实施方法的制定，地区产业链不断延长，产业发展呈现多元化、特色化、高端化趋势，这将为地区劳动力提供更广泛全面的就业岗位，地区人口迁移流动规模将出现新的变化。

（二）政策因素

宁夏是我国较早有计划有组织大规模实施移民搬迁的省区之一。尤其是宁夏南部山区，位于黄土高原，山大沟深，生态环境恶劣，经济基础薄弱，群众生活困难，是宁夏脱贫攻坚的主战场和核心区。为了解决地区人口的贫困问题，宁夏制定了"以川济山，山川共济"的扶贫开发政策，进行易地扶贫搬迁探索。从 1983 年，先后实施了 6 次大规模移民，累计搬迁 123.6 万人，其中：吊庄移民 19.8 万人，宁夏扶贫扬黄灌溉工程移民 30.8 万人，国家易地扶贫搬迁试点移民 14.72 万人，中部干旱带县内生态移民 15.36 万人，"十二五"中南部地区生态移民 34.5 万人，"十三五"易地扶贫搬迁移民 8.08 万人。

2010 年至 2020 年的十年间，政府主导的自治区内移民引发了新一次大规模人口迁移流动浪潮，易地搬迁移民工程共移民 42.58 万人。特别是脱贫攻坚战役的背景下，宁夏对中南部地区建档立卡贫困人口实施易地扶贫搬迁，在因地制宜、分类施策原则指导下，开发利用一切可以利用的空间，并跟进社会保障、产业发展等后续措施，以可持续的产业和稳定的就业使得移民生活生产条件得到显著改善。截至 2018 年底，政府共投资 49.3 亿元全面完成了 8.08 万人的安置任务，极大地提升了贫困人口生产生活水平，宁夏迁移流动人口规模随之实现稳定增长。

（三）个人迁移流动的因素

受社会经济和自然因素的影响，迁移流动人口对迁入地有着不同的期望值，因此，影响人口迁移流动的因素是多种多样的。年龄、性别、受教育水平和婚姻状况等个人特征以及其他社会经济特征，在人口迁移流动中具有重要的影响作用。2020 年人口普查将影响人口迁移原因分为十种因素，宁夏人口迁移流动原因按构成比重从高到低排序为：工作就业（28.09%）、拆迁/搬家（22.26%）、随同离开/投靠亲友（17.82%）、学习培训（10.36%）、其他（6.87%）、为子女就学（5.02%）、婚姻嫁娶（4.00%）、照料孙子女（2.16%）、养老/康养（1.75%）、寄挂户口（1.67%）。

如果对人口迁移原因进行进一步划分，因工作就业和学习培训原因迁移流动的人口可以看作是经济型迁移人口；因投亲靠友、随同离开、拆迁搬家、寄挂户口、婚姻嫁娶、照料孙子女、为子女就学、养老康养原因迁移流动的人口可以看作是社会型迁移人口。2020 年人口普查显示，宁夏经济型迁移人口占 38.45%，社会型迁移人口占 54.68%；自治区内迁移流动人口中，经济型迁移人口占 32.73%，社会型迁移人口占

60.71%；自治区外迁入人口中，经济型迁移人口占 61.21%，社会型迁移人口占 32.84%。由于宁夏城乡公共服务差距相对较大，为了追求更高质量的教育、医疗等公共服务资源，自治区内迁移流动人口出于对子女教育、老人康养等因素形成的迁移流动比例较高，其中，为子女就学占 6.03%、养老康养占 1.96%，且政策主导的易地移民搬迁及个人因素搬家导致自治区内拆迁搬家的迁移流动现象远多于自治区外流入人口，占比达 25.89%，相较于自治区外搬迁搬家因素 7.82%的比例，高出 18.07个百分点。可见，自治区内迁移流动人口多是出于非经济利益目的的社会性原因，自治区外流入人口则相反，多是出于谋取经济利益目的的经济性原因。

分性别来看，工作就业、拆迁搬家、寄挂户口类型的迁移流动人口多为男性，人口性别比分别为 171.27、111.79、109.08，学习培训、投靠亲友、婚姻嫁娶、照料孙子女、为子女就学、养老康养类型的迁移流动人口多为女性，人口性别比分别为 91.02、82.66、28.71、52.41、87.96、83.42，自治区内外迁移流动中性别对迁移原因的影响较小，即经济型迁移人口以男性为主，社会型迁移人口以女性为主（见表9-9）。

表 9-9 宁夏迁移流动人口原因构成

迁移原因	合计 （%）	男 （%）	女 （%）	性别比 （女=100）
合　　计	**100.00**	**100.00**	**100.00**	**107.15**
工作就业	28.09	34.29	21.45	171.27
学习培训	10.36	9.54	11.23	91.02
随同离开/投靠亲友	17.82	15.59	20.21	82.66
拆迁/搬家	22.26	22.72	21.77	111.79
寄挂户口	1.67	1.69	1.66	109.08
婚姻嫁娶	4.00	1.72	6.43	28.71
照料孙子女	2.16	1.44	2.94	52.41
为子女就学	5.02	4.54	5.53	87.96
养老/康养	1.75	1.54	1.97	83.42
其　　他	6.87	6.94	6.80	109.38

资料来源：《宁夏回族自治区人口普查年鉴2020》。

（四）城市内部变动的因素

城市内部的人口迁移流动主要以跨区流动为主。自 2002 年银川设立兴庆区、金凤区、西夏区以来，市辖区内人口数量不断增长，人口跨区迁移流动趋势明显。由于兴庆区教育资源、医疗水平、文化娱乐、基础设施等公共服务保障水平相对较高，经济发展和收入水平优于金凤区和西夏区，因此市辖区内居民为改善居住条件、城市拆迁改造、子女上学择校等原因，不断向兴庆区聚集流动。这种现象在吴忠市利通区也较为普遍，形成了因城市内部变动而引起的人口迁移流动趋势。

四、人口迁移流动对社会经济发展的影响

社会经济的发展是推动人口迁移流动的重要因素，同时，人口迁移流动影响着迁入地、迁出地的社会经济发展水平，包括积极影响与消极影响两个方面。

（一）对社会经济发展的积极影响

大规模的迁移流动人口为地区开发与经济建设提供了可靠的劳动力资源，对迁入地的社会经济发展产生了积极影响。迁移流动也为劳动力资源提升自我发展能力提供了有效的平台与机会，从而对迁出地的社会经济发展发挥出积极作用。

1.有利于推动地区开发和建设

人们迁移流动过程是人类不断寻找适宜自身发展环境、提高生活生产条件的过程。长期以来，宁夏南部山区是全国最贫困地区之一，1972年被联合国世界粮食计划署确定为"最不适宜人类生存的地区之一"，且由于人口的过快增长，地区人口密度已远超过联合国提出的干旱、半干旱地带 22 人/平方公里的人口合理承载量。在这种资源环境恶劣、人口密度过大的情况之下，必然导致人们不断加大对自然资源的掠夺和开发，从而进一步造成土地承载力下降，人口生活生产条件恶化，因而形成了"盲目开垦——生态破坏——干旱少雨——贫穷落后"的恶性循环。为此，国家始终高度重视宁夏南部山区扶贫开发工作，自治区历届党委、政府把彻底改变宁夏南部山区贫穷落后面貌作为全区经济社会发

展的战略重点，特别是自 20 世纪 80 年代初开始，吊庄移民、扶贫开发移民、生态移民等易地扶贫搬迁方式，极大地推进了贫困人口迁移流动，对地区开发和建设发挥了重要作用。具体的措施包括：吊庄移民，成批地将宁夏南部山区贫困人口搬离生态脆弱地区，搬迁至有荒地资源的地区以重建家园；扶贫扬黄灌溉工程，以水利设施建设为基础，重点开发了县级建制的红寺堡开发区；生态移民，按照"人随水走、水随人流"的思路，将不具备基本生存条件地区的人口移往他处，并强调对生态脆弱地进行恢复和重建；易地扶贫搬迁，随着国家精准扶贫政策的不断推进，易地扶贫搬迁更加关注经济、社会、生态环境的协调发展，建档立卡户也获得了生态公益性岗位以提高家庭收入水平，地区生态环保工作保障力度不断提高。此外，在闽宁扶贫协作背景下，劳务移民、教育移民等新型扶贫移民工作大范围地推动了贫困人口的跨自治区流动，宁夏贫困人口迁至福建务工就业，家庭收入水平与增收渠道得以增加，贫困人口脱贫致富积极性和主动性得到极大的提升，对宁夏南部山区社会经济发展和生态环保建设发挥了有利作用。新时代以来，政府主导下的移民工程，以大规模、有组织的人口迁移流动，将人口迁移流动的空间从农村向"农村+城镇+企业+产业基地"不断拓展，贫困人口逐步融合到城镇化、工业化和产业化的发展进程中，既增加了贫困人口减贫致富的新渠道，又对移民迁入区的荒地进行了规划开发，同时加强了移民迁出地的生态修复与建设，实现了人口、资源与环境的协调发展，为建设黄河流域生态保护和高质量发展先行区、继续推进全面建设社会主义现代化美丽新宁夏打下了坚实基础。

2.有利于促进宁夏与全国各地的交流和合作

随着人口跨自治区迁移流动趋势不断扩大，宁夏与全国其他地区的交流合作力度不断增加。2010 年，宁夏跨自治区迁移流动人口为 59.42 万人，2020 年人口普查显示，宁夏跨自治区迁移流动人口增加至 104.16 万人，十年间增加了 44.74 万人，其中自治区外流入人口增加 30.67 万人，流出自治区外人口增加了 14.06 万人。跨自治区迁移流动人口规模的扩大，推进了宁夏与全国各地的交流与合作。自国家有计划地组织支宁建设以来，来自全国各地的劳动力资源及高素质人才扎根宁夏，为宁夏经济发展不断提供有力的资源、信息、平台等，宁夏作为西北内陆城市与各地区的交流合作机会持续加深。特别是闽宁协作工作的推进，不仅为宁夏产业发展、基础设施建设等提供了经济支援与帮助，更是进一步扩大了宁夏在文化交流、经贸往来的信息基础。新时代以来，共建"一带一路"重大机遇背景下，人口跨自治区迁移流动为宁夏扩大对外开放提供了更加广泛的平台与机会。

3.有利于促进新型城镇化发展

宁夏人口迁移流动的主要方向仍然是从农村到城市，农村剩余劳动力转移至城市，使城市人口规模持续扩大，城镇化水平也随之提高。2020年，宁夏常住人口城镇化率达到64.96%，比2010年提高了17个百分点，五年内年均提高1.95个百分点。城镇化发展水平提高的同时，人口迁移流动加速进一步提升了宁夏城镇化发展质量。随着迁移流动人口不断向中心城市和北部地区集聚，2020年银川、石嘴山、吴忠三地的总常住人口和总城镇人口分别达到499万人和365万人，占全自治区比重分别为69%和78%，成为宁夏主要人口承载地；固原、中卫两地市辖区的总城镇人口较2015年增加11.19万人，城市集聚吸引作用的持续增强，推进了银川与周边城市一体化联动发展空间格局的形成。此外，高铁、公路、城际铁路等交通基础设施日益完善，农村迁移流动人口的公共服务、社会保障水平不断提高，城乡人居生态环境得到了明显改善，人口迁移流动对城市基础设施、医疗卫生、文化教育、社会保障等方面提出的更高要求，有力提升了宁夏新型城镇化建设的水平与质量。

4.有利于推动区域经济发展

人口大规模迁移流动在提高城镇化建设水平和质量的同时，对加快区域社会经济发展发挥了重大作用。一方面，农村剩余劳动力的大量进城充实了城市的劳动力市场，特别是在城镇化发展背景下，产业发展趋向于"三二一"结构顺序，城市二、三产业的发展对劳动力的需求不断增加，包括建筑施工、搬运装卸、废旧收购、蔬果销售、家政服务、城市环卫及住宿餐饮娱乐服务等行业，由于工作性质因素存在劳动力稀缺现象，而劳动力价格相对低廉的农村剩余劳动力迁移流动，满足了城市快速建设和产业结构调整的需要，从而为城市社会经济发展提供了动力。另一方面，大规模的迁移流动人口增加了城市人口规模，客观上扩大了城市的消费市场。迁移流动人口在创造收入的同时，其衣、食、住、行等各方面的消费与迁入地消费市场具有密切关系，推动了地区消费市场的投资发展，且部分从事商业经营活动的迁移流动人口，通过依法纳税增加了迁入地的财政收入。据统计，2020 年宁夏地区生产总值达到 3921 亿元，实现了比 2010 年翻一番的目标，地区经济综合实力持续增强。

5.有利于巩固拓展脱贫攻坚成果

农村剩余劳动力在迁移流动中促进了迁出地农村经济的发展，有利于解决贫困农村脱贫致富问题，巩固拓展国家脱贫攻坚成果。其一，农村剩余劳动力转移至城镇，解决了农村人多地少的矛盾，且部分长期迁移流动的农村人口不断调整土地承包经营方式，为提高农业劳动生产率、带动农业规模化经营发展提供了有利条件。其二，迁移流动人口外出务工经商，增加了农村人口收入，继而以各种不同的方式返回农村，提高了农村地区收入水平。2020 年,宁夏农民人均可支配收入为 13899.4 元，较 2015 年提高了 52.32%，其中，工资性收入为 5150 元，较 2015 年提高了 42.49%，非第一产业经营性收入为 1909.3 元，较 2015 年提高了 74.60%。农村人口收入的增加，或是以商品方式返回农村，加强了地区间的商品市场流动，或是用于购买农业生产资料，提高了农业生产投入水平。2020 年底，宁夏决胜脱贫攻坚目标任务全面完成，9 个贫困县全部摘帽，1100 个贫困村全部出列，62.4 万农村贫困人口全部脱贫。整体来看，迁移流动成为农村人口扩大增收的重要渠道之一，极大地提高了农村低收入家庭经济水平，为贫困农村减贫增收做出了重要贡献，有利于宁夏巩固拓展脱贫攻坚成果。

6.有利于提高农村人力资源质量

农村人力资源质量包括农村人力资源的体力素质和智力素质，具体来说，农村劳动力的思想道德素质、教育文化水平、科学技术能力、身体素质等都影响着农村人力资源的质量水平。农村人口在迁移流动的过程中，其生活方式、生活习惯逐渐接近并融入迁入地，使其文化观念、思想道德、科学技术、民主意识等得到全面提高。特别是城市居民更加活跃、更加解放的思想观念，可以大规模促进农村人口的思想发生转变，并将城市文明、健康饮食、卫生习惯、现代信息知识带回原住地农村，从而改变农村人口各种落后思想意识观念和不良生活习惯，有利于农村人力资源素质整体性提高。此外，迁移流动人口开阔视野、提高见识，对科学文化教育的重视程度不断增强，加之收入水平的提升使增加家庭教育投资成为可能，不仅拥有了选择提高自身文化素质的方式，更是对家庭子女接受更高程度的教育有了更为普遍的需要和共识，形成了农村人口文化素质不断提高、阻断代际贫困传递的良性循环。2010 年，宁夏农村劳动力中文盲比例为 18.50%，大中专及以上程度比例为 2.72%，2020 年（参考 2019 年数据），宁夏农村劳动力中文盲比例减少了 2.56个百分点，大中专及以上程度比例提高了 1.17 个百分点。农村人力资源质量的提高，对提升农村人口整体素质、农村整体文明素质具有重要作用，为全面建设社会主义现代化美丽新宁夏创造了良好的条件。

7.有利于促进各民族间的交往交流交融

宁夏是我国最主要的多民族聚居区之一，2020 年人口普查显示，宁夏少数民族人口占总人口比例为 35.96%，其中回族人口占总人口的35.04%。由于语言文化、生活习惯等原因，宁夏少数民族人口迁移流动以自治区内迁移为主，具有"邻近"流动的特性。少数民族人口为了追求更好的生存和发展空间，在迁移流动中客观上成为民族文化的传播者，促进了各民族间的文化交流，中和了民族文化间的差异，对构建民族互嵌式社会结构、促进各民族交往交流交融发挥了重要作用，对新时代推进铸牢中华民族共同体意识具有积极意义。

（二）对社会经济发展的负面影响

迁移流动人口在为迁入地提供廉价劳动力的同时，增加了迁入地的资源环境压力与社会管理成本。宁夏大量迁移流动人口从农村涌向城市，为城市的公共服务、社会治安、市场管理等方面带来一些消极影响。大量农村人口迁移到市县居住，导致农村空心化，制约了乡村社会治理的发展。

1.加剧了城市基础设施和公共服务的压力

在人口迁移流动中，大量迁移流动人口向城市集聚，造成了市区内人口密度迅速增长，随之加剧了城市基础设施和公共服务等方面的承载负担。当前我国公共服务供给受到户籍制度限制，因此迁移流动人口存在子女上学"一校难求"、住房租赁保障不足、养老服务难等问题，政策保障和资源配置发展仍然不全面不充分，对地区经济社会持续健康发展造成了阻碍。同时，地区公共服务要素畅通流动和有效配置难以得到保障，迁入地对迁移流动人口的吸引力和集聚力将会逐步弱化，人口迁移流动所带来的"人口红利"随之降低，从而形成恶性循环。2010年银川市辖区内人口密度为393人/平方公里，2020年人口普查显示，人口密度已达928人/平方公里，十年间增长1.36倍。大规模人口迁移流动在为宁夏经济高质量发展注入活力与动力的同时，城市人口的迅速膨胀对城市住房供给、交通建设、医疗水平、教育资源、供水供电等方面的承载力提出了更高的要求。

2.增加了迁入地社会管理和环境治理的难度

迁移流动人口为城市提供了可以从事劳动环境差、危险系数高、作业强度大等工种的相对廉价劳动力，但由于农村剩余劳动力普遍文化水平不高，部分迁移流动人口的道德观念、规则意识、法治意识相对淡薄，在迁入地的生活生产、务工经商的过程中，造成了新的社会管理和环境管理难题。如，有些迁移流动人口住所难以固定，生活垃圾处理不当，难以避免其行为习惯造成脏乱差现象，影响市容市貌，加大了城市环境卫生管理负担。有些迁移流动人口法律意识淡薄，在务工经商中违反相关规定，出现了滥设摊点、哄抬物价、出售假冒伪劣商品、食品卫生不达标、偷税漏税等现象，不仅损害了城市居民利益，对迁入地的工商、税务、城建等城市管理体系造成了一定的冲击。加之长期以来，迁移流动人口管理采取防范式管理模式，管理效率无法适应大规模人口迁移流动所造成的社会管理风险，而在转向综合性管理模式的过程中，劳动保障、公安、商业、环保等相关部门的联合管理存在衔接难的问题，使得迁移流动人口所造成的社会管理和环境治理难题仍然表现突出。

3.带来了迁入地社会治安和公共安全的问题

迁移流动人口中的犯罪问题是影响社会治安稳定的一个重要因素。由于文化素质较低、经济条件较差，部分迁移流动人口长期处于缺乏固定工作、稳定收入来源和固定住所的困境，极易因生活所迫做出错误判断，走上违法犯罪的道路，加之迁移流动人口活动范围广泛、滞留时间不一、成分构成复杂，存在一部分以同乡、亲友构成的群体因相互影响、相互模仿而导致的违法犯罪行为，且呈现出犯罪手段凶狠、犯罪目标随机、低龄犯罪、流窜犯罪等特点，成为城市治安管理的难点痛点所在。此外，迁移流动人口对迁入地的社会认同和归属感较低，规则意识、法治意识的不足，在生存就业压力及社会不公平待遇压力面前，容易产生逆反情绪、出现行为失控，从而造成爆发群体性社会事件的风险，对社会公共安全造成一定的威胁。

4.增加了城市就业和社会保障工作的压力

迁移流动人口的增长，对地区就业形势造成了压力。2010年，宁夏劳动力资源共473.6万人，占总人口的74.84%，就业人员342.0万人，占劳动力资源总数的72.21%，2020年，宁夏劳动力资源共533.30万人，占总人口的76.75%，就业人员344万人，占劳动力资源总数的62.17%。十年间，宁夏劳动力人口数量稳定上升，但就业人员占劳动力资源比重下降了10.04个百分点，宁夏劳动力市场的供求矛盾呈现出逐步扩大的趋势。农村剩余劳动力大量进入城市，势必会增加更大的城市就业压力，并且宁夏当前城市转型升级速度不断加快，产业高端化发展趋势下对农村转移劳动力的文化素质和专业技能水平要求随之提高，人口与产业匹配之间出现的矛盾对城市社会保障管理水平提出了更高的要求。

5.制约了乡村社会治理的发展

农村剩余劳动力的迁移流动具有"两栖"特征，他们长时间离开农村乡土环境，乡土规则与权威意识逐渐淡化，但由于户籍、土地等原因，并未完全融入城市社会之中。在农村人口的迁移流动中，大量的资金、技术、人才向城市集中，虽然存在迁移流动中资金、技术、人才回流的可能性，但客观上已经出现的农村发展"空心化"趋势正在逐渐扩大。随着宁夏城乡融合的快速发展，农村人口不断涌向城镇，出现大部分非城郊村人口大幅减少的现象，乡村的生活功能逐渐弱化，对乡村建设、发展与社会治理带来了较大的挑战。同时，迁移流动人口常年居住于城市之中，无法有效参与到乡村治理的过程中，在农村基层民主管理、民主选举、民主决策、民主监督中存在权力缺失，仍然居住于农村的人口普遍出现老龄化、低龄化现象，参与农村社会治理的能力较弱，如此一来，迁出地农村的村治权力难以充分发挥作用，乡村治理的成本和难度随之增加。

6.增加了流动家庭的发展风险

随着人们对教育重视程度的不断提高，农村家庭逐渐认识到为子女提供更加优质的教育资源，有利于提高子代阶层流动的回报率，因此，因子女教育而进行迁移流动的人口规模正在逐渐扩大，迁移流动人口中产生了陪读家长这一群体。但由于教育投资的不确定性、教育竞争压力逐渐扩大等原因，对于因陪读而进行迁移流动的家庭、特别是经济水平较低的迁移流动家庭而言，经济压力与精神压力对流动家庭的生活生产造成了一定的发展风险。此外，迁移流动过程的复杂性对流动人口的家庭生活、经济生活、社会生活造成极大变化，失业风险、离婚风险及家庭赡养功能的弱化对流动家庭内生发展能力的提高造成了阻碍。

随着全面建设社会主义现代化国家的不断推进，宁夏人口迁移流动将展现出新的特点，迁移流动人口数量将持续增长、人口素质将不断提高、人口流向将更加多元，人口迁移流动对地区社会经济发展带来了新的活力、注入了强劲动力。有关部门应着眼于微观层面，建立迁移流动人口信息库，引导人口合理迁移流动，充分发挥人口迁移流动在推动城市经济社会发展中的积极作用。此外，要科学规划、合理布局，不断提高中心城市聚集辐射能力、提升城镇建设发展质量、实现城乡深度融合发展，为迁移流动人口提供全方位、多层次的流动选择，以推动宁夏全区经济社会发展，不断实现黄河流域生态保护和高质量发展先行区建设、经济繁荣民族团结环境优美人民富裕的社会主义现代化美丽新宁夏建设的新突破。

第十章　新型城镇化与城乡融合发展

一、引言

城镇化是现代化的重要组成部分，是人类社会发展的必然趋势，也是人类生产和生活方式由乡村型向城市型转化的历史过程，表现为乡村人口向城市人口的转化以及城市不断发展和完善的过程。我国的城镇化是在世界整体城镇化历史进程中的后发的城镇化，既符合世界城镇化的普遍规律，同时又具有社会主义国家的特殊性。在中国共产党的坚强领导下，我国城镇化建设取得了举世瞩目的成就。习近平总书记在党的二十大报告中指出："我国城镇化率提高十一点六个百分点，达到百分之六十四点七。"在全面建设社会主义现代化国家的新征程上，我国城镇化建设迎来了前所未有的发展机遇，为宁夏新型城镇化与城乡融合发展提供了广阔平台。

2021 年中央一号文件《关于全面推进乡村振兴加快农业农村现代化的意见》指出，认真解决好"三农"问题仍是"十四五"期间的主要任务，全面推进农业农村现代化，以实现我国全体民众对美好生活的共同需求。2022 年宁夏政府工作报告在部署 2022 年重点工作内容中提出规划：乡村振兴和新型城镇化要坚持"一盘棋"思想，从而实现城乡一体化。到 2025 年，要实现乡村脱贫攻坚成效巩固扩大，城乡振兴战略整体推进，农村脱贫区域经济发展活力和发展后劲明显提高，乡村农业生产质量效率和竞争力显著提高，乡村农业基础设施环境和乡村基本公共服务能力继续增强，美好宜居乡村创建工作扎实开展，乡风文明创建要取得重要突破，农村基层党组织建设工作不断加强，乡村对低收入家庭的分类扶持等长效机制不断完善，农村脱贫区域收入增幅逐步超过全国乡村平均水平的目标。从理论层面看，新型城镇化和乡村振兴战略的提出，反映了党中央对城乡融合发展的高度重视和对国家未来发展的正确把握。对于宁夏新型城镇化和城乡融合发展的探讨，将有助于促进对于该类问题或宁夏地区相关问题的关注和研究，为宁夏制定政策或未来研究提供更多的视角。通过测度宁夏在新型城镇化与城乡融合发展之间的耦合与协同发展水平，可为分析城乡协调发展现状提供实证的参考案例，有助于我们对宁夏回族自治区区情的认识。同时，对新型城镇化和乡村振兴统筹发展评估指标体系的建立、互动关系研究提供新的研究思路与方法借鉴。从实践层面看，研究揭示新型城镇化与城乡融合的耦合趋势和发展走势，关注两大战略的共生作用，科学判断城市耦合发展水平，明确城市发展的空间布局，提出切实可行的协调发展水平提升策略，这对于诊断当前宁夏城乡协调发展问题，监测城乡协调发展进程，完善相应政策具有重要指导意义。

二、宁夏新型城镇化与城乡融合发展现状

（一）宁夏新型城镇化概况

随着我国进入全面建设社会主义现代化国家新征程，宁夏城镇化迎来了前所未有的机遇，其发展进程加快并且有着显著的城乡结构变化。改革开放以后，特别是党的十八大以来，自治区党委和政府一直坚持把宁夏回族自治区当作中心城市进行规划设计的经济理念，坚持统筹城镇农村发展，将新型城镇化作为推动地区经济建设的重要目标，优化城市空间建设规划，制定出一批促进城镇化建设的优惠政策，加快都市圈建设，有力地推动了城镇化的建设，惠及百万人民群众。

1.宁夏人口变化的主要特点

人口城镇化率显著提高。据第七次全国人口普查数据显示，截至2020年11月1日零时，宁夏居住在城镇的人数为4678654人，占常住人口的64.96%；居住在乡村的人口2524000人，占35.04%。与2010年第六次全国人口普查相比，在十年间，城镇人口规模有所增加，乡村人口减少。

人口总量持续增加。2020年第七次全国人口普查与2010年第六次

全国人口普查相比，全区常住人口增长 14.30%，十年间，年平均增长1.35%，与2000—2010 年人口普查的人口年平均增长率1.16%相比，上升了 0.19 个百分点。

人口地区分布趋于集中。分地市看，人口向银川集中，银川市285.91万人，占全区常住人口的 39.69%。分县（区）看，人口主要向城市区集中，兴庆区增加 13 万人，金凤区增加 36.1 万人，西夏区增加 12 万人，永宁县增加 10.3 万人，贺兰县增加 11.8 万人，利通区增加 8.1 万人，原州区增加 5.9 万人。

人口质量提升，人均受教育年限增加。全区 15 岁及以上人口平均受教育年限9.81年，比2010年第六次全国人口普查时的8.82年增加0.99年。

流动人口大幅增加。第七次全国人口普查结果显示，全区流动人口250.7 万人。全区常住人口中，人户分离人口为3362670 人，其中，市辖区内人户分离人口为 855675 人，流动人口为 2506995 人。流动人口中，外省流入人口为 675119 人，区内流动人口为 1831876 人。与 2010年第六次全国人口普查相比，人户分离人口增加 1828188 人，增长119.14%，其中市辖区内人户分离人口增加 613935 人，增长 253.97%，流动人口增加 1214253 人，增长 93.93%，年均增长 6.85%。

2.宁夏城镇各项事业全面发展

从 2018 年到 2022 年，五年以来，宁夏城镇各项事业取得全面发展。经济高质量发展取得新成就。地区生产总值由 3200 亿元提高到 5000 亿元以上，年均增长 6% 左右。人均地区生产总值由 4.6 万元增加到 6.8 万元以上，年均增长 5% 左右。累计完成固定资产投资近 1 万亿元。特色产业不断发展，粮食生产"十九连丰"，年产超过 75 亿斤。年产葡萄酒1.38 亿瓶，居全国酒庄酒产量第一位。群众生活质量得到新提升。坚持每年将 75% 以上的财力用于民生事业，深入实施"四大提升行动"并拓展为"六大提升行动"，城乡居民人均可支配收入分别由 29400 元、10700元提高到 40200 元、16400 元，年均增长 6.4%、8.8%，超过 GDP 增速。"互联网+教育""互联网+医疗健康""互联网+城乡供水"示范区建设走在全国前列。率先在西部实现义务教育基本均衡发展目标，劳动年龄人口平均受教育年限从 10 年提高到 11 年。城镇新增就业 7.9 万人，农村劳动力转移就业 82 万人，高校毕业生总体就业去向落实率同比增幅全国第一位，城镇调查失业率控制在 5.5% 左右。推动巩固拓展脱贫攻坚成果同乡村振兴有效衔接，脱贫人口人均纯收入增长 16.3%，脱贫县农村居民人均可支配收入增长 8.5%，实现了"两个高于"目标，进入全国前列。率先在全国建成五级远程医疗服务体系，人均预期寿命由 74.7 岁提高到 76.9 岁。统筹推进区域协调发展，城乡面貌发生新变化。宁夏全区国土空间布局不断优化，新型城镇化加快推进，城镇化率达 66.7%。基础设施极大提升，高速公路通车里程突破 2000 公里，实现了县县通高速路、乡乡通干线路、村村通硬化路，银川河东国际机场晋升千万级机场，银西高铁全线通车。城乡环境大幅改善，农村人居环境整治三年行动圆满完成，建制村自来水、动力电、光纤网、标准化卫生室实现全覆盖，农村自来水普及率达 96.5%，高于全国近 10 个百分点，获批全国首个全域乡村治理示范创建省区，新建美丽城镇、美丽村庄 458 个，美丽新宁夏更加靓丽。

（二）宁夏农业农村概况

重农固本是安民之基、治国之要。长期以来，宁夏坚持把农业农村农民问题视为地区发展的重点任务，宁夏回族自治区党委和政府贯彻落实党中央、国务院相关决策要求，因地制宜部署了乡村振兴的系列计划，在此过程中全区农业农村经济得到了长足发展。

1.农业经济实现快速发展

宁夏回族自治区党委和政府抓实顶层设计，制定出台农业经营体制改革、"出户入园"促进肉牛等特色产业转型升级、现代高效节水灌溉农业等政策性文件，为全区特色农业产业发展谋篇布局，发展壮大了宁夏农村集体经济，农业综合实力逐年跃上新水平新台阶。农林牧渔业的范围不断拓展，立体农业建设成效显著，并加速发展，农林牧渔业综合生产能力显著提高，着力推进常规品种提质增效，针对品质效益下降等现状，充分利用现有设施和技术，创新生态养殖等方式，实现农林牧渔业高质高效，农民增产增收，环境生态友好发展，全区农林牧渔业生产规模不断增加并加快发展。

农田水利建设成绩斐然、农机装备及机械化水平稳步提升、设施农业建设提质增效、农业绿色发展方兴未艾，品质兴农、绿色兴农战略深入实施，农产品绿色化、优质化、特色化、品牌化水平持续提高，逐步向优质发展阶段持续挺进。

2.农业产业化发展实现新突破

粮食生产能力不断提高。粮油播种面积逐渐增加，产品结构进一步调整，良种化度持续增加，产量迅速增加，总产逐渐上升，粮油产量获得了大幅增加，粮食平均产量位于全国前列。粮食单产的增加是宁夏粮食作物增产的重要原因。生态林业建设成效显著。宁夏在黄河流域率先开展"四水四定"，制定建设先行区促进《条例》，推进山水林田湖草沙综合治理，开展"一河三山"生态保护修复，腾格里沙漠污染、星海湖生态环境问题整改扎实有效，森林覆盖率提高到16.9%。生态环境建设取得巨大成就，造林面积持续扩大，自然环境逐渐好转，造林品质和效果稳步提升，人工造林证实率和留存率一直维持在90%之上，部分地区积极探索生态经济发展，初步形成了"生态+林业+产业"的多元经济体系。牧业产业化发展实现新突破。畜牧业综合能力日益增强，在宁夏全区乡村各产业中的比例逐渐增加，已经成为增加收入、解决城乡居民营养需要的一项主要支柱。水产品生产在西北地区独占鳌头。宁夏主动转换了水产经营模式，以现代畜牧业发展为主攻方向，从原来单一的捕鱼生产向多类型、集约化、产业化的饲养方式拓展，在生产规模扩大的同时，渔业捕捞质量更是大幅提升。水产品市场平均占有量位列西北地区第一。

3. 农业发展布局科学合理

农林牧渔业生产结构优化。宁夏农村基本完成了从单纯以种养业主导的传统单一农业，向农林牧渔场发展的现代农业过渡过程。改革开放以后，林、牧、渔场开始发展，农林牧渔产业内部结构也趋于协调科学合理。优势特色产业快速发展。农业社会与农村经济发展体制出现了重要转变，农业市场化进程在继续加速。随着中国农业现代化建设与农民发展体制改革探索与实践的深入开展，宁夏农业主导产业和重点优势产业融合发展的效果逐步显现，探索实施乡村农业生产设施设备所有权、农村集体未利用荒地所有权等土地产权确权登记发证试验，乡村农业产权流转服务中心实行区域内全覆盖。稳妥实施农村土地承包经营权质押信贷试验，积极发展农业新型经济运营主体，积极开展适度农业规模化运营，目前全区的家庭农场、村民合作社已分别实现了 3058 户、6421户。大力推进了代耕代种、农田托管、农村粮食银行等农业社会化金融服务，农村现代化农业综合服务网络超过 120 个，农业辐射带动面积 240万亩。乡村基础设施改善，乡村环境更优美宜居。改革开放以来，宁夏一直致力完善农村基础设施工程，以实施规划引领、农房改造、收入倍增、基础配套、环境整治、生态建设、服务提升、文明创建"八大工程"为重点，大力推进"田园美、镇村美、生活美、风尚美"的美丽乡村建设，农村环境卫生干净整洁、村容村貌整齐有序、基础设施不断完善、村民环境与健康意识得到加强、常态化长效机制基本建立的整治目标得到进一步实现，乡村人居环境明显提升。农村居民住房状况改善，生活条件不断改善。近年来，宁夏回族自治区党委和政府围绕农村生活短板，投入了大量人力、物力和财力提高农民农村生活。"十三五"期间，帮助 200 多万困难群众圆了"住房梦"，顺利完成 19.08 万户建档立卡贫困户危窑危房改造，完成"住房安全有保障"脱贫任务。农村基础设施如自来水、污水处理和路灯等市政基础设施日趋完善，公共交通、天然气、垃圾处理、公厕等现代化的公用设施逐步到位，农村居民生产、生活的环境条件显著改善。

    农村的基本公共服务能力明显提高，农村社会保障体系也逐渐完善。随着农村基础公共服务系统的规范和建立，农村基础公共服务水平逐步提高，学有所教、劳有所得、病有所医、老有所养、住有所居方面获得了新进展。农民收入持续提高，迈向全面小康生活。改革开放以来，农业收入在总量上呈现了连续的较快提高趋势，基本完成了农民的经济生活水平从基本生存型向基本问题生活转变，并正在向全面健康成长方向发展的历史性飞跃。在改革开放的过去，农业人均收入是农民生活基础性收入，但由于农业家庭联产承包责任制的实施、农业剩余劳动力流转量增加以及市场快速发展，宁夏农业居民收入结构更加多样化。宁夏通过坚持和健全农产品城乡化的基本经营体制，与坚定社会主义市场改革方向，坚持党的领导思想和尊重传统农民的首创精神相结合，农业农村发展取得了光辉的历史性成果，农业农村"稳定器""压舱石"地位进一步凸现。党的十九大报告明确提出的"城乡繁荣发展规划"，促进了农村城市供给侧的结构化调节，加速了建立现代农业经济系统，实现了一二三产结合，进一步拓宽了农村城市经济的立体化发展空间。

（三）宁夏人口发展概况

伴随着宁夏经济进行历史性转型，获得实质性成果，人口数量、构成以及区域的分配格局也发生了变化。尤其是步入 21 世纪，地方各级党委和人民政府进一步创新工作方式，在人口发展、提高人口素质等方面都取得了明显进展。人口增长稳定有序，为保证国民经济继续全面平稳高质量增长、持续提高人民群众生活质量、改善人类生态环境、推动经济与社会和谐发展提供了良好条件。

1.人口数量稳步增加

宁夏是我国各省、自治区、直辖市中人口人均增长较快的省份之一，宁夏虽然属于人口自然迁入型区域，但人口增加仍以自然增加居多，从纵向比较来看，自治区建立至今，宁夏人口增长的总趋势是，数量由少到多，增长速度由快到缓。尤其是 20 世纪 80 年代初期全面实施计划生育后，总和生育率迅速降到更替标准之下，计划生育方式出现了明显转变，完成了人口再生产形式的转换，人口管理事业获得了明显进展。直接效果：人口数量获得了有效调控。从更大的方向分析，以 20 世纪 80 年代初为大分水岭，人口发展先后经过了从无规划发展到有规划控制的演变过程。间接效应：对人口分母影响显著减弱。人口增长的弹性关系研究表明，从实施计划生育政策开始，社会经济效益平均每年增加约一个百分点，其负担的总人口数只相当于计划生育前的四成，人口分母因素均明显减少，说明人口控制的过快发展已取得了重大成就。长远影响：由于宁夏各项事业的较快发展，人民生活质量和医疗技术水平的日益提升，人员的死亡率水平迅速降低，人均期望寿命逐步增长。20 世纪 90 年代后期，中国人口再生产型已走向低出生率、低患病率、人群低速成长的现代型人口再生产模式。在全面推行计划生育之前，宁夏的部分孩次结构呈现"两头高中间低"的特点，在计划生育的影响下，随着人口年龄的延长，多孩比重明显向一孩比例转化，在生育政策出现重要变动的背景下，使有些渴望生产二孩或三孩的父母生产意愿获得了解放，孩次结构出现质的变化，明显呈"两头低中间高"的特点，生育政策调整成效明显。

2.人口流动趋向合理

宁夏北部川区城镇化程度相对较高，城市生产运营实力也相应较强，对城市人口的吸引力也在逐步增强，推动了城市农村剩余劳动力的转化，并拉动了地区内二、三产业的发展。党的十八大以来，宁夏回族自治区党委和政府主动组织了宁夏南部山区的大批处于自然生态恶劣、生存极端困难、行路难、吃水难、求学难、求医难等群众，向社会经济发展和资源环境条件相对而言较好的川区迁移，据统计数据显示，2010年全区人户分离人口 153.45 万人，流动人口 129.27 万人，经过十年的发展，2020 年全区人户分离人口 336.27 万人，流动人口达到 250.7 万人，积极推进了宁夏人口中心的"由山向川""由南向北""由村向城"的迁移，积极推进了广大农村生产劳动者人口数向沿黄生态经济带的迁移和集中，促进了人口分配趋于合理。

3.人口受教育水平持续提升

改革开放以来，由于宁夏经济、社会的迅速发展，居民的文明程度逐渐提升。人口文化素质提升，得益于文化教育事业发展。2020 年宁夏全区高中及以上文化水平人数占比达到 31.99%，比 2010 年高出 6.37 个百分点，比 1964 年高出 25.31 个百分点，文盲人口及文盲率也下降到历史最低点，宁夏在西部地区率先全面开展了高中阶段教育改革，对提升居民的整体素质，促进社会经济增长需求起到了很大效果。

4.群众生活质量稳步提高

预期寿命增加不仅表明经济活动能力增强，而且表明社会保险水平的提高。一是人民群众生活条件明显改善。党的十八大至今，宁夏各地全面贯彻并落实了国家和自治区的重大决策部署，坚持精细化帮扶、精细化脱贫致富根本策略，扎实推动精细化攻坚富民战略，脱贫攻坚效果显著。二是健康事业蓬勃发展。全国优秀医院整合下沉，在公立医院全面废除中医药加成，乡村远程会诊、乡镇标准化卫生室建设达到了全覆盖。大力培训全科医师，完善社区医疗队，完善了城乡一体的公共医疗卫生服务网络。在全区率先实现了基础医疗、大病医疗保险、传染病急救、医疗援助等体系"四个全覆盖"，为全体人民群众创造了安全、优良、快速、价廉的卫生产品。三是社会保障制度健全，根据"全覆盖、保基本、全方位、可持续性"的原则，积极构建全国统筹健康发展城市基础养老保险制度，投保覆盖率达到了 75.99%。大力发展老龄工作。在全国率先建立了高龄老年人生活补贴机制，并适当增加了离退休工作人员的基础抚恤金。尽管宁夏群众生存质量整体提高，人口平均预期寿命增加，但是全区老龄化进程加快。与 2010 年第六次全国人口普查相比，0—14 岁人口的比重降低 1.1 个百分点，15—59 岁人口的比重降低 2.85 个百分点，60 岁及以上人口的比重上升 3.95 个百分点，65 岁及以上人口的比重上升 3.21 个百分点，可以说，老龄化进程的加快成为宁夏新型城镇化建设的限制因素之一。

三、宁夏新型城镇化与城乡融合发展的重点任务

"十四五"时期，要按照立足新发展阶段、贯彻新发展理念、构建新发展格局的部署，把握城镇化发展新的时代特征，突出宜居、韧性、创新、智慧、绿色、人文等 6 个新型城市的建设目标，通过强化城市更新、安全保障、绿色发展、科技创新、文脉传承、数字赋能等，推动城市品质提升、发展升级，实现健康安全可持续发展。

（一）提高农业转移人口市民化质量

以深化改革户籍制度和基本公共服务提供机制为路径，打破阻碍劳动力自由流动的壁垒，促进人力资源优化配置。

1.积极推动非户籍人口在城市落户

继续加大户籍制度改革力度，全面取消全区城镇落户限制，进一步促进劳动力和人才社会性流动；确保引进人才落户和引进高端人才服务保障工作等相关政策落地实施；积极推进有意愿在城市落户的农业转移人口应落尽落；优化户籍登记服务管理工作措施，推动"互联网+政务"服务，提升"放管服"工作质量和落户便利性。

2.推进城镇基本公共服务覆盖未落户常住人口

认真贯彻落实宁夏回族自治区居住证管理办法,深入推广卡式居住证的覆盖应用,扩大居住证附加的公共服务和便利项目,提高居住证含金量,推动未落户常住人口逐步享有与户籍人口同等的城镇基本公共服务。完善以居住证为主要依据的随迁子女入学政策,保障随迁子女在流入地平等接受义务教育。将非户籍人口和城乡居民一并纳入基本公共卫生服务范围。改革医保支付方式,推进异地就医直接结算。推进全民参保计划,健全基本养老保险、基本医疗保险制度,做好社会保险关系转移接续,方便人口流动。加大年轻群体、低保低收入群体和城市中等偏下收入等新市民的住房保障力度。

3.大力提升农业转移人口就业能力

新型城镇化是城乡统筹、一体发展的城镇化。城市发展离不开农村,农村发展需要城市带动。要注重城乡关系的处理,把握城乡深度融合发展的方向,以深化农村改革促进城乡要素双向自由流动,并从公共服务、基础设施、产业协同等方面提出城乡统筹发展的系列措施,加快构建工农互促、城乡互补、协调发展、共同繁荣的新型工农城乡关系。深入实施新生代农民工职业技能提升计划,加强对新生代农民工等农业转移人口的职业技能培训。支持职业院校、企业特别是规模以上企业或吸纳农民工较多企业开展岗前培训、新型学徒制培训和岗位技能提升培训,并按规定给予培训补贴。

4.加大"人地钱挂钩"配套政策的激励力度

提高城市政府吸纳农业转移人口落户积极性。提高对落户人口数量较多地区在财政奖励资金分配中所占权重;加大对农业转移人口落户较多地区的资金奖励力度;加大新增建设用地计划指标与吸纳落户数量挂钩力度;维护进城落户农民土地承包权、宅基地使用权、集体收益分配权,不得强行要求其转让退出上述权益或将此作为落户的前置条件;按照依法自愿有偿原则,探索其转让上述权益的具体办法;探索利用大数据技术建立城市城区常住人口常态化统计机制,为政策制定提供支撑。

(二)持续优化城镇化空间格局

分析宁夏"十三五"各城市人口、产业等聚集发展变化趋势,借鉴发达国家、先进省区城镇化发展历程和经验启示，承袭宁夏长期形成的城镇化发展基本形态，从沿黄城市成为全区主要人口承载地的实际出发，按照先行区建设"一带三区"总体功能布局，着力打造以银川为中心，石嘴山、吴忠、中卫为支点的沿黄城市群，强化固原区域中心城市辐射带动作用，进一步优化城镇布局，充分发挥各城市比较优势，促进各类要素合理流动和高效聚集，加快培育全区城镇化高质量发展的动力系统。科学编制宁夏国土空间规划，积极融入国家黄河流域生态保护和高质量发展战略。发挥各城市比较优势，增强经济发展优势区域承载能力，构建大中小城市和小城镇协调发展的城镇化空间格局，形成高质量发展的动力系统。

1.加快银川都市圈建设

落实银川都市圈协同发展规划，发挥银川市龙头作用，带动石嘴山市、吴忠市、宁东基地融合发展。支持银川市打造成为黄河"几"字弯区域中心城市，提升中心城市能级和核心竞争力，增强都市圈的承载力、辐射力，培育发展城镇化增长主要动力源。加快推进银川都市圈西线供水工程建设。建立都市圈城际公交补贴机制，开通了银川市至大武口区、利通区、宁东镇，灵武市至宁东镇城际公交，实现灵武市、平罗县、青铜峡市、宁东镇等县区公交一卡通；建设国道110线大武口至镇北堡等项目。建成银川、石嘴山、吴忠天然气应急储气设施。发挥都市圈产业联盟作用，推动区域分工协作和集群集聚发展，提升产业整体竞争力。强化生态环境监测网络建设和环境污染联防联治，协同推进都市圈生态环境共保共治。推动都市圈优质教育、医疗资源共享，率先实现医疗保障同城化。

2.提升区域中心城市竞争力

支持固原市建设区域中心城市、生态和文化旅游城市，支持中卫市建设区域物流中心和全域旅游城市。着力推进银西高铁、包银高铁、中兰高铁、中卫至平凉至庆阳铁路、银昆高速太阳山至彭阳段等重大交通项目，推进固海扩灌扬水更新改造工程前期工作，开工建设清水河城乡供水工程。按照不同城市比较优势和城区常住人口规模，科学配置公共资源和建设用地指标，优化重大生产力布局，使优势地区有更大发展空间。提升园区的服务力、吸引力和聚合力，提高园区亩均投入产出效益。推动中卫西部云基地、固原经济技术开发区等园区高水平发展，进一步提高城镇化吸纳能力和集聚水平。

3.推进以县城为重要载体的新型城镇化建设

做强做大做美县城，落实国家建设要求，加大要素保障力度和政策扶持力度，抓紧补上短板弱项，推进环境卫生设施提级扩能、市政公用设施提档升级、公共服务设施提标扩面、产业配套设施提质增效。因地制宜培育县域特色产业，壮大县域整体实力，为农业转移人口就地就近城镇化提供更多载体。

4.加强特色小（城）镇建设

立足宁夏发展阶段，遵循经济和城镇化发展规律，实事求是、因地制宜推进小城镇建设。强化底线约束，严格节约集约利用土地、严守生态保护红线、严防地方政府债务风险、严控"房地产化"倾向，推进特色小镇有序发展。充分发挥中央预算内资金和自治区奖补资金的引导带动作用，调动地方积极性，整合各方资金资源，以主导产业为支撑，特色风貌为灵魂，旅游发展为基础功能，进一步完善基础设施和公共服务设施，高标准建设美丽小城镇 20 个。启动自治区重点镇培育计划，健全完善动态淘汰、考评激励等机制，打造乡村振兴战略新引擎。合理推进撤乡设镇、撤乡镇设街道和乡镇撤并。

（三）积极推动城市高质量发展

宁夏城镇化多年发展过程中，仍然存在中心城市能级偏低、沿黄城市群一体化发展程度不高、土地产出率较低、治理能力现代化不足、城乡融合发展不深等问题，同时随着经济社会发展和人民生活水平的提高，人民日益增长的美好生活需要和城镇发展不平衡不充分之间的矛盾更加突出，着眼于增强人口、经济承载和资源优化配置等核心功能，健全城市可持续发展体制机制，那就必须要把城镇化工作重心放在提高发展质量效益上来，提升城市发展质量。坚定推动城市从规模扩张转到质量提升、从粗放发展转到集约发展的路子上来，实现精明增长。

1.补齐城市公共卫生短板

改革完善疾病预防控制体系，健全公共卫生重大风险研判、评估、决策、防控协同机制，完善重大疫情预警、救治和应急处置机制，强化重要物资储备，推动全区各城市建立联防联控机制。建立严格检疫、定点屠宰、冷链运输、冰鲜上市的畜禽产品供应体系。优化城市污水收集系统，健全黑臭水体长效管护机制，整治城市环境卫生死角，加快生活垃圾分类处理及再生利用设施建设。银川市基本建成生活垃圾分类处理系统，石嘴山市、吴忠市、固原市、中卫市实现公共机构生活垃圾分类全覆盖，至少有 1 个街道基本建成生活垃圾分类示范片区。

2.加强城市基础设施

健全城市路网系统，完善公交专用道、非机动车和行人交通系统，优化行人过街、城市道路交叉转盘设施和城市停车场。完善城市供水、供气、供热、供电、网络通信等市政管网和排水防涝设施，城市新区、各类园区和新建道路、广场、公园等，按照海绵城市标准进行规划建设，开展老城区海绵化改造，设市城市建成区面积的 20% 达到海绵城市建设标准。新建一批街头绿地、小微公园、城市绿道。

3.改善城市公共服务设施

统筹建设图书馆、文化馆、博物馆、体育场馆、医疗卫生、教育等公共配套设施。实施全民健康保障工程、全民健身提升工程、智慧广电公共服务工程，加大普惠性养老、幼儿园和托育服务供给。规范城镇小区配套幼儿园建设使用，公办幼儿园在园幼儿占比超过 50%，普惠性幼儿园覆盖率达到 81%。基本消除城镇义务教育学校大班额。加强城市社区卫生服务中心建设，完善城市社区卫生服务体系。鼓励支持养老机构向社区延伸服务，开展居家社区养老服务改革试点。完善便利店、社区菜市场、智能快件箱等便民设施。

4.加快推进城市更新

坚持问题和需求导向，继续实施"城市双修"，不断改善城市居住质量和环境。完善社区水电气路及光纤等设施，落实社区无障碍建设和适老化改造，健全社区的养老、托育、文化室、医疗、助餐、家政、便利店等服务。改造一批老旧厂区，通过工业遗产保护利用等方式，将"工业锈带"改造为"市民生活秀带"、双创空间、新型产业空间和文化旅游场地，推进功能转型和产业升级。引导商业步行街、特色文化街打造市民消费升级载体，因地制宜发展新型文旅商业消费聚集区，丰富街区功能及夜间经济。加强历史文化名城名镇、历史文化街区、历史建筑保护与利用，推动银川市、固原市历史建筑区级试点工作，启动历史建筑测绘三年行动，制定保护图则，健全历史建筑保护管理档案。

5.改进城市治理方式

推动城市政府向服务型转变、治理方式向精细化转型、配套资源向街道社区下沉。做实社区网格化、精细化管理和服务，探索"互联网+基层社会治理"新模式，推动社会治理重心下移、资源下沉。引导社会组织、社会工作者和志愿者等参与社会治理，大幅提高城市社区综合服务设施覆盖率。高质量编制市县国土空间总体规划，坚持"多规合一"，严格空间规划管控，统筹生产、生活、生态功能，促进土地节约集约利用。顺应城市发展逻辑和文化传承，体现适用、经济、绿色、美观的建筑需求，加强建筑设计和城市风貌管理。促进绿色建筑发展，新建建筑节能标准执行率达到100%，新建建筑中绿色建筑面积比达到50%，探索将绿色建筑要求纳入基本建设程序。

（四）深化新型城镇化重点领域改革

深入改革土地管理、投融资等关键制度，突出以城带乡、以工促农，健全城乡融合发展体制机制，促进城乡生产要素双向自由流动和公共资源合理配置。深化和推广经验，为城镇化健康发展提供体制机制保障。

1.改革土地管理制度

实行建设用地增存挂钩机制，积极推动划拨土地和工业园区存量建设用地盘活利用，全面推进城镇低效用地再开发，控制人均建设用地面积。改革规划用地用林审批制度，推动"多审合一、多证合一、多测合一"。调整产业用地政策，推动不同产业用地类型合理转换。推进农村土地"三权"分置，制定农村宅基地管理改革实施意见，深化农村集体产权制度，建立城乡统一的建设用地市场。积极稳妥开展承包土地经营权抵押贷款、林权抵押贷款等业务，促进资源变资产、资金变股金、农民变股东，进一步激活农村长期沉睡的资源。

2.改革投融资机制

在防范化解地方政府债务风险、合理处置存量债务的前提下，完善与新型城镇化建设相匹配的投融资工具。支持符合条件的企业发行新型城镇化建设项目、城乡融合典型项目、特色小（城）镇建设项目等企业债券。鼓励开发性政策性金融机构按照市场化原则和职能定位，对投资运营上述项目的企业进行综合授信，加大中长期贷款投放规模和力度。创新投融资模式，推进股权融资、债券融资、融资租赁等模式，探索交通、水利、能源等重点领域资产证券化改革试点，推动政府融资平台由资金注入变股权投资。完善政银企协同联动机制，健全政府性融资担保体系，探索开展中小企业免担保、免抵押贷款改革试点。

3.加快推进城乡融合发展

落实自治区党委、人民政府《关于建立健全城乡融合发展体制机制和政策体系的实施意见》。健全支持返乡创业政策，实施"引凤还巢"工程，鼓励各类人才返乡创业。引导社会资金参与农村建设，完善政策性农业信贷担保体系，依法合规开展承包地经营权、集体经营性建设用地使用权、农业设施、农机具等抵押融资，通过政府与社会资本合作、政府购买服务、担保贴息、以奖代补、风险补偿等措施，引导和撬动更多社会资本投向农业农村。培育一批城乡融合典型项目，形成承载城乡要素跨界配置的有效载体。推进实施城乡统筹的污水垃圾收集处理、城乡联结的冷链物流、城乡农贸市场一体化改造、城乡道路客运一体化发展、城乡公共文化设施一体化布局、市政供水供气供热向城郊村延伸、乡村旅游路产业路等城乡联动建设项目，加快建设城乡教育联合体和县域医共体。深化新型城镇化综合试点，加快推动银川市、盐池县、红果子镇第三批试点地区改革创新，进一步完善户籍、土地、社会保障、就业、教育、住房、投融资等政策制度，总结推广成功经验，发挥示范带动效应。

第十一章　人口居住状况

　　住房是民生之基，住房问题关系到千家万户的立身之地、安居之所。住有所居，是共同富裕的应有之义。安居才能乐业，才能更好地追求美好生活。党的二十大报告提出：坚持房子是用来住的、不是用来炒的定位，加快建立多主体供给、多渠道保障、租购并举的住房制度。近几年，我国不断提升的新型城镇化水平推动城市房地产市场快速发展。随着收入水平的提高以及住房改革的不断深化，我国城乡居民的居住水平有了很大的提高，居住愿望也从"有的住"转变成"住得好"。通过 2020 年第七次全国人口普查数据进一步揭示：宁夏城乡居民的居住水平有了显著提高，在住房面积、住房间数以及住房设施等方面均有大幅改善。

一、宁夏人口居住水平的现状

　　居民住房和经济发展及人民生活密切相关，住房不仅是最必需的生活资料，而且也是发展资料和享受资料，同时住房建设的发展还是促进国民经济持续、快速、健康发展的新的经济增长点。宁夏十年来居民的住房越来越大，居住设施越来越完备，居住环境也越来越好，但是在不同群体之间、城乡之间居住状况还存在很大差距。

（一）人口居住的基本情况

　　随着社会经济的发展，人民生活质量不断提高，居住状况有了很大的改善。2020 年第七次全国人口普查资料表明，宁夏居住在普通住宅①的家庭户户数为 236.18 万户，比十年前的 188.22 万户增加了 47.96 万户。其中银川市为 95.98 万户，比十年前的 64.06 万户增加了 31.92 万户；吴

---

① 普通住宅是指人工建造的，有墙、顶、门、窗等结构，具有独立入口，专门供人居住的房屋或场所。如单元房、平房、四合院、独栋别墅、筒子楼、窑洞等传统意义上的住宅。

忠市为 43.85 万户，比十年前的 36.91 万户增加了 6.94 万户；固原市为 34.92 万户，比十年前的 32.28 万户增加了 2.64 万户；中卫市为 33.50 万户，比十年前的 30.15 万户增加了 3.35 万户；石嘴山市为 27.93 万户，比十年前的 24.83 万户增加了 3.10 万户。住房总间数达 628.23 万间，比十年前的 517.61 万间增加了 110.62 万间；住房总建筑面积达 22999.62 万平方米，比十年前的 14626.83 万平方米增加了 8372.79 万平方米；平均每户住房间数为 2.66 间，平均每人住房间数为 0.98 间，比十年前的 0.87 间增加了 0.11 间；平均每户住房建筑面积达 97.38 平方米，比十年前的 81.04 平方米增加了 16.34 平方米；平均每人住房建筑面积达 36.10 平方米，比十年前的 24.50 平方米增加了 11.6 平方米，其中作为宁夏首府的银川市人均住房建筑面积达 38.83 平方米，比全区平均水平多 2.73 平方米；石嘴山市人均住房建筑面积 36.70 平方米，比全区平均水平多 0.6 平方米；吴忠市人均住房建筑面积 35.99 平方米，比全区平均水平少 0.11 平方米；中卫市人均住房建筑面积 34.60 平方米，比全区平均水平少 1.5 平方米；固原市人均住房建筑面积为 30.85 平方米，比全区平均水平少 5.25 平方米。

表 11-1　各地区家庭户的住房间数和面积

地　区	家庭户户数（户）	家庭户人数（人）	平均每户住房间数（间/户）	人均住房建筑面积（平方米/人）	人均住房间数（间/人）
全　区	2361757	6371085	2.66	36.10	0.98
银川市	959837	2429969	2.52	38.83	1.00
兴庆区	285880	694680	2.36	37.84	0.97
西夏区	129290	328999	2.39	34.65	0.94
金凤区	233551	581854	2.66	43.62	1.07
永宁县	104177	277939	2.59	36.82	0.97
贺兰县	118447	306512	2.52	38.79	0.98
灵武市	88492	239985	2.75	38.16	1.02
石嘴山市	279286	676294	2.46	36.70	1.01
大武口区	109255	265393	2.52	37.33	1.04
惠农区	70321	159899	2.31	35.14	1.02
平罗县	99710	251002	2.49	37.02	0.99
吴忠市	438481	1250426	2.74	35.99	0.96
利通区	157614	426670	2.58	38.68	0.95

续表

地　区	家庭户户数（户）	家庭户人数（人）	平均每户住房间数（间/户）	人均住房建筑面积（平方米/人）	人均住房间数（间/人）
红寺堡区	52439	178598	3.00	31.55	0.88
盐池县	51828	132403	2.66	36.46	1.04
同心县	87872	292626	2.98	33.72	0.90
青铜峡市	88728	220129	2.69	37.13	1.08
固原市	**349151**	**1036970**	**2.81**	**30.85**	**0.95**
原州区	145097	423126	2.64	33.49	0.91
西吉县	87201	285885	2.70	27.31	0.82
隆德县	36706	101603	2.93	31.80	1.06
泾源县	25836	79370	4.34	31.29	1.41
彭阳县	54311	146986	2.62	29.26	0.97
中卫市	**335002**	**977426**	**2.95**	**34.60**	**1.01**
沙坡头区	134120	363039	2.91	36.66	1.08
中宁县	109034	313854	3.01	35.70	1.04
海原县	91848	300533	2.93	30.97	0.89

资料来源：《宁夏回族自治区人口普查年鉴2020》。

2020年第七次全国人口普查时，宁夏家庭户人均住房间数和建筑面积与全国比还有一定的差距（见表11-2）。

表11-2　家庭户的住房间数和建筑面积

地　区	平均每户住房间数（间/户）	人均住房建筑面积（平方米/人）	人均住房间数（间/人）
全　国	**3.20**	**41.76**	**1.20**
宁　夏	**2.66**	**36.10**	**0.98**
城　市	2.44	37.90	0.96
镇	2.51	34.56	0.91
乡　村	3.03	35.03	1.06

资料来源：《宁夏回族自治区人口普查年鉴2020》《中国人口普查年鉴2020》。

1. 户均住房间数

2020 年宁夏城乡居民平均每户住房间数为 2.66 间，比同期全国平均 3.20 间，少了 0.54 间。户均住房间数从多到少排列，在全国各省、自治区、直辖市中列第 24 位。

按住房间数分，宁夏住二间房的家庭户占总家庭户的比重最高，为 39.36%。住三间房的家庭户占总家庭户的比重为 37.89%，比十年前的 27.72%提高了 10.17 个百分点，提高的幅度最大。住四间房的家庭户占总家庭户的比重为 7.45%。住一间房的家庭户占总家庭户的比重为 9.58%（见表 11-3）。

表 11-3　各地区家庭户住房间数分布

单位：户

地　　区	一间	二间	三间	四间	五间	六间	七间	八间	九间	十间及以上
全　　区	226301	929703	894852	175887	75110	32876	11733	7518	2776	5001
银川市	80863	428787	375797	46877	15572	6260	2195	1733	547	1206
兴庆区	34592	134664	101598	11093	2681	757	200	131	25	139
西夏区	9769	75508	36479	4192	1402	814	372	401	120	233
金凤区	15427	86335	110037	13439	4868	1606	796	493	166	384
永宁县	6240	47558	40577	5625	2598	836	359	180	48	156
贺兰县	8650	54038	46202	6576	1962	612	170	113	35	89
灵武市	6185	30684	40904	5952	2061	1635	298	415	153	205
石嘴山市	19566	138970	102948	12856	3380	942	245	158	55	166
大武口区	6144	51085	45289	4697	1219	443	140	107	35	96
惠农区	5853	40871	20737	2048	584	150	21	18	12	27
平罗县	7569	47014	36922	6111	1577	349	84	33	8	43
吴忠市	42924	159589	157006	47853	18997	7544	2075	1384	368	741
利通区	12038	75251	52558	10017	4051	2132	627	486	145	309
红寺堡区	5569	12429	20615	8169	3399	1452	421	244	54	87
盐池县	7094	14030	23800	4624	1454	539	120	95	19	53
同心县	11563	18838	31708	16567	6128	1993	494	316	74	191
青铜峡市	6660	39041	28325	8476	3965	1428	413	243	76	101
固原市	53055	98256	131841	31637	17045	9246	3195	2435	944	1497
原州区	22045	46080	58349	9856	4313	2088	784	686	296	600
西吉县	14928	23781	31741	9974	4604	1533	308	200	36	96
隆德县	4121	9605	14972	4066	2370	834	296	209	89	144

单位：户

地　区	一间	二间	三间	四间	五间	六间	七间	八间	九间	十间及以上
泾源县	1174	3577	7001	3390	3799	3151	1560	1187	398	599
彭阳县	10787	15213	19778	4351	1959	1640	247	153	125	58
中卫市	**29893**	**104101**	**127260**	**36664**	**20116**	**8884**	**4023**	**1808**	**862**	**1391**
沙坡头区	6481	55665	45993	11646	6259	4536	1634	880	284	742
中宁县	8623	27747	50413	10719	6329	2196	1543	559	426	479
海原县	14789	20689	30854	14299	7528	2152	846	369	152	170

资料来源：《宁夏回族自治区人口普查年鉴2020》。

按城市、镇、乡村分，城市居民平均每户住房间数为 2.44 间，镇居民平均每户住房间数为 2.51 间，乡村居民平均每户住房间数为 3.03 间。说明城镇居民的居住空间较拥挤，宽敞的程度低于乡村。

按地市分，户均超过全区人均 2.66 间的地市有 3 个，依次是中卫市 2.95 间、固原市 2.81 间、吴忠市 2.74 间。银川市、石嘴山市、吴忠市住二间房的家庭户最多，固原市、中卫市住三间房的家庭户最多。银川市住二间房的家庭户占该市家庭户的 44.67%，石嘴山市住二间房的家庭户占该市家庭户的 49.76%，吴忠市住二间房的家庭户占该市家庭户的 36.40%，固原市住三间房的家庭户占该市家庭户的 37.76%，中卫市住三间房的家庭户占该市家庭户的 37.99%。

按县（区）分，户均住房间数在全区平均水平及以上的有泾源县 4.34间、中宁县 3.01 间、红寺堡区 3.00 间、同心县 2.98 间、隆德县 2.93 间、海原县 2.93 间、沙坡头区 2.91 间、灵武市 2.75 间、西吉县 2.70 间、青铜峡市 2.69 间、金凤区 2.66 间、盐池县 2.66 间。其余县（市、区）均在平均间数以下。

2. 人均住房面积

2020 年宁夏人均住房建筑面积为 36.10 平方米，比十年前的人均24.50 平方米增加了 11.6 平方米，与同期全国平均水平 41.76 平方米/人相比，少 5.66 平方米。人均住房建筑面积按高低排位，在全国各省、自治区、直辖市居第 19 位，在西北五省（区）中居第 2 位。

按人均住房面积比重看，宁夏人均住房建筑面积在 20—29 平方米的比重最高。家庭户中人均住房建筑面积在 20—29 平方米的占 22.53%；

有 19.54%家庭户人均住房建筑面积在 30—39 平方米；有 16.04%人均住房建筑面积在 40—49 平方米；还有 15.02%人均住房建筑面积在 70 平方米及以上（见表 11-4）。

表 11-4 2020 年家庭户人均住房建筑面积比重

单位：%

地区	人均住房建筑面积									
	8 平方米及以下	9—12 平方米	13—16 平方米	17—19 平方米	20—29 平方米	30—39 平方米	40—49 平方米	50—59 平方米	60—69 平方米	70 平方米及以上
宁夏	0.89	2.20	4.20	4.00	22.53	19.54	16.04	9.01	6.57	15.02

资料来源：《宁夏回族自治区人口普查年鉴 2020》。

宁夏人均住房建筑面积有以下特征（见表 11-1 和 11-2）。一是城市高于镇和乡村。2020 年城市人均住房建筑面积为 37.90 平方米，镇为 34.56 平方米，乡村为 35.03 平方米。城市比镇、乡村分别多 3.34 平方米和 2.87 平方米。二是经济发达地区高于落后地区。经济相对发达的银川市人均住房建筑面积为 38.83 平方米，比十年前 28.52 平方米增加了 10.31 平方米；其次石嘴山市为 36.70 平方米，比十年前 28.78 平方米增加了 7.92 平方米；吴忠市为 35.99 平方米，比十年前 23.55 平方米增加了 12.44 平方米；中卫市为 34.60 平方米，比十年前 22.10 平方米增加了 12.5 平方米；固原市为 30.85 平方米，比十年前 18.97 平方米增加了 11.88 平方米。

（二）人口的居住条件

随着社会的进步和发展，城乡居民的物质文明和精神文化生活有了明显提高，改善居住条件，完善住宅使用功能，已初见成效。在城市各式各样的住宅小区、别墅以及高档公寓层出不穷，在农村尤其是富裕地区居民住宅也向规范化、智能化小区迈进。城乡居民居住条件和居住环境有了较大的改善，住房质量也大为提高。

从房屋建筑层次看，宁夏有 33%的家庭居住在平房里，比十年前的 59.95%下降了 26.95 个百分点；有 49.44%的家庭居住在多层（7 层及以下）楼房里；有 17.41%的家庭居住在高层（8—33 层）楼房里；有 0.15%的家庭居住在超高层（34 层及以上）楼房里。

按城市、镇、乡村分,城镇住宅以多层(7层及以下)楼房为主,乡村以平房为主。城市住宅中有67.44%的家庭居住在多层(7层及以下)楼房中,有29.42%的家庭居住在高层(8—33层)楼房中,有3.05%的家庭居住在平房,有0.09%的家庭居住在超高层(34层及以上)楼房里;镇住宅中有68.5%的家庭居住在多层(7层及以下)楼房中,有16.42%的家庭居住在平房,有15.08%的家庭居住在高层(8—33层)楼房中;乡村住宅有82.13%的家庭居住在平房,有13.87%的家庭居住在多层(7层及以下)楼房中,有3.68%的家庭居住在高层(8—33层)楼房中,有0.32%的家庭居住在超高层(34层及以上)楼房里。

从住宅承重类型看,宁夏有41.73%家庭户的住宅是钢及钢筋混凝土结构,混合结构的占33.34%,砖木结构的占24.2%,其他结构的占0.52%,竹草土坯结构的占0.21%。

按城市、镇、乡村分,城市住宅有56.07%家庭户是钢及钢筋混凝土结构,混合结构的占41.99%。镇住宅有51.19%家庭户是钢及钢筋混凝土结构,混合结构的占37.05%,砖木结构的占11.28%。乡村住宅以砖木结构为主,占61.46%,有19.86%家庭户住宅是混合结构,有17.2%家庭户住宅是钢及钢筋混凝土结构。

从住房来源看,宁夏家庭户购买新建商品房的占家庭户总数的30.27%,占首位,比十年前18.31%提高了11.96个百分点;自建住房的占29.36%;购买二手房的占11.15%;租赁其他住房的占8.66%;其他占7.61%;租赁廉租住房/公租房的占4.38%;购买经济适用房/两限房的占4.09%;购买原公有住房的占3.62%;继承或赠予的占0.86%(见图11-1)。分城市、镇、乡村看,随着住房制度改革和城镇化进程的加快,城市购买新建商品房的家庭占43.57%;购买二手房的占16.97%;租赁其他住房的占12%。镇上的家庭主要以购买新建商品房为主,占40.93%;购买二手房和自建住房的分别占13.03%、12.7%。乡村中以自建住房为主,占75.45%,表明广大农村居民仍以自建住房来解决住房问题。

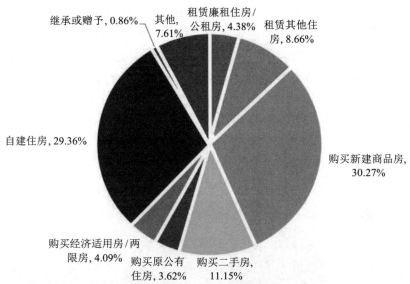

图 11-1　宁夏家庭户住房来源情况

资料来源:《宁夏回族自治区人口普查年鉴 2020》。

（三）人口居住质量

1. 住房建成时间

人口的住房建成时间与住房质量和功能有着密切关系。宁夏城乡居民家庭户中,住在 1949 年以前建成的住房仅占 0.01%,住在 1949—1959 年、1960—1969 年、1970—1979 年住房的分别占 0.03%、0.09%、0.41%,住在 1980—1989 年、1990—1999 年住房的分别占 3.2%、12.76%,住在 2000—2009 年、2010—2014 年、2015 年以后住房的分别占 30.65%、33.01%、19.84%。由此可见绝大部分家庭居住的是 2000 年以后建成的住房,比重占 83.5%（见图 11-2）。

从城市、镇、乡村看,城市里有 81.09% 的家庭户居住在 2000 年以后建造的住房中,其中 2000—2009 年、2010—2014 年、2015 年以后分别为 34.71%、30.1%、16.28%;有 14.49% 的家庭户居住在 1990—1999 年建造的住房中;仅有 4.42% 的家庭户居住在 1990 年以前建成的住房中。镇里有 89.16% 的家庭户居住在 2000 年以后建造的住房中,其中 2000—2009 年、2010—2014 年、2015 年以后分别为 31.26%、40.26%、

17.64%；有 8.84%的家庭户居住在 1990—1999 年建造的住房中；仅有
2%的家庭户居住在 1990 年以前建成的住房中。乡村里有 82.82%的家庭
户居住在 2000 年以后建造的住房中，其中 2000—2009 年、2010—2014
年、2015 年以后分别为 25.1%、31.91%、25.81%；有 13.16%的家庭户
居住在 1990—1999 年建造的住房中；仅有 4.02%的家庭户居住在 1990
年以前建成的住房中。反映出城市、镇和乡村居民的住房建设总体上发
展较为均衡。住房建设自进入 21 世纪以来，发展极为迅速（见表 11-5）。

图 11-2　宁夏住房建成时间的家庭户住房状况

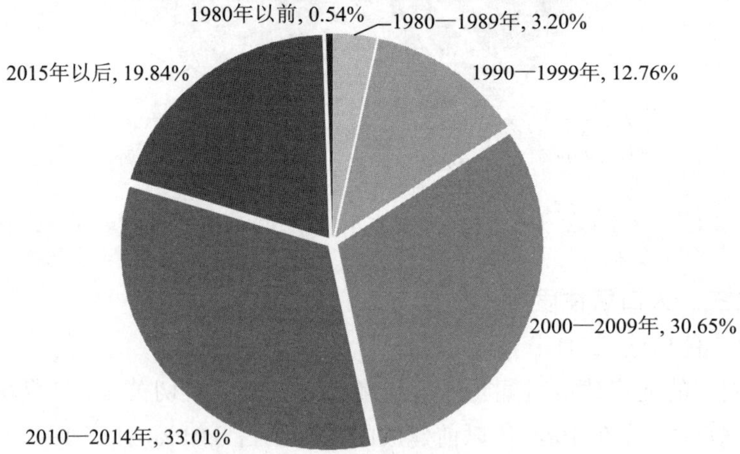

资料来源：《宁夏回族自治区人口普查年鉴 2020》。

表 11-5　家庭户按住房建成时间分布

单位：%

城　乡	1949 年以前	1949—1959 年	1960—1969 年	1970—1979 年	1980—1989 年	1990—1999 年	2000—2009 年	2010—2014 年	2015 年以后
宁　夏	**0.01**	**0.03**	**0.09**	**0.41**	**3.20**	**12.76**	**30.65**	**33.01**	**19.84**
城市	0	0.02	0.09	0.42	3.89	14.49	34.71	30.1	16.28
镇	0	0.02	0.02	0.21	1.75	8.84	31.26	40.26	17.64
乡村	0.01	0.05	0.14	0.52	3.3	13.16	25.1	31.91	25.81

资料来源：《宁夏回族自治区人口普查年鉴 2020》。

2. 住房现代生活设施水平

人口居住水平既反映在户均住房间数及人均住房建筑面积上，也反

映在住房设施方面。家庭户住房现代设施水平，包括厨房、自来水、燃气使用以及电梯等。2020 年第七次全国人口普查资料显示，宁夏居民家庭住房配套设施明显改善。在各种住房设施中，九成以上的家庭住房内有厨房，家庭户厨房的拥有率为 97.42%，本户独立使用厨房的占 95.93%，与其他户合用厨房的占 1.49%。分城市、镇、乡村看，城市独立使用厨房的拥有率最高，达 97.98%，镇、乡村比重分别占 96.77% 和 92.76%（见表 11-6）。

表 11-6　住房内有无厨房和使用主要炊事燃料情况

单位：%

地　区	住房内有无厨房			主要炊事燃料				
	独立使用	与其他户合用	无	燃气	电	煤炭	柴草	其他
宁　夏	**95.93**	**1.49**	**2.58**	**60.93**	**23.87**	**13.6**	**0.81**	**0.79**
城市	97.98	0.39	1.63	87.48	10.15	1.20	0.03	1.14
镇	96.77	0.72	2.51	68.02	25.36	5.92	0.10	0.60
乡村	92.76	3.40	3.84	22.46	40.31	34.50	2.26	0.47

资料来源：《宁夏回族自治区人口普查年鉴 2020》。

随着居民生活水平提高和环保意识增强，居民家庭的主要炊事燃料也在发生变化。2020 年宁夏居民家庭使用燃气作为主要炊事燃料的占 60.93%；其次使用电的占 23.87%，使用煤炭的占 13.6%，使用柴草和其他的仅占 1.6%（见表 11-6）。

城乡居民家庭使用主要炊事燃料差别较大，城市和镇主要以燃气为主，比重分别占 87.48%、68.02%。乡村主要以用电为主，其次为煤炭和燃气，比重分别占 40.31%、34.5% 和 22.46%（见表 11-6）。

2020 年，宁夏居民家庭住房内安装各种洗澡设施的拥有率达到 93.18%，比十年前的 48.88% 提高了 44.3 个百分点。其中统一供热水的占 3.92%，家庭自装热水器的占 85.77%，安装其他洗澡设施的占 3.49%。住房内没有任何洗澡设施的占 6.82%。

从城市、镇、乡村居民家庭住房内有无洗澡设施情况看，城市居民家庭住房内安装有洗澡设施的比重为 96.9%，比 2010 年的 74.92% 提高

21.98 个百分点；镇为 94.48%，比 2010 年的 52.02%提高 42.46 个百分点；乡村为 87.59%，比 2010 年的 28.30%提高 59.29 个百分点。全区家庭自装热水器的拥有率占家庭户的 85.77%，其中城市为 90.06%；镇为 86.49%；乡村为 79.84%（见表 11-7）。

表 11-7　宁夏住房内有无管道自来水及洗澡设施

单位：%

地　区	住房内有无管道自来水		住房内有无洗澡设施			
	有	无	统　一供热水	家庭自装热水器	其他	无
宁　夏	**96.65**	**3.35**	**3.92**	**85.77**	**3.49**	**6.82**
城市	98.85	1.15	4.76	90.06	2.08	3.10
镇	98.07	1.93	5.43	86.49	2.56	5.52
乡村	92.91	7.09	1.86	79.84	5.89	12.41

资料来源：《宁夏回族自治区人口普查年鉴 2020》。

饮用自来水是饮水安全和生活水平提高的标志。2020 年，宁夏居民家庭饮用管道自来水的比重为 96.65%，比十年前的 63.28%提高 33.37 个百分点。表明十年来，宁夏在加强饮用水安全、卫生防疫方面取得了一定的成效（见表 11-7）。从城市、镇、乡村居民家庭住房内管道饮用自来水情况看，城市居民家庭饮用管道自来水的比重为 98.85%，镇为 98.07%，乡村为 92.91%。与 2010 年相比，乡村居民家庭饮用管道自来水的比重提高最快，提高了 52.89 个百分点，城乡差距大幅缩小（见表 11-7）。

家庭住房内是否有厕所，是社会文明进步、居住卫生条件改善的表现之一。2020 年，宁夏居民家庭住房内设有各种厕所的占 97.22%，比十年前 68.12%提高了 29.1 个百分点，表明家庭户居住卫生条件提高较快。分城市、镇、乡村看，宁夏城市居民家庭住房内有各式厕所的比重为 99.1%；镇的比重为 98.24%；而乡村的比重只有 94.16%（见表 11-8）。宁夏部分地区乡村家庭由于风俗习惯，往往将厕所建在住房以外，这是造成统计上一部分住房无厕所的原因。从城乡住房设施比较中不难发现，虽然乡村住房条件有了较大改善，但住房内的水冲式厕所设施还有待进一步改善。

表 11-8　宁夏住房内有无厕所

单位：%

地　区	水冲式卫生厕所	水冲式非卫生厕所	卫生旱厕	普通旱厕	无
宁　夏	**74.53**	**1.30**	**5.32**	**16.07**	**2.78**
城市	97.52	0.30	0.25	1.03	0.90
镇	87.38	1.15	2.84	6.87	1.76
乡村	36.74	2.68	13.42	41.32	5.84

资料来源：《宁夏回族自治区人口普查年鉴 2020》。

　　2020 年，宁夏居民家庭住房所在建筑有电梯的占 19.42%，没有电梯的占 80.58%。分城市、镇、乡村看，城市居民家庭住房所在建筑有电梯的比重最高，为 32.31%，镇为 17.16%，乡村为 4.53%。这与住房的层高存在正相关的关系。

二、宁夏人口居住的差异

（一）地区之间的差异

　　进入 21 世纪以来，虽然宁夏各地居民住宅建设发展迅速，但是由于地区间经济社会发展不均衡和区位的差异，致使各地区居民住房条件大不相同。经济比较发达的银川地区，人们收入水平相对较高，对购房或租房有较强欲望和承受能力，银川地区人均住房建筑面积达 38.83 平方米，较全区平均水平高出 2.73 平方米。而经济相对落后的固原市，人们收入水平相对较低，该地区人均住房建筑面积为 30.85 平方米。人均住房建筑面积全区最高和最低的地区之间相差了 7.98 平方米。

（二）城乡之间的差异

　　宁夏城乡之间居民居住水平也存在很大差异。这种差异不仅反映在城乡人口的人均住房建筑面积上，更主要反映在住房设施方面。从 2020 年人口普查资料反映的情况看，城市、镇居民家庭户居住楼房的居多，而乡村家庭户则主要居住的是平房。就目前中国经济发展所处的阶段看，虽然平房的建筑面积或使用面积并不小于楼房中的套房，但功能和配套设施却不如楼房。一般情况下，平房没有上下水、管道煤气、热力等设施和设备，生活不方便、不舒适，而城镇成套楼房则基本上具备上述设施。2020 年，宁夏乡村家庭户中有 7.09% 没有管道自来水，有 12.41% 没有各式洗澡设施，有 63.26% 的户没有水冲式卫生厕所。

（三）不同职业人口的差异

宁夏居民居住水平在不同职业类别上体现的差异较大。各种职业的人口，人均住在 30 平方米以下占 40.02%，其中，农、林、牧、渔业生产及辅助人员占 44.22%；生产制造及有关人员占 47.47%；社会生产服务和生活服务人员占 41.34%；这三种职业分别高出各种职业 4.2 个、7.45 个和 1.32 个百分点。居住面积在 30—39 平方米占比最高的是党的机关、国家机关、群众团体和社会组织、企事业单位负责人，占 23.69%；其次是专业技术人员占 23.01%；办事人员和有关人员占 22.70%。居住面积在 70 平方米及以上占比最高的是不便分类的其他从业人员，占 18.58%；其次是党的机关、国家机关、群众团体和社会组织、企事业单位负责人占 16.41%（见表 11-9）。

表 11-9 按户主不同职业分的家庭户人均住房建筑面积的比重

单位：%

职业大类	人均住房建筑面积									
	8 平方米及以下	9—12 平方米	13—16 平方米	17—19 平方米	20—29 平方米	30—39 平方米	40—49 平方米	50—59 平方米	60—69 平方米	70 平方米及以上
总　　计	**0.97**	**2.63**	**5.05**	**4.64**	**26.73**	**21.30**	**15.06**	**7.76**	**5.35**	**10.51**
党的机关、国家机关、群众团体和社会组织、企事业单位负责人	0.31	0.87	1.38	2.67	19.40	23.69	18.15	9.38	7.74	16.41
专业技术人员	0.19	0.78	1.83	2.15	20.04	23.01	18.74	10.04	7.73	15.49
办事人员和有关人员	0.20	0.64	1.65	2.28	17.67	22.70	20.52	10.69	8.34	15.31
社会生产服务和生活服务人员	1.01	2.61	4.80	4.59	28.33	21.49	14.58	7.48	4.59	10.52
农、林、牧、渔业生产及辅助人员	1.05	3.49	7.76	6.13	25.79	19.29	14.26	7.35	6.30	8.58
生产制造及有关人员	1.46	3.46	5.91	5.40	31.24	21.26	13.04	6.58	3.64	8.01
不便分类的其他从业人员	0.00	2.66	2.66	4.42	24.78	21.24	15.04	3.54	7.08	18.58

资料来源：《宁夏回族自治区人口普查年鉴 2020》。

从按户主的职业分的家庭户人均住房建筑面积看，排第一的是办事人员和有关人员，居住条件好于其他各类职业的人口，人均住房建筑面积 40.77 平方米，第二是党的机关、国家机关、群众团体和社会组织、企事业单位负责人达 40.67 平方米，其他职业人均住房建筑面积均在 40

平方米以下（见图 11-3）。

图 11-3 按职业分人均住房建筑面积

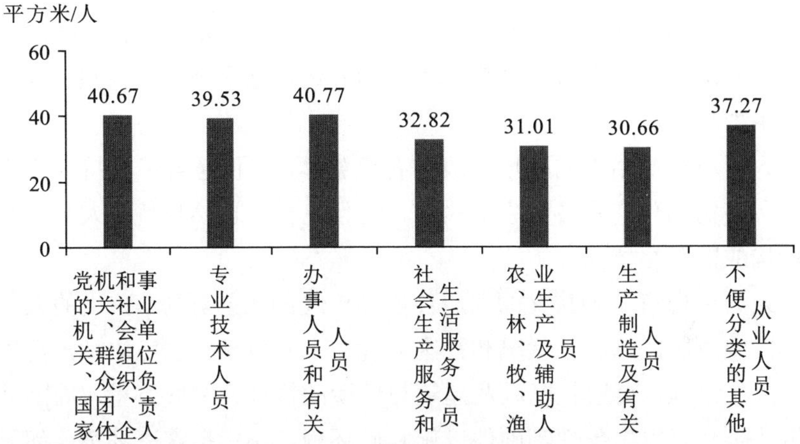

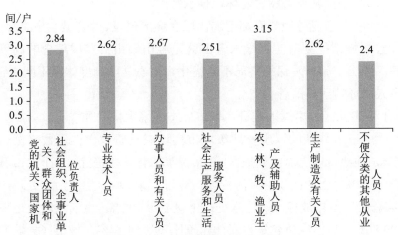

资料来源：《宁夏回族自治区人口普查年鉴 2020》。

按户主的职业分的家庭户平均每户住房间数，全部平均水平户均住房 2.69 间；农、林、牧、渔业生产及辅助人员户均住房间数最多为 3.15 间，高于全部平均水平（见图 11-4）。

图 11-4 按职业分平均每户住房间数

资料来源：《宁夏回族自治区人口普查年鉴 2020》。

三、宁夏居住环境现状及发展前景

（一）人居环境的涵义

人居环境是人类工作劳动、生活居住、休息游乐和社会交往的空间场所。它是人类在大自然中赖以生存的基地，是人类利用自然、改造自然的主要场所。

人居环境是由人与环境构成的有机整体，不仅包含了维持人类生活生产所必需的住房及各种生活设施，而且包含了自然环境、人类社会活动所构成的网络体系。

人居环境可分为狭义的人居环境和广义的人居环境。狭义的人居环境，指城乡居民的居住状况和社区环境。主要包括：住宅质量，基础设施，公共设施，交通状况以及建筑与环境的协调，空气质量，周围环境的绿化美化，卫生条件等硬件设施和硬环境，还包括家庭环境，邻里关系，居住区和谐，安全归属感，社会秩序，人际沟通等心理感受的软环境。广义的人居环境，指城乡各种维护人类活动所需的物质和非物质结构的有机结合体，以人为中心的城乡环境。它不仅是指城乡居民的居住和活动等有形空间，而且还包括贯穿于其中的人口、资源、环境、社会政策和经济发展等各个方面。

（二）宁夏城乡居民居住环境现状

近年来，宁夏各地政府都把加快城乡环境建设、改善城乡生态环境、建设宜居城市摆到落实"绿水青山就是金山银山"发展理念的高度来认识，国土空间开发保护格局不断优化，生态文明制度体系不断完善，城乡人居环境明显改善。

1.生态立区战略深入推进，城市生态环境大幅提升

"十三五"期间，宁夏地级城市环境空气质量优良天数比例达到85.1%，地级及以上城市建成区13条黑臭水体基本消除，7个设市城市建成区20%以上的面积达到海绵城市建设要求。城市生活污水处理厂全部实现一级 A 排放标准，污水处理率达到 97.02%，生活垃圾处理率达到 99.86%，城镇绿色建筑占新建建筑比重达到 64%。城市（县城）建成区绿地率达到38.69%，共有 14 个城市（县城）获得国家园林城市（县

城）称号。

2.基础设施与公共服务设施日益改善，城市可持续发展能力显著增强

银西高铁、吴忠至中卫城际铁路建成通车，银川国际航空港综合交通枢纽建设完成。2020 年，全区"三环四纵六横"高速公路网基本建成，公路网密度达到 55.6 公里/百平方公里，超过全国平均水平。建成城市道路 4347.11 公里，供水普及率达到 98.90%，燃气普及率达到 91.54%。九年义务教育巩固率达到 95%，每千人医疗卫生床位数达到 5.88 张，养老机构中护理型床位比例达到 38%，"10 分钟健身圈"在城市社区覆盖率达到 84.5%。"十三五"期间，宁夏改造棚户区 15.97 万套、老旧小区 8 万户，居住环境大幅改善。4 个地级市、10 个县建成数字化城市管理平台，精细化管理能力显著提升。

3.美丽乡村建设进程加快，城乡融合发展迈出新步伐

农村承包地"三权"分置、现代乡村治理等改革不断深化，城乡融合发展体制机制和政策体系加快建立。"十三五"期间，统筹推进小城镇及村庄建设，支持建设美丽小城镇 147 个、美丽村庄 979 个，全区城市规划区外 91.8%的乡镇建成美丽小城镇、60%的规划中心村建成美丽村庄。培育特色小城镇 12 个，7 个入选国家级特色小城镇。改造危窑危房 49.25 万户，农村住房条件大幅改善。城乡基础设施和公共服务一体化加快推进，农村自来水普及率达到 91%，村村通硬化道路，95%的村庄农村生活垃圾得到治理，学前教育实现普及普惠发展目标，率先在西部实现县域义务教育基本均衡发展，五级远程医疗服务体系不断完善，村级标准化卫生室、贫困村综合文化服务中心实现全覆盖。

（三）宁夏人居环境的展望

1.持续提升公共服务

结合城市人口空间分布和增长趋势，推进公共服务设施统筹布局和质量提升，实现基本公共服务均等化、普惠化、便捷化。推动建设 15 分钟生活圈，完善社区行政管理、养老、教育、医疗、文化、体育等基本公共服务功能。围绕各年龄段人群需求，推进全龄社区建设，探索打造老年友好社区、儿童友好社区。推进新技术与便民服务融合。开展完整居住社区设施补短板行动，因地制宜对居住社区市政配套基础设施、

公共服务设施等进行改造和建设。充分利用闲置、低效的公共服务设施，优化停车位、充电桩、健身广场等资源配置，统筹医疗、交通、教育等配套设施服务建设。大力发展线上线下社区服务业，满足居民多样化需求。提高物业管理覆盖率，大幅提升物业管理水平，完善制度机制，加强对物业公司的监督管理，定期组织开展物业服务质量考核，表彰优秀，淘汰落后，组织建立业主委员会，积极参与小区物业管理，切实发挥物业服务效能。开展美好环境与幸福生活共同缔造活动，发挥居民主体作用，共建共治共享美好家园。优化营商环境，提高便民商业服务水平，探索创新管理模式，降低经营者管理成本，配齐、配优蔬菜零售、便利店、早餐、家政等便民服务。

2.完善市政基础设施

优先发展公共交通，构建以公交为主的公共交通系统。按照窄马路、密路网、微循环方式，构建级配合理的城市路网系统。鼓励城市居民步行和使用自行车出行，适当拓宽城市中心、交通枢纽地区的人行道宽度，完善过街通道、无障碍设施，严格落实国家加快电动汽车基础设施建设的要求，进一步加快充电设施建设。加快构建系统完备、高效实用、智能绿色、安全可靠的现代化城镇基础设施体系，全面提升城市综合承载能力和韧性保障能力。在新城新区和开发区施行地下综合管廊模式，有条件的城市架空线全面入廊入地。规划预留电力廊道、变电站站址，确保电网项目落地实施，持续优化提升城市电网网架结构及设备健康水平。

3.拓展住房供应渠道

坚持房子是用来住的、不是用来炒的定位，加快建立多主体供给、多渠道保障、租购并举的住房制度，让全体人民住有所居。坚持因地制宜、多策并举，夯实城市政府主体责任，稳定地价、房价和预期。建立住房和土地联动机制，加强房地产金融调控，发挥住房税收调节作用，支持合理自住需求，遏制投资投机性需求。培育发展住房租赁市场，有效盘活存量住房资源，扩大城市租赁住房供给，完善长租房政策，推动租购住房在公共服务上享有同等市民待遇。加快住房租赁法规建设，加强租赁市场监管，保障承租人和出租人合法权益。改革完善住房公积金制度，健全缴存、使用、管理和运行机制。

4.有序推进城市更新

针对老城区功能偏离需求、利用效率低下、环境品质不高的存量片区，推进以老旧小区、老旧厂区、老旧街区为主要内容的城市更新行动，提升老旧空间功能品质，完善配套市政公用设施，释放发展活力。加快推进老旧小区改造，到"十四五"末，基本完成 2005 年底前建成、需改造的老旧小区，基本完成老城区内现有集中连片棚户区改造。实施老旧厂区、街区"活力提升"行动，通过活化利用工业遗产和发展工业旅游等方式，将"工业锈带"改造为"生活秀带"、双创空间、新型产业空间和文化旅游场地。改造老旧街区，引导商业步行街、文化街因地制宜发展新型文旅商业消费聚集区，打造市民消费升级载体。

5.保障住房质量，全面提升居住舒适性

一是坚持以人民为中心，聚焦群众最急、最优、最盼的问题，着眼城乡长远发展，统一规划设计、组织建设，彻底改善房屋渗漏、管道老化、卫生服务设施欠缺等居住问题，全面改善城乡居民居住条件。二是加强对住房建设监督指导，全面提升住房品质。依据气候条件，合理确定房屋朝向，优化房间布局，充分利用光照和自然通风，切实考虑房屋隔音效果。三是增强保障性住房质量，严格按照保障性住房建设质量要求施工，加强外墙面、门窗、屋面等易发生开裂渗漏部位的质量管控，提供优质的住房环境。

6.坚持城乡社区统筹发展

坚持因地制宜，统筹城乡、山川不同类型社区特点，科学规划、分类施策，推进服务制度城乡衔接、服务机制城乡联动、基本公共服务城乡统筹，全方位提升城乡社区服务水平。坚持问题导向，补齐城乡社区应急管理、风险防控、医疗卫生、社会心理服务等方面短板弱项，筑牢城乡社区基础。完善城镇老旧小区服务设施，结合老旧小区改造，对综合设施配建不足的社区，统一规划、集中配建。鼓励通过置换购买、产权移交、租借租赁等方式，统筹利用各类存量房屋资源增设社区服务阵地。推动社区养老、托育、助残、医疗卫生等专项服务设施与社区服务站毗邻建设、互嵌发展。实施农村社区服务站维修改造提质效工程，完

善设施设备，增强服务功能。合理规划农村群众举办红白喜事等活动的公共场所，统筹考虑布局公益性安葬服务设施。强化兜底保障、社区养老、社区托育、社区助残、公共安全、社区应急等服务。优化社区就业、社区卫生、文化体育、社区科普等服务。

第十二章　人口与资源环境

一、人口与资源环境的现状

（一）人口现状

1. 人口增速平稳

根据宁夏第七次全国人口普查结果，2020 年 11 月 1 日零时全区人口的基本情况如下：全区常住人口为 7202654 人。全区常住人口与 2010 年第六次全国人口普查的 6301350 人相比，增加 901304 人，增长 14.30%，年平均增长率为 1.35%。与前一个十年，2000 年至 2010 年总人口年均增长率 1.39%相比，进入新时代全区人口增长平稳趋缓。

全区共有家庭户 2535074 户，集体户 126808 户，家庭户人口为 6709343 人，集体户人口为 493311 人。平均每个家庭户的人口为 2.65 人，比 2010 年第六次全国人口普查减少 0.6 人。全区常住人口中，汉族人口为 4612964 人，占 64.05%；各少数民族人口为 2589690 人，占 35.95%，其中回族人口为 2523581 人，占 35.04%。与 2010 年第六次全国人口普查相比，汉族人口增加 543552 人，增长 13.36%；各少数民族人口增加 357752 人，增长 16.03%，其中回族人口增加 332602 人，增长 15.18%。

全区五个地级市，人口比重与 2010 年第六次全国人口普查相比，银川市人口所占比重上升 8.07 个百分点，石嘴山市、吴忠市、固原市、中卫市人口所占比重分别下降 1.09 个、1.02 个、3.63 个、2.33 个百分点。与 2010 年第六次全国人口普查相比，五个地级市所辖 22 个县（市、区）中，人口增加较多的县（市、区）依次为：金凤区、兴庆区、西夏区、贺兰县、永宁县、利通区、原州区，分别增加 361398 人、129976 人、120249 人、118526 人、103358 人、81444 人、59475 人。

表 12-1   全区及五市人口

地　区	人口数（人）	比　重（%）	
		2020 年	2010 年
全　　区	7202654	100.00	100.00
银 川 市	2859074	39.69	31.62
石嘴山市	751389	10.43	11.52
吴 忠 市	1382713	19.20	20.22
固 原 市	1142142	15.86	19.49
中 卫 市	1067336	14.82	17.15

2．人口文化素质提高

全区受教育程度人口，拥有大学（指大专及以上）文化程度的人口为 1248938 人；拥有高中（含中专）文化程度的人口为 967429 人；拥有初中文化程度的人口为 2140403 人；拥有小学文化程度的人口为 1880672 人（以上各种受教育程度的人口包括各类学校的毕业生、肄业生和在校生）。与 2010 年第六次全国人口普查相比，每 10 万人中拥有大学文化程度的由 9152 人增至 17340 人；拥有高中文化程度的由 12451 人增至 13432 人；拥有初中文化程度的由 33654 人减少为 29717 人；拥有小学文化程度的由 29826 人减少为 26111 人。

表 12-2   全区两次普查每 10 万人口中拥有的各类受教育程度人数

单位：人/10 万人

年　份	大学（大专及以上）	高中（含中专）	初中	小学
2020	17340	13432	29717	26111
2010	9152	12451	33654	29826

平均受教育年限与 2010 年第六次全国人口普查相比，全区常住人口中，15 岁及以上人口的平均受教育年限由 8.82 年提高至 9.81 年。全区常住人口中，文盲人口与 2010 年第六次全国人口普查相比，文盲率由 6.22% 下降为 4.04%，下降 2.18 个百分点。

3．人口结构变化

（1）城镇化率明显提升。全区常住人口中，居住在城镇的人口占

64.96%；居住在乡村的人口占35.04%。与2010年第六次全国人口普查相比，城镇人口比重上升17.06个百分点。

图12-1　全区历次人口普查城乡人口构成

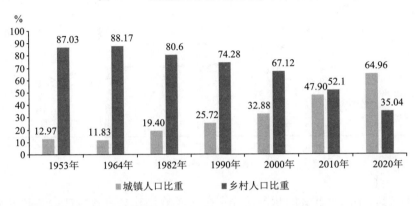

全区常住人口中的流动人口，与2010年第六次全国人口普查相比，人户分离人口增长119.14%，其中市辖区内人户分离人口增长253.97%；流动人口增长93.93%。

（2）人口性别比下降，老龄化加剧。17世纪英国人口统计学家格兰特在分析大量人口资料中，发现出生婴儿中男女婴儿数几乎相等，并且男孩略多于女孩，比例为14∶13。后经世界多国人口学家研究，人口出生在不受人为干扰的情况下，大数规律为，男女性别比为103—107（女=100）。全区人口性别构成，全区常住人口中，男性人口占50.94%，女性人口占49.06%。总人口性别比（以女性为100，男性对女性的比例）为103.83，与2010年第六次全国人口普查总人口性别比105.09相比，下降1.26。

全区2020年第七次全国人口普查与2010年第六次全国人口普查相比，人口年龄构成发生了一些较为明显的变化，主要呈现以下几个特点：一是"中间大、两头小"特征明显。2020年全区常住人口中，0—14岁少儿人口、15—59岁成年人口、60岁及以上老年人口分别占全区常住人口的20.38%、66.09%和13.53%。二是老年人口比重呈扩大态势。2020年全区60岁及以上和65岁及以上老年人口占全区常住人口的比重分别达到13.53%和9.62%（世界卫生组织将65岁及以上人口占总人口比重

图 12-2　宁夏历次人口普查总人口性别比

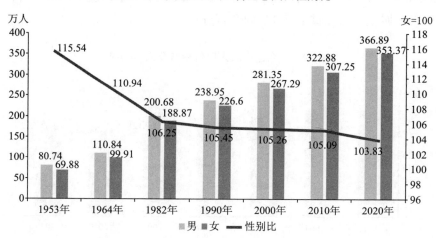

达到 7%、14%、20% 的状况，分别称为老龄化社会、老龄社会和超老龄社会），表明全区人口老龄化进程加快。三是地区间人口老龄化程度不同。 2020 年全区 22 个县（市、区）中，65 岁及以上老年人口占比仅红寺堡区（6.65%）低于 7%，其他 21 个县（市、区）都超过 7%，其中，有 12 个县（市、区）高于全区平均水平（9.62%），隆德县最高，所占比重为 14.28%。四是全区人口年龄整体比全国年轻。2020 年全区人口平均年龄为 35.57 岁，比全国人口平均年龄 38.8 岁，年轻 3.23 岁。

表 12-3　全区第七次全国人口普查人口年龄构成

年　　龄	人口数（人）	比　　重（%）
0—14 岁	1468004	20.38
15—59 岁	4760508	66.09
60 岁及以上	974142	13.53
其中：65 岁及以上	692824	9.62

（3）全区家庭户规模呈小型化。随着全区社会经济的发展，特别是改革开放以来，社会经济发生着深刻变化，作为社会基本单位的家庭也深受内外部因素的影响，发生了明显变化。据全区第七次全国人口普查汇总数据显示，2020 年 11 月 1 日零时，全区总户数为 2661882 户，其

中：家庭户占总户数的 95.24%，集体户占 4.76%；家庭户人口占总人口的 93.15%，集体户人口占 6.85%。反映出全区绝大多数人口生活在家庭户中。

家庭户发展呈现以下特点，一是家庭户户数增长快于家庭户人口增长。2020 年全区家庭户户数与 2010 年第六次全国人口普查相比，十年间增加 693004 户，增长 37.62%，年均增长 3.25%，而家庭户人口十年间增加 727451 人，增长 12.16%，年均增长 1.15%。家庭户户数增长速度明显快于家庭户人口增长速度，显示出全区人口分家立户水平较高（见表 12-4）。

表 12-4　全区家庭户户数和人口变化情况

指　　标	2010 年	2020 年	增长（%）	年均增长（%）
家庭户户数（户）	1842070	2535074	37.62	3.25
家庭户人口（人）	5981892	6709343	12.16	1.15

二是家庭户规模趋于小型化。家庭户规模是指每个家庭户的平均人数。历次人口普查资料显示，全区家庭户规模呈现渐趋缩小的态势。1953 年家庭户规模为 5.10 人，1964 年为 4.98 人，1982 年为 5.09 人，1990 年为 4.57 人，2000 年为 3.82 人，2010 年为 3.25 人，2020 年为 2.65 人，与 2010 年宁夏第六次全国人口普查相比，每个家庭户平均减少 0.6 人。家庭户规模趋于小型化是全区家庭结构变化最主要的特征之一（见图 12-3）。

图 12-3　历次全国人口普查宁夏家庭户规模变化

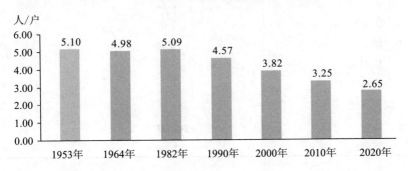

三是家庭户性别结构趋向平衡。2020 年全区家庭户性别比（以女性为 100，男性对女性的比例）为 101.61，与 2010 年第六次全国人口普查相比，下降 0.47，家庭户性别结构趋向平衡。全区家庭户规模在全国位居第 15 位。2020 年全区家庭户规模为 2.65 人，比全国平均家庭户规模 2.62 人多 0.03 人。在全国 31 个省、自治区、直辖市中按高低排序，居第 15 位，与 2010 年第六次全国人口普查相比，后移 3 位；在西北五省（区）中位次保持在第 4 位。

（二）资源现状

资源即资产的来源，是人类创造财富的基础要素。资源按其来源可分为自然资源和社会资源。资源按其利用可分为可再生资源和不可再生资源。可再生资源，如土地资源、森林资源、人力资源等。不可再生资源，如石油资源、矿产资源等。

1．土地资源

土地资源是各种土地数量与质量的总称。全区土地面积 6.64 万平方公里，占全国 960 多万平方公里的 0.69%。每平方公里 108 人，比全国 147 人少 39 人。

表 12-5　2018 年全区土地资源状况

指　标	数　量（万公顷）	占　比（%）
耕　地	130.34	
灌溉水田	18.56	14.2
水浇地	33.34	25.6
旱地	78.45	60.2
园　地	4.81	
果园	2.72	56.5
其他园地	2.09	43.5
林　地	76.64	
有林地	16.49	21.5
灌木林	31.53	41.1
其他林地	28.62	37.3
草　地	208.03	
天然草地	145.35	69.9

续表

指　　标	数　量（万公顷）	占　比（％）
人工草地	3.45	1.7
其他草地	59.23	28.5
交通运输用地	**8.29**	
铁路	0.78	9.4
公路	3.24	39.1
农村道路	4.17	50.2
管道运输用地	0.01	0.1
机场	0.10	1.2
城镇村及工矿用地	**27.61**	
城市	4.23	15.3
建制镇	5.16	18.7
村庄	14.98	54.3
采矿用地	2.09	7.6
风景名胜及特殊用地	1.14	4.1
水域及水利设施用地	**17.44**	
河流水面	2.15	12.3
湖泊水面	0.93	5.3
水库水面	0.61	3.5
坑塘水面	2.97	17.0
内陆滩涂	3.29	18.9
沟渠	7.16	41.0
水工建筑物	0.33	1.9

资料来源：根据《宁夏统计年鉴2019》整理。

（1）耕地。全区耕地面积130.34万公顷，其中旱地78.45万公顷，占耕地面积的60.2%；水浇地33.34万公顷，占25.6%；灌溉水田18.56万公顷，占14.2%。

（2）园地。全区园地4.81万公顷。其中果园2.72万公顷，占园地面积的56.5%；其他园地2.09万公顷，占43.5%。

（3）林地。全区林地76.64万公顷，其中有林地16.49万公顷，占林地面积的21.5%；灌木林31.53万公顷，占41.1%；其他林地28.62

万公顷，占 37.3%。林木资源以人工林为主，六盘山、贺兰山、罗山是自治区三大天然林区，面积约为 9.47 万公顷。

（4）草地。草地是全区面积最大的土地资源类型。全区牧草地 208.03 万公顷，其中天然草地 145.35 万公顷，占草地面积的 69.9%；人工草地 3.45 万公顷，占 1.7%；其他草地 59.23 万公顷，占 28.5%。全区绝大部分地区的气候属温带干、半干旱气候，降水稀少，草原类型多为干草原、荒漠草原，其面积占全部牧草地面积的五分之四。

（5）交通运输用地。全区交通运输用地 8.29 万公顷，其中铁路用地 0.78 万公顷，占交通运输用地的 9.4%；公路用地 3.24 万公顷，占 39.1%；机场用地 0.1 万公顷，占 1.2%。

（6）城镇村及工矿用地。全区城镇村及工矿用地 27.61 万公顷，其中城市用地 4.23 万公顷，占城镇村及工矿用地的 15.3%；建制镇用地 5.16 万公顷，占 18.7%；村庄 14.98 万公顷，占 54.3%；采矿用地 2.09 万公顷，占 7.6%；风景名胜及特殊用地 1.14 万公顷，占 4.1%。

（7）水域及水利设施用地。全区水域及水利设施用地 17.44 万公顷，其中河流水面 2.15 万公顷，占 12.3%；湖泊水面 0.93 万公顷，占 5.3%；水库水面 0.61 万公顷，占 3.5%；坑塘水面 2.97 万公顷，占 17.0%；内陆滩涂 3.29 万公顷，占 18.9%；沟渠 7.16 万公顷，占 41.0%；水工建筑物 0.33 万公顷，占 1.9%。

2. 水资源

水资源总量由地表水资源和地下水资源组成。即为河流、湖泊等地表水体与地下水中参加水循环的动态水资源量的总和。全区水资源十分匮乏，全区水资源总量 11.63 亿立方米，其中地表水资源 9.49 亿立方米，地下水资源 2.14 亿立方米。

（1）地表水资源。全区多年平均地表水资源为 9.49 亿立方米（未计黄河干流过境水量），平均年径流深为 17.2 毫米。全区河川径流量主要分布于泾河、清水河、葫芦河，占全区径流量的 81%。径流的年内分配，70%—80% 的径流量集中在 6—9 月，形成汛期，而 11 月至翌年 3 月径流量仅占总量的 20% 左右，则为枯水期，许多小河断流。黄河在全区多年平均入境径流量为 297 亿立方米。按照黄河水利委员会的规划方案，分配全区年内黄河水量为 40 亿立方米，现状利用量已基本达到分配指标。

（2）地下水资源。全区多年平均地下水资源量为 2.14 亿立方米。主要补给来源为农田灌溉渗漏。地下水资源分布于全区平原，年内丰枯期变化规律与地表水相吻合。

3．矿产资源

矿产资源是人类生存与发展的重要物质基础。全区矿产资源主要分为能源矿产、金属矿产和非金属矿产等类型。

（1）能源矿产。全区能源矿产主要是煤炭。全区煤炭累计查明资源量 344.0 亿吨，保有资源量 325.5 亿吨。煤炭资源储量丰富，煤种齐全，煤质优良，埋藏较浅，赋存稳定，水文地质条件简单，开采条件良好。煤炭质地优良，能源矿产还有少量的石油、天然气、煤层气资源等。

（2）金属矿产。全区金属矿产主要有铁、铜、镁、金、银等，其中查明资源量最多的是镁矿，累计查明资源量 2.3 亿吨，保有资源量 2.2 亿吨。

（3）非金属矿产。全区非金属矿产主要有冶金辅助原料、化工原料、建材原料等。冶金辅助原料查明资源量最多的是冶金用石英岩，累计查明资源量 11.4 亿吨，保有资源量 11.3 亿吨。化工原料查明资源量最多的是盐矿，累计查明资源量 12.7 亿吨，保有资源量 12.6 亿吨。建材和其他非金属矿产主要有石膏累计查明资源量 51.0 亿吨，保有资源量 50.8 亿吨；水泥用灰岩累计查明资源量 50.4 亿吨，保有资源量 48.6 亿吨。

4．光能资源

全区光能资源丰富，太阳辐射强，日照时间长，高于同纬度的华北地区，仅次于青藏高原。年太阳辐射总量为每平方米 4936—6119 兆焦耳，由南向北递增，夏季多，冬季少。年日照时数为 2195—3082 小时，日照百分率为 50%—69%，其时空变化规律，与太阳辐射类同。

5．热能资源

全区年平均气候在 5℃—9℃之间，除贺兰山、六盘山因海拔高形成两个低温区外，全区呈现逆纬向变化，由南向北递增。气温的年、日较差大，年较差在 22℃—33.5℃之间，日较差为 9℃—16℃。大于等于 0℃的积温 2569℃—4041℃，大于等于 5℃的积温 2389℃—3902℃，大于等于 10℃的积温 1834℃—3565℃。日最低气温大于 2℃的无霜期为 113—116 天，日最低气温大于 0℃的无霜期为 139—177 天。

6. 野生生物资源

全区地理环境具有明显的过渡性特征，野生动植物种资源相对丰富，其中珍贵稀有野生动植物主要分布于贺兰山和六盘山。

（1）野生动物。全区野生动物有哺乳类、两栖类、爬行类、鸟类、鱼类等经济动物，有 51 种国家保护的珍贵稀有动物，有 37 种有害动物，有 125 种天敌动物。在国家保护的珍贵稀有动物中，属国家一类保护的有黑鹳、中华秋沙鸭、金钱豹等 8 种动物；属国家 2 类保护的有马鹿、岩羊、蓝马鸟、红腹锦鸡等 43 种动物。

（2）野生植物。全区野生植物有 917 种药用植物，有 14 种国家保护的珍贵稀有植物，还有纤维植物、观赏植物等经济植物。在国家保护的植物中，属国家二级重点保护的有四合木、胡桃、裸果木等 3 种植物；属国家三级重点保护的有羽叶丁香、野大豆、黄芪等 11 种植物。

7. 旅游资源

国家《旅游资源分类、调查与评价》（GBT 18972-2017）标准将旅游资源划分为 8 大主类（地文景观、水域景观、生物景观、天象与气候景观、建筑与设施、历史遗迹、旅游购品、人文活动）、23 个亚类和 110 个基本类型。全区文化和旅游资源类型涵盖国标中的 8 大主类、22 个亚类（缺少与"海"相关资源）、107 个基本类型，其中主类占国标主类的 100%，亚类占国标的 95.65%，基本类占国标的 97.3%。其中，地文景观有：沙坡头景区、青铜峡黄河大峡谷、苏峪口国家森林公园、全区固原市火石寨国家地质公园。水域景观有：沙湖旅游区、银川鸣翠湖国家湿地公园、拉巴湖沙漠旅游景区。生物景观有：黄沙古渡原生态旅游区、六盘山国家森林公园、苏峪口国家森林公园。天象与气候景观有：沙坡头景区（沙漠星星酒店观星点）、六盘山国家森林公园（云海）。建筑与设施景观有：六盘山红军长征旅游区（纪念馆）、大武口洗煤厂工业遗址公园、全区移民博物馆、水洞沟旅游区（遗址博物院）。历史遗迹有：固原博物馆、镇北堡西部影城（古城址）、贺兰山岩画（明长城遗址）。

（三）环境现状

2020 年，全区优良天数达 311 天，比例达 85.1%，六项主要空气污染物浓度达到国家二级标准,圆满完成了上年度与"十三五"环境空气质量等各项考核目标任务。水环境质量稳步提升,黄河干流全区段连续4年保持 II 类优水质,国控断面劣 V 类水体和城市黑臭水体全面消除,全区 15 个地表水国控断面优良比例达到 93.3%,远超国家确定的 73.3% 的考核目标要求。土壤环境质量总体安全,全面完成重点行业企业用地土壤调查,实施农村生活污水治理项目 107 个,农村污染防治攻坚战取得积极成效。

1.空气质量

2020 年,全区五个地级城市优良天数比例范围为 76.5%—97.0%,平均为 85.1%,比 2019 年下降 2.8 个百分点;平均超标天数比例为 14.9%,其中,轻度污染为 11.4%,中度污染为 2.1%,重度污染为 1.1%,严重污染为 0.3%。与 2019 年相比,全区轻度污染天数增加 47 天,中度污染天数减少 3 天,重度污染天数增加 16 天,严重污染天数减少 7 天(2020年自然天为 366 天,2019 年为 365 天)。2020 年,全区优良天数比例和 $PM_{2.5}$、PM_{10} 均达到"十三五"国家考核目标要求。

2.水环境

2020 年,全区地表水水质总体为轻度污染。国家考核目标完成情况:2020 年,"十三五"国家 15 个地表水考核监测断面水质优良(达到或优于 II 类)比例为 93.3%,达到国家 73.3% 的考核目标。地表水丧失使用功能(劣于 V 类)水体断面实现了全区"清零"目标。

黄河干流。2020 年,黄河干流全区段水质总体为优,在全区境内 397 公里流程内均为 I 类水质。黄河支流。2020 年,全区境内 9 条黄河支流水质总体为中度污染,主要污染指标为氟化物、氨氮、总磷。

湖泊(水库)。2020 年,全区沿黄重要湖(库)水体水质总体为轻度污染,营养状态处于中营养至轻度富营养之间。

地下水。2020 年,全区地下水水质监测点共 408 个。其中,潜水监测点 231 个,I 类水、II 类水、亚类水、IV 类水和 V 类水的监测点分别为 6 个、30 个、1 个、123 个和 71 个,分别占潜水监测点总数的 2.60%、12.99%、0.43%、53.25% 和 30.73%。

图 12-4 2020 年全区地表水水质类别比例

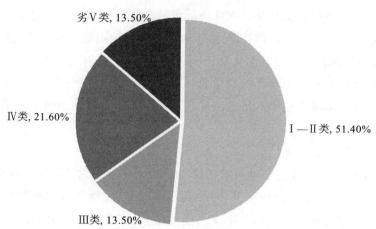

3.自然生态

2020 年，全区生态环境状况总体为"一般"。监测的 22 个县域中，生态环境质量为"良"的县域 4 个，"一般"的县域 18 个。其中：原州区、泾源县、隆德县和彭阳县为"良"，占全区总面积的 14.3%；其他县域均为"一般"，占全区总面积的 85.7%。截至 2020 年底，全区有脊椎动物 5 纲 30 目 87 科 471 种。各种野生植物 130 科 645 属 1909 种。

图 12-5 2020 年沿黄重要湖（库）营养状态及水质状况图

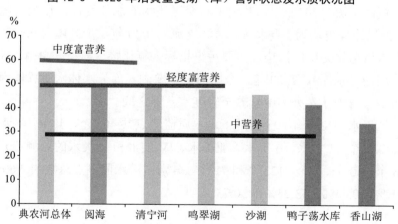

全区共建立省级以上自然保护区 14 个。其中，国家级自然保护区 9 个，省级自然保护区 5 个。全区湿地面积 20.72 万公顷，占国土面积的 4%左右，已建立湿地型自然保护区 4 处，其中国家级 1 处，自治区级 3 处；建设湿地公园 26 处，其中国家级 14 处，自治区级 12 处。湿地保护率 55%。全区森林面积 1231.8 万亩，森林蓄积量 995 万立方米，森林覆盖率 15.8%。全区天然草原面积为 3189 万亩，占国土面积的 40.9%。

4.声环境

2020 年，全区 5 个地级城市开展了城市区域声环境质量、道路交通噪声以及功能区声环境质量的昼、夜间监测。全区 5 地市城市区域昼间噪声等效声级为 53.5 分贝，同比持平，昼间区域声环境质量等级为二级，总体水平评价为较好。固原市昼间区域声环境质量等级为三级，总体水平评价为一般；其余 4 地市昼间区域声环境质量等级均为二级，总体水平评价为较好。

5.辐射

2020 年，全区电离辐射水平处于本底涨落范围内。实时连续空气吸收剂量率和累积剂量处于天然本底涨落范围内。空气中天然放射性核素活度浓度处于本底水平，人工放射性核素活度浓度未见异常。全区黄河国控断面水中总 α 和总 β 活度浓度，天然铀和钍浓度、镭-226 活度浓度，以及人工放射性核素锶-90 和铯-137 活度浓度均未见异常，处于本底水平。土壤中天然放射性核素活度浓度处于本底水平，人工放射性核素活度浓度未见异常。全区放射性废物暂存库周围环境 γ 辐射空气吸收剂量率处于天然本底涨落范围内，气溶胶中总 β 和水中总 α、总 β 活度浓度、生物和土壤中放射性核素活度浓度未见异常。

二、人口对资源环境的影响

人口与资源环境是一个相互作用、相互依赖的统一整体，人口的增长、自然资源的短缺、生态环境的恶化等问题与人类社会发展之间存在着错综复杂的关系。只有通过协调发展，使人口与经济社会发展相适应，与资源开发利用和环境保护相协调，实现可持续发展。

（一）人口基数持续扩大，水资源承载压力越来越大

宁夏第七次全国人口普查结果显示，全区人口增长速度呈回落趋势。全区人口变化呈现自然增长率总体呈下降趋势；银川的首府都市圈虹吸效应明显，人口增幅"南低北高"；生育政策和生态移民政策影响趋于平稳。全区未来人口规模仍将继续保持增长态势，当前宁夏环境承载能力脆弱、水资源极为有限，部分地区水资源严重短缺，已严重制约当地的经济发展。

根据国务院 1987 年批复的黄河可供水量分配方案（国办发〔1987〕61 号），在南水北调西线工程生效前，黄河正常来水年份天然来水量580 亿立方米，可供水量（耗水量）为 370 亿立方米，其中全区可耗用黄河地表水资源量 40 亿立方米（含本地地表水可利用量 3 亿立方米）。按耗水量口径，全区水资源可利用总量为41.5 亿立方米，其中地表水可耗用量 40 亿立方米，地下水可利用量 1.5 亿立方米。全区 90%的用水引自黄河干流，是依黄河而存、唯黄河而兴的区域。全区人口总量逐年增加，取水总量逐年下降，人口增长与水资源消耗没有明显相关关系。而人均非农业用水量仍呈现增长趋势，全区产业结构相对落后、生活用水标准较低，仍处于工业化进程转型中；非农业用水尤其是生活用水和高耗水工业用水仍呈上涨趋势，用水水平和经济发展与取水量之间关系紧密，呈现协同增长。

（二）人们的生产生活严重影响空气质量

通常经济生产主要围绕产业结构的特点进行。从全区的产业结构状况来看，过于集中的煤化工及火力发电等高耗能为主的产业结构，以大量耗煤为生产基础。此外，随着生活条件的改善和生活方式的转变，人们对机动车的需求，导致汽车尾气的排放量剧增，进而加重了大气环境污染程度。目前影响全区空气质量的主要因素有以下几方面：一是工业生产中种类繁多的氮和硫的氧化物、卤化物、有机和碳化合物及气体烟尘等污染物排放到大气中污染空气；二是冬季以煤炭为主要燃料的采暖锅炉和民用生活炉灶等排放的一氧化碳、二氧化碳、二氧化硫及灰尘等大量有害物质造成污染；三是城市汽车排放的一氧化碳、二氧化硫、氮

氧化物和碳氢化合物等大量有害物质造成大气污染。

（三）工业化城市化加速发展，资源环境承压进一步加剧

全区正处于工业化初期向中期的过渡阶段，城市化发展的速度还会加快，大量的基础设施需要建设，同时还要吸纳大量的劳动力，对资源能源的需求会进一步加大，对生态环境的破坏也不可避免地加剧。这种粗放型的经济增长方式将进一步激化发展与环境之间的矛盾。

全区经济主要依赖资源开采和初级产品粗加工，产品附加值低。工业内部结构较为单一，产业链条短。在规模以上工业企业资产构成中，煤炭开采和洗选业、石油煤炭及其他燃料加工、化学原料及制品、黑色金属冶炼加工、有色金属冶炼及压延加工、电力热力生产及供应等传统产业占全部规上工业资产的80%以上。在能源开发利用中对煤炭资源的依赖较高。这种单一化的能源开采利用，既不利于资源综合利用技术的提高，也不利于能源产生和消费结构的优化。

全区经济高速增长背后的推动因素并不是科技创新和劳动力素质的提高，而是粗放型的要素投入为主要驱动力，经济增长的质量和效益并不高。发展与资源环境的矛盾复杂而特殊。必须将粗放型经济增长方式向能源资源节约利用和生态环境有效保护的增长方式的转变，把生态文明建设的理念、原则和目标深刻融到经济生产的各方面。使得经济增长是在严格的资源环境约束下的增长，经济增长与环境改善同步进行。

三、人口与资源环境可持续发展

宁夏两次人口普查结果显示，"北部高，中南部低"的空间不均衡分布格局是由自然本底条件所决定的。北部引黄灌区土壤肥沃、地势平坦、耕作条件较好、坡降相宜，便于自流灌溉，且集中分布着丰富的矿产资源，农业生产适宜性与城镇建设适宜性较高，是人口和经济集聚条件较好的区域，因此经济发展水平最高，人口密度最大，其中首府银川市最为突出。而中部地区以干旱剥蚀、风蚀地貌为主，为低丘干旱风沙区，土地贫瘠，南部地区为黄土丘陵沟壑区和土石山区，部分地区阴湿

高寒。中南部区域农业生产适宜性与城镇建设适宜性较低，自然环境恶劣，因此农业活动及经济活动较少，对人口吸引力不足，人口集聚程度较低。

从区域政策来看，宁夏区域政策对于全区人口的空间分布及演变具有重要作用，北部引黄灌区多年来一直是全区发展的战略重心，从 1990 年的"黄河经济"发展战略，到 1997 年的"经济核心区"建设，到 2010 年的"沿黄经济区"，再到 2020 年提出的"建设黄河流域生态保护和高质量发展先行区"，已经跨越了多个发展阶段，因此北部沿黄生态经济带得以快速发展，成为全区人口集聚的高值区域，其中作为沿黄城市带核心的银川也成为全区人口集聚高值区域的核心。同时，全区六次移民工程引导中南部人口向经济和资源环境相对较好的北部平原地区移民，恢复和保护了迁出地的生态环境，减轻了中南部山区的人口压力，中南部农村人口向北部引黄灌区转移和集聚，为北部地区输入了劳动力。

从经济因素来看，经济发展的空间不均衡是人口集聚的根本驱动力，经济集聚导致经济差距不断扩大，较大的经济差距吸引人口不断向经济发展水平较高的地区集聚。近些年来沿黄城市群产业经济发展迅速，北部经济集聚能力提升较快，随着北部与中南部地区经济差距不断拉大，大量人口为了获得优越的生活条件不断由中南部地区向北部地区迁移，因此导致全区人口分布的不均衡格局不断加剧。

从对比全区人口的增长变化、区域重心发现，全区人口呈现出"北部引黄灌区"高，"中部干旱带""南部山区"低的空间不均衡格局，全区 50%以上的人口集中在 20%的土地面积上，且这种不均衡格局还在加剧。通过对全区人口密度的分析发现：全区人口在金凤区和兴庆区出现集聚效应。

全区自然本底条件、区域政策、经济因素是影响人口空间布局的重要因素，自然本底条件决定了全区人口与经济"北部高，中南部低"的空间不均衡分布格局，区域不均衡战略、生态移民政策则加速了这种格局的形成，经济发展的空间不均衡是人口集聚的根本驱动力，较大的经济差距吸引人口不断向经济发展水平较高的北部集聚。全区自然本底条件作为发展的短板因素，约束了人口在空间上的均衡分布，因此提高全区边缘地区生产生活条件，如：改善生态环境，提高基础设施水平等，有利于优化区域人口空间分布格局。同时，提升全区沿黄城市群核心竞争力，增强其辐射扩散能力；改善区域交通条件打通扩散通道，增强区域内地区间的社会经济联系；加强区域内产业分工协作，形成功能互补的产业格局，有助于提升全区边缘地区发展水平，吸引人口集聚，缩小全区各地区的发展差距，减轻人口在空间格局上的不均衡，从而促进全区经济社会的可持续发展。

四、人口与资源环境协调发展的对策建议

人口与资源环境的协调发展促进社会经济的增长。社会发展水平往往影响科技发展水平，科技发展水平高可以增加对资源的利用率降低对环境的污染。科技的进步与工业化发展，促进人口的增长，影响着资源环境和社会经济发展水平。

（一）加强统筹规划，积极利用人口变化契机

人口与资源环境的协调发展是衡量宁夏经济崛起、生态改善及生活幸福的重要标准之一，加强人口、资源、环境的统筹规划是全区持续发展的必由选择。一是从自然本底条件、文化习俗、资源环境实际情况出发，逐步调整和完善生育政策，制定宁夏长期人口发展规划，减缓人口增长下降的势头。二是综合运用经济社会政策，建立全区社会安全网，发挥人口政策的导向作用，解决人口老龄化、性别失衡等人口结构性问题，使人口容量符合资源环境的承载力。三是积极利用人口增长及人口结构变化带来的发展契机，充分挖掘当前人口红利的潜力，创造新的人口红利，并逐渐转向利用新的经济增长源泉，推动宁夏人口、经济、环境协调发展。

（二）强化环保意识，扩大资源环境人口容量

宁夏是我国西北地区重要的生态屏障，生态环境脆弱，强化群众的环境保护意识对资源的持续利用及生态文明建设意义重大。一是提升宁夏教育水平是提高人口素质、改变落后发展观念的前提。宁夏要加大教

育投入，拓宽教育投资渠道，降低文盲、半文盲率，寓环保理念于教育，强化群众节约资源、保护环境的意识。二是宁夏要大力发展职业教育、成人教育和高等教育，增强劳动者技能，提高资源利用效率，减少生态污染破坏，从而扩大资源环境的人口容量。三是树立尊重、顺应、保护资源环境的生态文明理念，把生态文明建设融合到经济、政治、文化、社会建设的各方面和全过程，形成节约资源和保护环境的空间格局，遏制宁夏生态环境恶化的趋势。

（三）调整产业结构，优化人口资源环境关系

推动产业结构调整和升级是宁夏优化人口与资源环境关系的出发点和立足点。一是建立宁夏节约资源和保护环境的综合产业支撑体系，发展特色经济和特色农业，推进生态特色旅游、饮食住宿等服务产业发展，缓解宁夏人口分布不均、资源稀缺、环境退化的多重矛盾。二是充分利用宁夏当前人口红利优势，发展技术含量较低、就业吸纳能力强的特色优势项目，努力扩大轻工业在产业结构中的比重，以产业发展带动人口转移和集聚，减少资源过度开发区域的生态环境负荷。三是提升宁夏对外开放水平，加快外来资源与自有资源相结合步伐，提升资源利用水平，改变传统的以牺牲资源环境为代价的落后的经济增长方式，实现向资源消耗低、环境污染少、人力资源优势得到充分发挥的新型经济发展模式转型。

第十三章 未来人口发展前景与展望

到 2050 年，我国实现建成"社会主义现代化强国"目标。宁夏回族自治区正在努力建设黄河流域生态保护和高质量发展先行区，"加快建设经济繁荣、民族团结、环境优美、人民富裕的美丽新宁夏，到2035年基本实现社会主义现代化远景目标"是宁夏"十四五"规划的经济社会发展目标。在实现经济社会发展目标的过程中，人口是十分重要的因素，合理的人口结构对促进宁夏经济发展具有重要作用。在这期间，宁夏人口发展趋势将会怎样，人口结构将如何变化？本章利用 2020 年宁夏第七次全国人口普查数据，结合其他相关资料，考虑经济社会发展和人口政策等因素影响，对未来一定时期宁夏人口发展状况进行综合分析与预测。预测结果可以分析未来宁夏人口发展趋势，为提升新时期人口工作水平提供科学决策依据；本预测对全面做好新形势下人口工作，制定面向未来的人口政策，促进新时期宁夏经济社会发展，构建社会主义和谐社会具有重要意义。

一、人口预测方法及方案的确定

（一）预测的基本思路

人口预测，就是根据现有的人口发展状况，即人口年龄、性别构成以及人口出生率、死亡率等，并综合考虑影响人口发展的因素，使用科学方法构建数学模型，测算在未来某个时间的人口规模、水平和趋势。人口预测不仅能够为未来人口发展态势和可能产生的结果进行前瞻性研究，也能为政府相关政策的制定提供参考依据。

影响宁夏未来人口发展变化的主要因素有人口的自然变动（出生、死亡）和机械变动（迁入、迁出）。在当前经济社会快速发展的背景下，国内省际乃至国际人口迁移不断增长。而宁夏作为内陆地区，近几十年没有出现过较大规模的省际迁移（近些年为改善贫困农村村民生活状况，同时为了保护生态环境，在宁夏回族自治区内开展大规模生态移民工程），迁移人口大部分是自发性地出于某种目的的迁移，而非有计划、有组织地定居，省际迁移人口相对于宁夏总人口而言，人数较少、规模较小，对人口总量及其变动的总趋势影响甚微。因此，在对宁夏未来人口发展规模进行预测时仅考虑由人口自然变动引起的人口演变，不考虑人口迁移等社会因素的影响。

据此，以 2020 年宁夏第七次全国人口普查资料（2020 年分年龄别人口构成、分年龄死亡人口情况、育龄妇女分年龄生育孩次的生育状况等）为基本数据，综合考虑未来人口变动以及相关政策调整和经济社会发展等因素，以 2020 年为基年，建立科学预测模型，对宁夏2021—2030 年的人口总数、出生人口、死亡人口、分年龄别人口等人口结构进行预测。

（二）预测方法

人口增长常用数学模型及预测方法有综合增长率法、Leslie 模型、Logistic 模型、灰色预测系统 GM（1，1）模型等。这些模型对中国人口预测有其不同的适用范围和优势性，但它们的共同特点是都没有考虑人口的年龄结构，因此只适用于对过去的人口数据进行检验，不适用于对未来人口的预测。要研究未来人口的发展趋势，人口年龄结构是不可忽略的重要因素。根据此次人口预测目的以及相关人口预测模型对数据的要求，采用基于年龄移算法的多要素人口预测模型对宁夏未来人口进行预测。年龄移算法是指以各个年龄组的实际人口数为基数，按照一定的存活率进行逐年递推来预测人口的方法。

1.出生人口预测

预测未来出生人口数，首先对预测年份育龄妇女的分年龄人口数进行预测，然后进一步对出生人口进行预测。年龄别生育率作为出生人口预测中的一个重要参数，将其设为控制变量。当育龄妇女人数达到一定规模的条件下，年龄别生育率的不同会直接关系预测年份人口出生率的高低。

育龄妇女人数预测：

$$W_{x+1}(t+1) = W_x(t) - W_x(t)\cdot m_x^{\,F} = (1 - m_x^{\,F})\cdot W_x(t) = W_x(t)\cdot S_x^{\,F} \qquad (1)$$

其中：$W_{x+1}(t+1)$ 为预测年份 $x+1$ 岁的育龄妇女人数；$W_x(t)$ 为预测的基年 x 岁育龄妇女的实际人数；$m_x^{\,F}$ 为 x 岁女性人口的死亡率；$S_x^{\,F}$ 为 x 岁女性人口的存活率。

出生人数预测：

$$B = \sum_{i=15}^{49} W_x \cdot f_x \qquad (2)$$

其中：B 为出生人口数；W_x 为 x 岁的育龄妇女人数；f_x 为 x 岁育龄妇女的出生率。

2.死亡人数预测

根据各个年龄组人口数量变动特点，对于同一年龄组的人口数，在不同的时间条件下，x 岁年龄组的死亡人数等于这个年龄组同其相邻的 $x+1$ 年龄组的人口数之差。根据上述死亡人数预测的方法，得到预测年度某年龄组的死亡人数，即通过同一年龄组的生存人口数与大一岁的相邻年龄组的生存人口数相减来求得。

死亡人数预测：

$$D_{00(t+1)} = B_{(t)}(1 - S_{00})$$

$$\begin{cases} D_{0(t+1)} = P_{0(t)}(1 - S_0) \\ D_{1(t+1)} = P_{1(t)}(1 - S_1) \\ \quad\vdots \\ D_{x(t+1)} = P_{x(t)}(1 - S_x) \\ \quad\vdots \\ D_{\omega-1(t+1)} = P_{\omega-1(t)}(1 - S_{\omega-1}) \end{cases} \qquad (3)$$

其中：D_{00} 为出生当年过程中死亡人口数；D_x 为预测年份 x 岁的死亡人数；$B_{(t)}$ 为预测年份出生人数（根据出生人数预测得到）；S_{00} 为出生当年的存活率；S_x 为 x 岁的人口存活率；$P_{x(t)}$ 为 t 年 x 岁的人口数，其中，$P_{x(t)}$ 在预测的第一年时为预测基年的实际人口数，此后的预测年份时为预测年度的预测人数。

3.人口总数预测

采用按年龄人口预测求和方法，人口总数预测可以由分年龄的人口数量预测结果直接求和而得。

（三）模型假设

进行人口预测之前，对一些不确定因素进行假设：（1）宁夏行政区划保持不变；（2）社会经济发展平稳，社会环境稳定，人口无重大变动；（3）统计人口数量与人口结构的方法没有发生改变；（4）不考虑人口迁移等社会因素的影响。

（四）预测参数的设定

本文主要采用宁夏回族自治区 2020 年人口普查资料和《宁夏统计年鉴》等数据，使用人口预测软件 PADIS-INT，预测 2021—2030 年宁夏人口总量和人口结构。进行人口预测时，预测参数主要包括：基础人口数据、人口平均预期寿命、死亡模式、总和生育率、出生人口性别比。

1.基础人口数据

起始年份设为 2020 年，终止年份设为 2030 年；数据间隔为 5 年；人口平均预期寿命选择线性回归预测方法；模型生命表选择寇尔德曼模型生命表西区模式。起始人口为 2020 年宁夏第七次全国人口普查中的相关数据。鉴于相关数据的可获得性及数据间隔的一致性，使用 5 年为时间间隔（即五岁组）的人口年龄分布数据。

2.人口平均预期寿命

宁夏第四、五、六、七次全国人口普查常住人口的平均寿命以及男性、女性人口的平均寿命（表 13-1）。

表 13-1　人口平均寿命

单位：岁

年　份	平均寿命	男性平均寿命	女性平均寿命
1990	66.94	65.95	68.05
2000	70.17	68.71	71.84
2010	73.38	71.31	75.71
2020	76.58	74.89	78.40

人口平均预期寿命会受社会经济条件、卫生医疗水平的限制，因此社会经济条件的改善和卫生医疗水平的提高均能够延长人口平均预期寿命。按照对未来经济社会高质量发展的展望，假设人口平均预期寿命

将持续提高。根据人口平均寿命线性回归预测方法，得到宁夏未来十年主要年份人口平均预期寿命（表 13-2）。

表 13-2　人口平均预期寿命预测

单位：岁

年　份	平均预期寿命	男性平均预期寿命	女性平均预期寿命
2021	76.91	74.92	79.09
2025	78.19	76.10	80.48
2030	79.80	77.57	82.23

3.死亡模式

死亡模式与基础设置相关，而联合国模型生命表已不再适用。因此，选择寇尔德曼生命表西区模式。寇尔德曼模型生命表西区模式，依据的实际生命表数量最大，地理范围最广泛，具有广泛的代表性，被认为是最通用的死亡模式。

4.总和生育率

总和生育率（TFR）是指平均每个妇女在育龄期生育的孩子数。根据国际经验，总和生育率达到 2.1 才能保证世代更替，才能够保持人口数量相对稳定；总和生育率在 1.8—2.1 之间，称为低生育水平；总和生育率在 1.5—1.8，称为极低生育水平；总和生育率在 1.5 以下，称为超低生育水平。2020 年宁夏第七次全国人口普查数据显示，2020 年宁夏育龄妇女总和生育率为 1.67，处于极低生育率水平，以此为参考，在现行全面放开三孩生育政策下，对总和生育率按照低、中、高三种方案进行设定。

低方案：假定全面三孩生育政策稳定不变，人们的生育意愿降低，符合生育条件的家庭大多数放弃生育三孩，总和生育率相比预测基年生育水平有所下降。因此，假设到 2030 年宁夏总和生育率下降为 1.30。

中方案：假定全面三孩生育政策稳定不变，总和生育率呈现一定程度下降，但下降幅度不大。因此，假设到 2030 年宁夏总和生育率为 1.50。

高方案：假定全面三孩生育政策稳定不变，预测年份总和生育率仍保持预测基年总和生育水平。因此，假设到 2030 年宁夏总和生育率仍然保持为 1.67。

5.出生人口性别比

2010 年宁夏出生人口性别比为 113.76，2020 年宁夏出生人口性别比为 105.69。随着经济社会发展、生育政策优化和对出生人口性别比失衡的治理，出生人口性别比会出现下降的趋势。预计到 2030 年，宁夏出生人口性别比不会发生太大的变化。假设 2020 年宁夏出生人口性别比已经达到合理水平，因此，以 2020 年宁夏第七次全国人口普查中出生人口性别比 105.69 作为预测年份的出生人口性别比参数指标，直到 2030 年保持不变。

二、预测结果

（一）出生人口

按照低、中、高三种人口预测方案，得到宁夏 2021—2030 年出生人口及出生率状况预测结果（表 13-3）。

表 13-3　宁夏 2021—2030 年出生人口及出生率预测

年 份	低方案		中方案		高方案	
	出生人口（万人）	出生率（‰）	出生人口（万人）	出生率（‰）	出生人口（万人）	出生率（‰）
2021	6.97	9.65	8.05	11.12	8.96	12.36
2022	6.84	9.44	7.90	10.86	8.79	12.06
2023	6.71	9.23	7.74	10.61	8.62	11.77
2024	6.58	9.03	7.59	10.36	8.45	11.48
2025	6.45	8.82	7.44	10.11	8.28	11.19
2026	6.31	8.62	7.28	9.86	8.11	10.90
2027	6.20	8.44	7.15	9.65	7.96	10.66
2028	6.09	8.29	7.03	9.46	7.83	10.44
2029	6.00	8.16	6.93	9.30	7.71	10.25
2030	5.93	8.04	6.84	9.16	7.61	10.09

低、中、高三种方案预测结果显示：宁夏 2021—2030 年出生人口

逐年减少，人口出生率呈现出持续下降态势。到 2030 年，低方案共计出生人口为 5.93 万人，中方案为 6.84 万人，高方案为 7.61 万人。低、中、高方案未来十年年均出生人口分别为 6.41 万人、7.40 万人和 8.23 万人。2030 年，低方案人口出生率为 8.04‰，中方案为 9.16‰，高方案为 10.09‰。其中，与 2021 年相比，低、中、高三个方案出生率分别下降了 1.61 个千分点、1.96 个千分点、2.27 个千分点。

（二）死亡人口

按照低、中、高三种人口预测方案，得到宁夏 2021—2030 年死亡人口及死亡率状况预测结果（表 13-4）。

表 13-4　宁夏 2021—2030 年死亡人口及死亡率预测

年　份	低方案		中方案		高方案	
	死亡人口（万人）	死亡率（‰）	死亡人口（万人）	死亡率（‰）	死亡人口（万人）	死亡率（‰）
2021	4.49	6.21	4.49	6.20	4.49	6.19
2022	4.58	6.32	4.60	6.32	4.61	6.32
2023	4.65	6.40	4.62	6.33	4.67	6.38
2024	4.68	6.42	4.69	6.40	4.70	6.38
2025	4.68	6.40	4.69	6.37	4.70	6.35
2026	4.65	6.36	4.67	6.32	4.68	6.29
2027	4.79	6.53	4.81	6.49	4.82	6.45
2028	4.88	6.64	4.89	6.58	4.90	6.53
2029	4.93	6.70	4.94	6.63	4.95	6.58
2030	4.95	6.72	4.96	6.65	4.97	6.58

低、中、高三种方案预测结果显示：宁夏 2021—2030 年死亡人口整体上有所增长。到 2030 年时，宁夏死亡人口规模低方案为 4.95 万人，中方案为 4.96 万人，高方案为 4.97 万人。与 2021 年相比，分别增加 0.46 万人、0.47 万人和 0.48 万人。尽管死亡人口数在增加，但增长速度较为缓慢，不同预测年份对应的不同方案预测得到的死亡人数差距不大。人口死亡率整体上升，是人口年龄结构变化的必然结果。随着人口老龄化趋势加快，老年人口数量逐年增加，占人口总数的比重加大，成为影响

未来死亡人数增加的主要原因。

（三）人口总数

根据预测年份低、中、高三种方案出生人口数、死亡人口数的预测结果，在不考虑人口迁移的条件下，得到宁夏2021—2030年人口总数的变化状况（表13-5）。

表13-5　宁夏2021—2030年人口总数变化状况预测

年　份	低方案		中方案		高方案	
	人口总数（万人）	自然增长率（‰）	人口总数（万人）	自然增长率（‰）	人口总数（万人）	自然增长率（‰）
2021	722.73	3.44	723.82	4.92	724.71	6.17
2022	724.97	3.12	727.09	4.54	728.88	5.74
2023	727.02	2.84	730.16	4.28	732.82	5.39
2024	728.91	2.61	733.05	3.96	736.56	5.10
2025	730.67	2.42	735.79	3.74	740.13	4.84
2026	732.31	2.26	738.46	3.54	743.55	4.61
2027	733.70	1.91	740.72	3.16	746.68	4.21
2028	734.90	1.65	742.85	2.88	749.59	3.91
2029	735.95	1.46	744.81	2.67	752.34	3.67
2030	736.91	1.32	746.68	2.51	754.96	3.50

低、中、高三种方案预测结果显示：

第一，宁夏2021—2030年不同预测方案的人口总数增速各有不同，但均呈现出增加趋势。高方案增速最快，2030年宁夏人口总量将增加到754.96万人，净增加30.25万人；中方案显示2030年宁夏人口将增至746.68万人，净增加22.86万人；低方案增速较慢，到2030年宁夏人口将增至736.91万人，净增加14.18万人。

第二，宁夏2021—2030年不同预测方案得到的人口总数变化情况各不相同，说明不同的生育水平（总和生育率）对人口数量的影响不同，各方案的人口总数的差距随时间变化而加大。

第三，2021—2030年预测得到的人口总数是上升的，但人口自然增长率呈下降趋势。低、中、高方案人口自然增长率下降比例有所不同，

其中,低方案人口自然增长率由 2021 年的 3.44‰降至 2030 年的 1.32‰,
下降 2.12 个千分点。中、高方案也分别下降 2.41 个和 2.67 个千分点。

（四）可行性方案的确定

考虑到预测方案的可行性,应选择对宁夏未来人口发展趋势做出合理预测,同时经过努力又能够实现的预测方案。未来人口规模主要取决于总和生育率,而总和生育率的高低主要取决于现行生育政策和生育意愿。综合分析低、中、高三种方案得到的人口预测结果,并结合国家现行生育政策以及居民生育意愿,认为中方案的预测结果是最可行的,符合客观发展规律,经过努力是能够实现的,比较符合宁夏人口变动发展的实际,故选取中方案作为最终预测方案。

三、未来人口主要构成预测

（一）未来人口年龄结构类型变化

1.少儿人口数量减少,老年人口数量增加

表 13-6　宁夏 2021—2030 年人口年龄结构分布预测

年　份	0—14 岁（万人）	15—64 岁（万人）	65 岁及以上（万人）	少儿比（%）	老年比（%）	老少比（%）
2021	145.04	507.08	71.70	28.60	9.91	49.43
2022	143.15	510.02	73.92	28.07	10.17	51.64
2023	141.13	513.02	76.01	27.51	10.41	53.86
2024	138.95	516.08	78.02	26.92	10.64	56.15
2025	136.63	519.18	79.98	26.32	10.87	58.54
2026	133.91	519.59	84.96	25.77	11.51	63.45
2027	131.05	520.06	89.61	25.20	12.10	68.38
2028	128.08	520.59	94.18	24.60	12.68	73.53
2029	125.02	521.17	98.62	23.99	13.24	78.88
2030	121.88	521.82	102.98	23.36	13.79	84.49

通常将人口年龄结构划分为 0—14 岁少年儿童人口、15—64 岁劳动力人口、65 岁及以上老年人口。宁夏 2021—2030 年人口年龄结构的发

展变化（表 13-6）有以下特征：一是少年儿童人口数量下降。少年儿童
人口 2021 年为 145.04 万人，2030 年为 121.88 万人，减少了 23.16 万人；
二是劳动力人口呈上升趋势。2021 年劳动力人口为 507.08 万人，2030
年为 521.82 万人，增加了 14.74 万人；三是 65 岁及以上老年人口逐年
增加。2021 年 65 岁及以上老年人口为 71.70 万人，随后逐年增加，到
2030 年突破 100 万大关，增至 102.98 万人，与 2021 年相比，宁夏老年
人口总数增加 31.28 万人。

2.人口老龄化趋势严重

通常用一定的少年儿童人口、老年人口、老少比来测定一个国家或
地区的人口年龄类型，具体标准见表 13-7。

表 13-7　人口年龄结构类型标准

人口类型	少年儿童	老年人口	老少比
年轻型	40%以上	4%以下	15%以下
成年型	30%—40%	4%—7%	15%—30%
老年型	30%以下	7%以上	30%以上

根据上述划分标准可以看到，2021—2030 年，宁夏人口年龄构成
类型主要有以下特征：一是人口年龄结构类型处于老年型。2021 年少
年儿童比为 28.60%，老年比为 9.91%，老少比为 49.43%。按照人口年
龄结构类型划分标准，2021—2030 年宁夏均已进入老年型社会；二是
老年化进一步加剧。从宁夏未来十年人口年龄结构变化（图 13-1）可
以直观地看出，少年儿童比缓慢下降，由 2021 年的 28.60%下降为 2030
年的 23.36%，预计未来十年少年儿童比将下降 5.24 个百分点。老年人
口比重缓慢上升，由 2021 年的 9.91%提高为 2030 年的 13.79%，提高
了 3.88 个百分点；三是老少比升高，由 2021 年的 49.43%上升到 2030
年的 84.49%，提高了 35.06 个百分点。由此可见，宁夏人口老龄化仍
将进一步凸显。

图 13-1　宁夏 2021—2030 年人口年龄结构变化预测

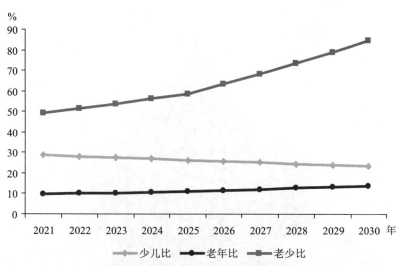

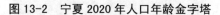

图 13-2　宁夏 2020 年人口年龄金字塔

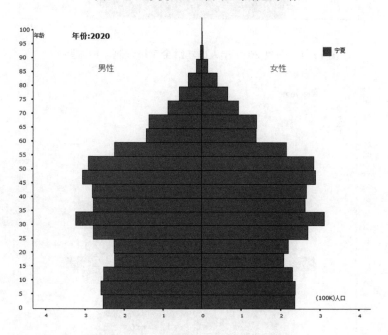

图 13-3　宁夏 2021 年人口年龄金字塔预测（中方案）

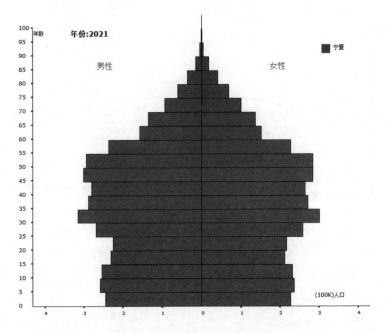

图 13-4　宁夏 2025 年人口年龄金字塔预测（中方案）

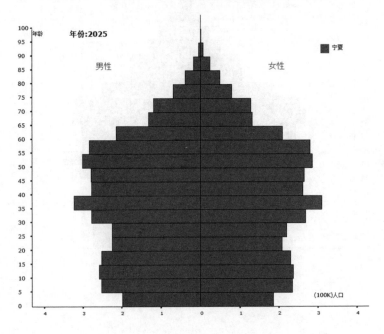

图 13-5　宁夏 2030 年人口年龄金字塔预测（中方案）

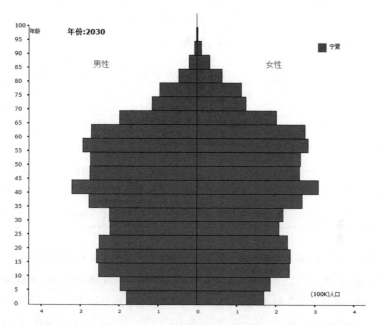

通过 2020 年、2021 年、2025 年和 2030 年人口金字塔对比进一步看出，宁夏未来十年人口年龄金字塔底部不断收缩，顶部缓慢变大，中间突出部分逐渐上移，人口结构分布逐渐向金字塔顶端聚集，这表明宁夏未来十年人口将日益趋于老龄化。

在不考虑人口迁移的情况下，宁夏未来十年老年人口规模及其比重的变化，主要有三个方面的影响因素。一是现行的生育政策使得生育水平发生变化，从而影响人口年龄结构；二是社会经济的发展，医疗卫生条件的改善，人口平均寿命提高，老年人口比例相应增长；三是低出生人口和低死亡人口将加速人口的老龄化。人口老龄化日益严重势必带来社会问题，这就需要政府建立完善覆盖面广、经济有效、公平可及的老年健康服务体系，以积极的方式减轻老龄人口快速增加给社会带来的压力。

（二）未来劳动适龄人口变化

劳动适龄人口是社会经济发展的主力军，因此未来劳动适龄人口数量和质量将对社会经济发展产生一定影响。根据国际上对劳动适龄人口的规定和我国离退休政策的安排,分别按照男性 15—59 岁、女性 15—54 岁的口径对宁夏未来劳动适龄人口变化趋势进行分析,得到宁夏 2021—2030 年劳动适龄人口预测结果(表 13-8)。

表 13-8　宁夏 2021—2030 年劳动适龄人口变化状况预测

年　份	劳动适龄人口(万人)	占总人口比重(%)	年　份	劳动适龄人口(万人)	占总人口比重(%)
2021	453.25	62.62	2026	446.84	60.51
2022	452.07	62.18	2027	444.81	60.05
2023	450.96	61.76	2028	442.84	59.61
2024	449.90	61.37	2029	440.91	59.20
2025	448.91	61.01	2030	439.03	58.80

预测结果表明,宁夏 2021—2030 年劳动适龄人口规模将进一步缩小,劳动适龄人口比重略有下降。到 2030 年,劳动适龄人口为 439.03 万人,比 2021 年减少 14.22 万人,下降了 3.82 个百分点。受劳动适龄人口减少的影响,劳动力供给总量将会下降,同时伴随着老年人口比重的上升,也会加重劳动适龄人口负担。

(三)未来育龄妇女人口变化

妇女的生育问题对人口自然增长起着决定性作用,生育水平的高低直接影响着未来人口规模,也反映了未来人口的发展趋势。因此,要把握宁夏未来人口发展变化,就需要了解育龄妇女,尤其是生育旺盛期妇女(20—34 岁)的生育水平。预测得到宁夏 2021—2030 年育龄妇女规模以及年龄构成的情况(表 13-9 和表 13-10)。

表 13-9　宁夏 2021—2030 年育龄妇女状况预测

年　份	育龄妇女人数(万人)	占总人口的比重(%)	生育旺盛期妇女人数(万人)	占育龄妇女的比重(%)
2021	181.59	25.09	78.00	42.95
2022	180.28	24.79	75.91	42.11
2023	178.99	24.51	73.83	41.24
2024	177.71	24.24	71.75	40.37
2025	176.45	23.98	69.67	39.49

续表

年 份	育龄妇女人数 （万人）	占总人口的比重 （%）	生育旺盛期妇女人数 （万人）	占育龄妇女的比重 （%）
2026	175.80	23.81	68.89	39.19
2027	175.15	23.65	68.11	38.88
2028	174.52	23.49	67.33	38.58
2029	173.89	23.35	66.55	38.27
2030	173.27	23.21	65.78	37.96

表 13-10 宁夏 2021—2030 年育龄妇女构成预测

单位：%

年 份	15—19 岁	20—24 岁	25—29 岁	30—34 岁	35—39 岁	40—44 岁	45—49 岁
2021	11.74	11.99	14.28	16.68	15.00	14.63	15.68
2022	12.06	11.95	13.83	16.33	15.64	14.68	15.51
2023	12.40	11.90	13.38	15.96	16.28	14.73	15.35
2024	12.74	11.86	12.91	15.60	16.94	14.78	15.17
2025	13.08	11.82	12.44	15.23	17.60	14.83	15.00
2026	13.21	12.11	12.36	14.72	17.17	15.42	15.01
2027	13.34	12.41	12.27	14.20	16.74	16.03	15.01
2028	13.45	12.70	12.19	13.69	16.33	16.63	15.01
2029	13.58	13.00	12.10	13.17	15.90	17.24	15.01
2030	13.70	13.30	12.01	12.65	15.46	17.85	15.03

预测结果显示，宁夏 2021—2030 年育龄妇女发展变化具有以下特点：一是育龄妇女人数将缓慢下降。宁夏育龄妇女人数 2020 年为 182.92 万人，2021 年为 181.59 万人，到 2030 年将下降为 173.27 万人，从 2020 年到 2030 年减少了 9.65 万人；二是育龄妇女占总人口的比重总体呈下降的趋势。育龄妇女占总人口的比重 2021 年为 25.09%，2030 年为 23.21%。宁夏 2021—2030 年育龄妇女占总人口的比重下降 1.88 个百分点；三是育龄妇女构成变化明显。一般来说，处于生育旺盛期育龄妇女（20—34 岁）比重越大，育龄妇女总体生育水平就越高。人口年龄结构变化使得各年龄段妇女的构成变化有所不同。预测结果表明，2021—2030 年生育旺盛期育龄妇女人数将有所下降，占育龄妇女的比重也逐年减少。

15—19 岁低年龄段育龄妇女占育龄妇女总数的比重呈上升趋势,35—49 岁高年龄段育龄妇女占育龄妇女总数的比重有所增长。

2021 年 15—19 岁低年龄段的育龄妇女占育龄妇女的比重为 11.74%, 20—34 岁年龄段育龄妇女占 42.95%,35—49 岁组占 45.31%。2030 年分别为 13.70%、37.96%和48.34%。15—19 岁低年龄段育龄妇女和 35—49 岁年龄段育龄妇女分别上升 1.96 个和 3.03 个百分点,20—34 岁生育旺盛期育龄妇女下降了 4.99 个百分点。未来十年宁夏育龄妇女特别是生育旺盛期育龄妇女人数将会减少,生育水平也会随之下降,出生人口数量将会减少。